Die Arbeit mit D.U. – DeutschUnterricht

Hilfreiche Kästen in den Kapiteln

Das musst du wissen

Wissen

Hier findest du Regeln, z. B. für die Rechtschreibung.

Das musst du können

Methode

Diese Kästen erklären dir, wie du eine Arbeitstechnik anwendest.

Tipp

Tipp

Hier hilft dir der Tipp, eine Aufgabe zu lösen.

Verweise

Manchmal findest du Pfeile. Folgt nur eine Seitenzahl (z. B. → S. 12), bedeutet das, dass auf dieser Seite im Schulbuch weitere Hilfen zur Bearbeitung der Aufgabe stehen oder du dort etwas nachlesen kannst. Siehst du neben der Seitenzahl die Abkürzung AH, ist das ein Verweis auf passende Seiten im Arbeitsheft.

Hilfekästen im Anhang

Damit du einzelne Tipps und Arbeitstechniken schnell findest und in allen Kapiteln nutzen kannst, sind diese im Anhang (→ S. 246 ff.) noch einmal übersichtlich zusammengestellt.

Der Anhang von D.U. bietet dir die Möglichkeit, genau auf diejenigen Hilfen zurückzugreifen, die zu deiner Arbeitsweise passen und die dir dabei helfen, deinen persönlichen Lernweg zu gehen.

- Der Anhang ist gegliedert nach den übergeordneten Bereichen **Sprechen und Zuhören**, **Schreiben**, **Lesen – mit Texten und Medien umgehen** und **Sprache und Sprachgebrauch untersuchen und reflektieren**.
- Kurze Einleitungstexte vor den Kästen beschreiben, in welchen Situationen du die Hinweise jeweils nutzen kannst.
- Zu welcher Fähigkeit („Kompetenz“) du jeweils einen Tipp erhältst, steht in der Randspalte neben den Kästen. Hier findest du auch Hinweise zu den Seiten im Buch, auf denen die Inhalte der Kästen eingeführt und geübt werden.

Sprachcheck mit Charly

Hier trainierst du gemeinsam mit mir in Übungen zu sprachlichen und grammatischen Phänomenen deine Lese- und Schreibfähigkeiten.

Viel Freude beim Lernen
mit D.U. wünscht dir

Charly

D.U.

DeutschUnterricht

6

C.C.Buchner

D.U.

DeutschUnterricht

Herausgegeben von Thorsten Zimmer

D.U. 6

Bearbeitet von Michael Ernest, Ralph Ettrich, Gunter Fuchs, Cora Gierse, Veronika Glaser, Yvonne Goldammer, Eva Hammer-Bernhard, Sylvia Hofbauer, Christa Horn, Stefanie Mauder, Sabrina Mühlenbein, Ira Noss, Andreas Ramin, Stefan Rauwolf, Daniela Schlegel, Stefanie Strunz, Daniela Testa, Elisabeth Thiede-Kumher, Claudia Weiser, Jessica Weppler, Beate Wolfsteiner und Thorsten Zimmer

Weitere Materialien und auch die digitale Ausgabe dieses Werkes finden Sie unter www.ccbuchner.de.

Die Mediencodes enthalten zusätzliche Unterrichtsmaterialien, die der Verlag in eigener Verantwortung zur Verfügung stellt. Um diese Materialien zu verwenden, wird im Suchfeld auf www.ccbuchner.de/medien der jeweils angegebene Mediencode eingegeben.

1. Auflage, 1. Druck 2017
Alle Drucke dieser Auflage sind, weil untereinander unverändert, nebeneinander benutzbar.

Dieses Werk folgt der reformierten Rechtschreibung und Zeichensetzung. Ausnahmen bilden Texte, bei denen künstlerische, philologische oder lizenzrechtliche Gründe einer Änderung entgegenstehen.

Redaktion: Maria Ekwuazi, Marie-Therese Muswieck
Layout und Satz: tiff.any GmbH, Berlin
Illustrationen: Anna Reichel, Bamberg
Umschlag: HOCHVIER GmbH und Co. KG, Bamberg
Druck und Bindung: creo Druck & Medienservice GmbH, Bamberg

www.ccbuchner.de

ISBN 978-3-661-11036-3

Inhaltsverzeichnis

1 Anders leben!

Diskutieren, nachfragen und sich situationsgerecht äußern

2 Klassenfahrten für Abenteurer

Spannend und anschaulich erzählen

3 Dein Geburtstag: ein außergewöhnlicher Tag!

Sich und andere informieren: Beschreiben, berichten, anleiten

4 Ich gestalte meine Schule

Meinungen finden, formulieren und begründen

5 Von Meeren, Seen, Flüssen und Inseln

Erzähltexte untersuchen

6 Schokolade

Sachtexte lesen, verstehen und beurteilen

7 Wir werden Medienprofis

Sich als Jugendlicher mit Medien auseinandersetzen

8 Hier wird gequakt, geschnattert und gemuht!

Tiergedichte beschreiben, verstehen und selbst gestalten

9 Freundschaft

Theater spielen und Filmszenen analysieren

12 Reisen durch die Zeit

Satzglieder und Satzarten wiederholen und vertiefen

13 Paulas Freizeit

Rechtschreibstrategien und -regeln anwenden

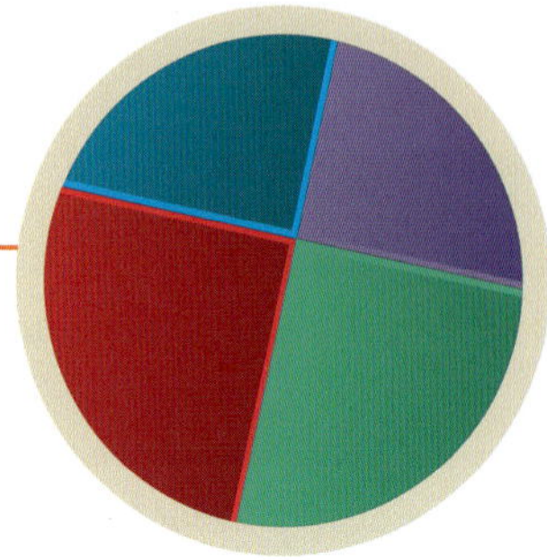

A Anhang

1 Anders leben!

Diskutieren, nachfragen und sich situationsgerecht äußern

1 Wählt ein Thema und gestaltet in kleinen Gruppen Plakate, indem ihr auf der oberen Hälfte des Plakats Gründe dafür notiert, warum Kinder Bäume pflanzen, viele Menschen auf Fleisch verzichten oder Jugendliche ihre Handynutzung einschränken sollten.

2 Legt die Plakate in der Klasse aus oder hängt sie auf. Führt auf den unteren Hälften der Plakate Schreibgespräche zum Thema und den Begründungen durch. Jeder darf seine persönliche Meinung zum Thema und zu allen notierten Äußerungen abgeben.

3 Engagieren sich einige von euch in ihrer Freizeit für die Umwelt, für andere Menschen oder für die Schule? Verzichten auch einige von euch auf Fleisch? Berichtet über eure Erlebnisse und Erfahrungen.

„Fast 8 Millionen Menschen in Deutschland essen kein oder sehr wenig Fleisch. Das ist fast jeder 10.!"

„Die Organisation ‚Plant-for-the-Planet' (Pflanzen für die Erde) hat seit 2007 über 13 Milliarden Bäume weltweit gepflanzt."

„92 % aller 12-Jährigen, also fast alle, besitzen ein Handy."

Jagst du den aktuellen Trends hinterher oder versuchst du, „anders zu leben"? Darüber lässt sich vortrefflich diskutieren! Doch Diskutieren ist nicht so leicht, wie es scheint. Deshalb lernst und trainierst du in diesem Kapitel, …

- … gezielt nachzufragen,
- … das eigene Verhalten in Diskussionen zu beobachten und zu bewerten,
- … auf Gegenpositionen sachlich einzugehen,
- … Diskussionen zu moderieren,
- … auf Störungen in Gesprächen zu reagieren und dich ggf. zu entschuldigen,
- … dich situationsgerecht zu äußern,
- … zwischen privater und öffentlicher Kommunikation zu unterscheiden,
- … Sprechabsichten zu erkennen und zu erläutern,
- … dich mündlich und schriftlich auszudrücken,
- … dich sachlich zu beschweren.

1

Bäume pflanzen für eine bessere Welt!

Sprechabsichten erkennen und gezielt nachfragen

Die Schülerinitiative „Plant-for-the-Planet“ wurde im Januar 2007 ins Leben gerufen und hat ihren Ursprung in einem Schulreferat des damals 9-jährigen Felix Finkbeiner über die Klimakrise. Inspiriert von Wangari Maathai, die in Afrika 30 Millionen Bäume gepflanzt hatte, entwarf er am Ende des Referats die Vision, Kinder könnten in jedem Land der Erde eine Million Bäume pflanzen, um auf diese Weise einen CO_2-Ausgleich zu schaffen. In den darauffolgenden Jahren entwickelte sich „Plant-for-the-Planet“ zu einer weltweiten Bewegung: Derzeit verfolgen ca. 100.000 Kinder auf der ganzen Welt dieses Ziel.

1 Ihr wollt ein Referat über die Initiative von Felix Finkbeiner halten. Gestaltet in Kleingruppen pantomimische Szenen, in denen mögliche Absichten von euch und die Erwartungen eurer Zuhörer deutlich werden. Verwendet dazu auch den Kasten.

Das musst du wissen

Kommunikation

Durch Sprache kann man sich mit anderen Menschen austauschen, etwas über ihre Gedanken und Gefühle, Ideen und Vorstellungen, Träume, Hoffnungen und Probleme erfahren. Wenn Menschen miteinander sprechen, ist das eine Form der Kommunikation. Gestik und Mimik unterstützen die Kommunikationsabsicht zusätzlich.

Kommunikationsmodell

So verläuft Kommunikation:

2 Benenne mithilfe des Wortspeichers die Wirkungsabsichten, die ihr mit eurem Vortrag wohl verfolgt. Begründe deine Entscheidung.

Wortspeicher

kritisieren – unterhalten – überzeugen – erzählen – informieren – überreden – appellieren – darstellen – kommentieren – belehren – belustigen

3 Stelle die Kommunikationssituation eures Referats in einer Grafik dar. Ersetze dazu im Kommunikationsmodell die Begriffe *Sprecher, Hörer, Absicht* und *Erwartung* durch die entsprechenden konkreten Angaben.

4 Für die Initiative „Stop Talking. Start Planting“ durfte Felix Finkbeiner bei vielen Veranstaltungen sprechen, häufig mit unterschiedlichen Absichten. Ordne den folgenden Sprechsituationen eine passende Wirkungsabsicht aus dem Wortspeicher der Aufgabe 2 zu.

5 Felix gibt auch Interviews. Sieh dir das Video (→ Mediencode, Minuten 1–4) an und mach dir Notizen zu folgenden Stichpunkten: Felix’ Sprechabsicht, Botschafter werden, Schokolade.

Mediencode: 11036-01

6 Bearbeitet in Partnerarbeit eine der folgenden Aufgaben schriftlich in euren Heften:

- Deine Klasse will auch Bäume pflanzen, aber ein Mitschüler steht der Aktion kritisch gegenüber. Informiere ihn in einem Pausenhofgespräch deshalb näher über das Projekt.
- Eure Klasse will auch Bäume pflanzen, aber eure Klassenlehrerin befürchtet, dass dabei zu viel Unterrichtszeit verloren geht. Überzeugt sie in einem Brief von der Wichtigkeit dieser Aktion.
- Eure Klasse will auch Bäume pflanzen und sammelt dafür auf der Straße Spenden. Appelliert in einer kurzen Ansprache an die Passanten, euch zu unterstützen.

7 Aus den Sprechsituationen von Felix' Auftritten (→ S. 15) lassen sich auch die Erwartungen der jeweiligen Zuhörer ableiten. Formuliere Fragen, die sie möglicherweise an Felix stellen.

8 Felix tritt in der nächsten Woche in deinem Nachbarort auf, um seine Aktion „Plant-for-the-Planet" und die enormen Erfolge der letzten Jahre vorzustellen. Da auch du und deine Freunde aktiv werden möchtet, wollt ihr mit dem Zug zu der Abendveranstaltung fahren. Eure Eltern sehen dies nicht so gern, können euch an diesem Abend aber nicht fahren.

- Notiere vier Aussagen, mit denen du deine Eltern überzeugen kannst.
- Verfasse aus der Ich-Perspektive den Gesprächstext, mit dem du deine Eltern von deinem Vorhaben überzeugst.
- Einer deiner Freunde scheint beim Gespräch mit seinen Eltern Fehler gemacht zu haben. Sie sind gegen die Fahrt mit dem Zug in den Nachbarort. Notiere mögliche Aussagen deines Freundes, die nicht zur der Absicht passten, seine Eltern zu überzeugen. Erkläre auch, warum seine Aussagen das Ziel verfehlten.

Felix Finkbeiner

Was Bäume gegen die Klimakrise tun

Unsere Wälder sorgen mit ihrem Wachstum dafür, dass die Luft ein Drittel weniger Kohlendioxid (CO_2) enthält, als das ohne sie der Fall wäre.

Wie aber funktioniert diese Entlastung? Alle Pflanzen können mit ihren Blättern oder Nadeln CO_2 aus der Luft entnehmen und es im Holz, in Stängeln und Blättern ablegen. Damit das funktioniert, müssen in Blättern und Nadeln komplizierte chemische Prozesse ablaufen.

Wichtig für uns ist das Ergebnis: Pflanzen können Kohlendioxid so umwandeln, dass aus dem Gas etwas Festes wird, ein Etwas, das zum Beispiel der wichtigste Bestandteil von Holz ist. Und so lange dieses Holz nicht verbrannt wird oder verrottet, bleibt das Treibhausgas (das die Ozonschicht zerstört, die uns vor der Sonne schützt) gebunden. Das heißt, es steckt in Stamm, Zweigen und Wurzeln.

Aber Bäume und Wälder leisten auch in unserer unmittelbaren Nähe Unglaubliches – und das spüren wir sogar. Eine einzige 35 Meter hohe Buche reinigt soviel Luft wie in sieben riesige Heißluftballons reingehen!

Aber das ist noch nicht alles. Während eines sommerlichen „Arbeitstags" zieht unsere Buche auch um die 6.000 Liter Wasser aus dem Boden – das entspricht etwa 40 randvollen Badewannen. Von dieser beeindruckenden Wassermenge braucht die Buche aber nur 6 Liter, die verbleibende Menge wird als Wasserdampf „ausgeatmet". Und dieses Ausatmen kühlt die Umgebung spürbar ab. Deshalb ist es so angenehm im Wald an heißen Tagen.

Und noch etwas: Bäume können Staub und Feinstaub (ganz feiner Staub und sehr schädlich für unsere Lungen) – von dem in Städten besonders viel in der Luft liegt – bis zu 80 Prozent aus der Luft herausfiltern.

Wenn wir also gefragt werden, ob unsere Baumpflanzaktionen überhaupt sinnvoll sind, können wir sagen: Ja, und zwar im Großen wie im Kleinen.

CO_2-Speicher Baum

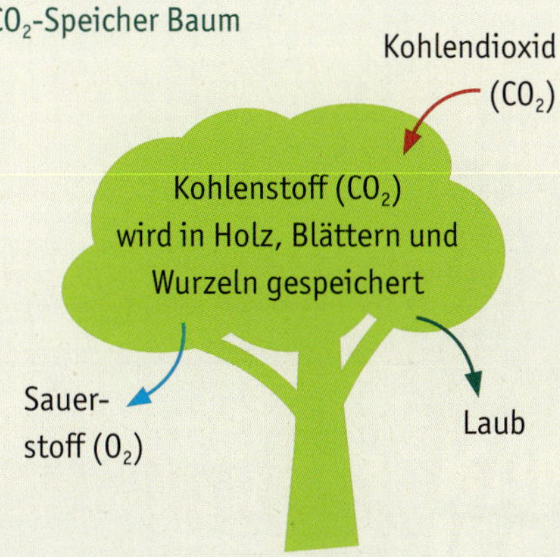

Wurzeln, Pflanzenteile und Bodenlebewesen bilden den Kohlenstoffspeicher im Boden.

9 Auch ihr wollt in eurer Schule in Vorträgen aufklären, damit alle verstehen, warum Felix und viele weitere Kinder Bäume pflanzen. Formuliert in Partnerarbeit Fragen, auf die der Text Antworten gibt, und notiert diese Antworten. Stellt die Ergebnisse in Form eines Interviews dar.
Beispiel: *Wie schaffen es Bäume, CO_2 aus der Luft zu entnehmen?*

Das musst du können

So fragst du gezielt nach

Wenn du z. B. aus Vorträgen wichtige Informationen entnehmen möchtest, solltest du Folgendes beachten:

- Höre genau zu, damit du Wichtiges von Unwichtigem unterscheiden kannst.
- Schreibe wichtige Informationen in Schlagworten und gut strukturiert mit.
- Frage am Ende nach, wenn du etwas nicht verstanden hast.
- Benutze für Nachfragen vor allem die W-Fragen *(Wer war beteiligt?, Was ist geschehen?, Wo fand etwas statt?, Wie kam es dazu?)*.

10 Zwei Reporter der Schülerzeitung wollen in unterschiedlichen Beiträgen der nächsten Ausgabe über Felix und „Plant-for-the-Planet" berichten. Hilf den Reportern bei der Erstellung der Zeitungstexte.

- Entwirf einen Schreibplan für einen Zeitungsartikel unter der Überschrift *Bäume helfen unserem Klima*, in dem du über Felix und seine Aktion informierst.
- Entwirf einen Schreibplan für einen Text zur Aktion „Plant-for-the-Planet", in dem du dich deutlich für die Aktion aussprichst. Begründe deine Ausführungen.
- Du hast die Chance, Felix für die Schülerzeitung zu interviewen. Entwirf einen Fragenkatalog für das Interview mit Fragen, die über die Informationen in diesem Kapitel hinausgehen.

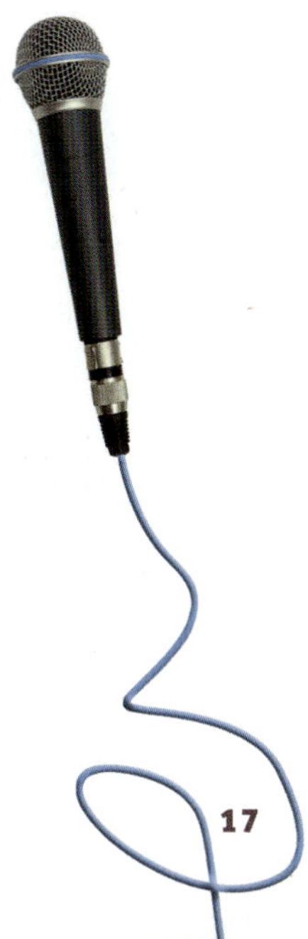

1

Tiere essen? Vegetarisch leben?

Ein Thema diskutieren

1 Die Deutschlehrerin der 6a und 6b hat in ihren Klassen die Einführung eines „Veggie-Days“, bei dem es immer donnerstags nur vegetarische Gerichte und Snacks in der Mensa gibt, diskutiert. Notiere einen Teil der beiden Klassengespräche, welche zu den unterschiedlichen Aussagen der Lehrerin geführt haben könnten.

Das musst du wissen

Sachliche Diskussion zur Vermeidung von Konflikten

Auch im Unterricht geht es häufig um Themen, die dich berühren oder aufregen, dennoch solltest du bei einer Diskussion im Unterricht folgende **Diskussionsregeln** beachten:

- Lass andere ausreden und höre aufmerksam zu.
- Sprich selbst laut und deutlich.
- Bleibe beim Thema und schweife nicht ab.
- Diskutiere sachlich und beleidige niemanden.
- Nutze Ich-Botschaften, wenn du anderer Meinung bist *(Ich finde nicht, dass du recht hast, weil …, Ich bin anderer Meinung, da …)*.
- Gehe auf deine Vorredner ein *(Ich weiß, was du meinst, aber …)*.

2 Ordne die folgenden Aussagen zum Thema *Vegetarisch leben* in die Tabelle ein.

dafür (pro)	dagegen (contra)	unklar
...	...	...

„Ich esse Fleisch, weil es mir schmeckt und es wichtige Nährstoffe enthält."

„Ich mag kein Fleisch. Es schmeckt mir nicht und ist auch ungesund, weil es viel zu fett ist."

„Ich finde, dass es umständlich ist, vegetarisch zu leben. Ich bin doch kein Kaninchen!"

„Ich esse Fleisch, weil meine Familie auch Fleisch isst."

„Alle Vegetarier sind Pflanzenquäler und riechen immer nach Knoblauch!"

„Ich möchte nicht, dass meinetwegen Tiere leiden müssen."

„Ich denke, Fleisch essen ist doch normal."

„Ich finde immer nur Obst und Gemüse essen ziemlich langweilig."

„Ich bin auch Paulas Meinung."

3 Bewerte die Aussagen nach den Kriterien aus dem Wortspeicher und ...

- ... unterstreiche in der Tabelle alle Aussagen, die sachlich, überzeugend und/oder begründet sind.
- ... formuliere weniger überzeugende Aussagen in bessere Argumente um.
- ... ergänze zu den unbegründeten Aussagen eine treffende Begründung.

Wortspeicher

sachlich/unsachlich – überzeugend/wenig überzeugend – begründet/unbegründet

4 Formuliere zu mindestens drei Aussagen eine sachliche Gegenposition.
Beispiel: *„Ich möchte nicht, dass meinetwegen Tiere leiden müssen."*,
Gegenposition: *„Wir kaufen nur Bio-Fleisch, weil da die Tiere ordentlich (artgerecht) behandelt werden."*

Das musst du können

So führst du eine Fishbowl-Diskussion

Bei der Fishbowl-Methode diskutiert nur ein Teil der Klasse das Thema. Die restlichen Schülerinnen und Schüler hören zu und beobachten die Diskussion in der Mitte des Raums. Ein Moderator leitet die Diskussion.

Es ist möglich, in der Diskussionsrunde einen freien Stuhl zu lassen. Diesen dürfen die Beobachter außen nutzen, um in die Diskussion einzugreifen, wenn diese stockt, oder um Fragen an die Diskutierenden zu stellen.

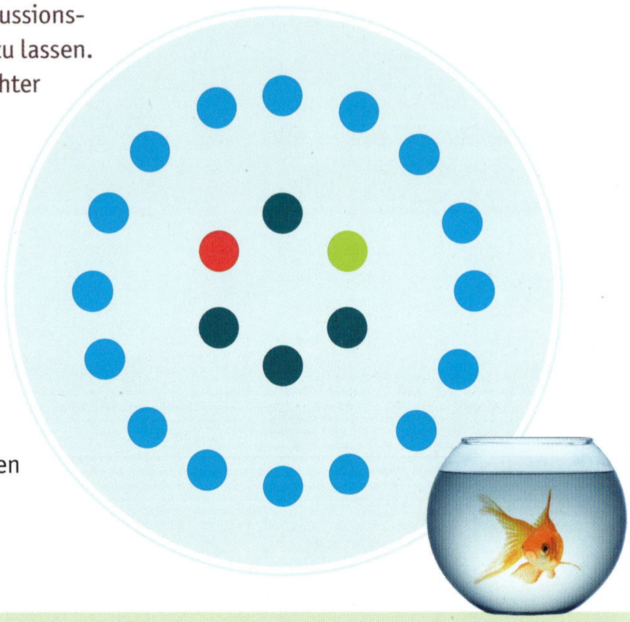

- Sprecher/in der Gruppen
- Moderator/in
- leerer Stuhl
- übrige Schüler/innen

5 „Donnerstag ist deutschlandweiter Veggie-Day!" – Teilt die Klasse in eine Diskussions- und eine Beobachtungsgruppe. Notiere – je nachdem, zu welcher Gruppe du gehörst – Argumente für und gegen einen Veggie-Day oder Kriterien zur Beobachtung der Diskussion und des Moderators. Führt die Fishbowl-Diskussion durch, beobachtet und besprecht ihren Verlauf.

6 Tauscht nun die Rollen zwischen der Diskussions- und der Beobachtungsgruppe. Bereitet euch wiederum auf das Führen oder das Beobachten der Diskussion vor. Achtet bei der Besprechung vor allem darauf, ob angesprochene Verbesserungsvorschläge umgesetzt wurden.

Das musst du können

So moderierst du Gespräche

Diskussionen im Unterricht können auch von Schülerinnen und Schülern moderiert werden. Dabei solltest du als Moderator das Folgende beachten:

- Eröffne die Diskussion, nenne das Thema und stelle die Sprecher der Gruppen vor.
- Beteilige dich nicht inhaltlich an der Diskussion, bleibe neutral.
- Erteile das Wort und achte darauf, dass jeder seine Meinung äußern kann.
- Unterbinde Störungen, indem du um Ruhe bittest.
- Beende die Diskussion, wenn es keine Wortmeldungen mehr gibt, und fasse die Ergebnisse zusammen.

Diskutieren, nachfragen und sich situationsgerecht äußern

7 Wertet nun in der Klasse die Moderatoren-Leistungen der Diskussionsrunden aus den Aufgaben 5 und 6 aus. Notiert einzelne Äußerungen der Moderatoren auf Blätter, die ihr an die Tafel hängt. Wähle dann eine der folgenden Aufgaben:

- Ordne die Äußerungen den Stichpunkten im Kasten zu.
- Verdeutliche zusätzlich mit Smileys, ob die Äußerungen jeweils ein gutes oder schlechtes Beispiel darstellen.
- Formuliere weniger gelungene Beispiele schriftlich um.

8 Beschreibt mithilfe des Bildes, warum die Fishbowl-Diskussion in der 6a nicht gelungen ist.

9 Notiere mindestens drei konkrete Äußerungen, mit denen der Moderator die Störungen in der 6a, die in dem Bild aus Aufgabe 8 deutlich werden, unterbinden könnte.

So reagierst du auf Störungen in Gesprächen/Diskussionen

Das musst du können

Als Moderator ist es deine Aufgabe, Störungen der Diskussion zu verhindern.

- Wenn jemand dazwischenredet, unterbrich die Diskussion, warte, bis es ruhig ist, oder bitte ausdrücklich um Ruhe.
- Wenn mehrere Personen gleichzeitig reden wollen, lege eine Reihenfolge fest und rufe sie dann einzeln auf.
- Wenn sehr leise oder undeutlich gesprochen wird, bitte darum, laut und deutlich zu sprechen, damit alle das Gesagte verstehen.
- Wenn jemand vom Thema abschweift, unterbrich ihn/sie und bitte darum, beim Thema der Diskussion zu bleiben.
- Wenn Teilnehmer der Diskussion beleidigt oder beschimpft werden, fordere eine Entschuldigung ein.

10 Formuliere Entschuldigungen für die Aussagen in den Sprechblasen.

- Es tut mir leid, dass ich …
- Dass ich dich …, war nicht richtig.
- Ich entschuldige mich für die Aussage, dass ich dich …

„Du redest echt nur Schwachsinn, Fleischfresser!“

„Vegetarier haben irgendwann Hasenohren vom Möhrenknabbern!“

„Keiner hier interessiert sich für deinen Mist!“

1

Ein Leben ohne Handy und Smartphone

Sich situationsgerecht äußern

1 Die Klasse 6a des Goethe-Gymnasiums wagt das Experiment und verzichtet eine Woche lang auf Handys und Smartphones, die im Schultresor verschlossen werden. Notiere spontan deine persönliche Meinung zur Frage „Ist ein Leben ohne Handy möglich?".

„Ich habe zwar ein Smartphone, aber eigentlich benutze ich es gar nicht so oft. Außerdem kann ich viele Funktionen ersetzen, z. B. durch eine Digitalkamera oder den Kalender. Und telefonieren tue ich sehr selten mit dem Handy." *(Ercan, 13 Jahre)*

„Waaas? Spinnen die? Ohne Handy? No way! Ich hab' das immer bei mir. Ich muss doch erreichbar sein, oder nicht? Immer. Ich brauch' das auch. Wie soll ich mich sonst mit Freunden verabreden? Stell dir mal vor: Warten auf den Schulbus ohne Handy! Gähn!!" *(Maria, 15 Jahre)*

„handy? brauch ich nicht... nur um mama zu sagen, wann schule aus ist. freunde treff ich lieber in echt" *(Max, 14 Jahre)*

der 14 bis 29-Jährigen können sich ein Leben ohne Handy gar nicht vorstellen

2 Ordne zu, welcher der Texte oben zu welcher Situation aus dem Wortspeicher passt. Begründe deine Zuordnung kurz schriftlich.

Wortspeicher

Gespräch auf dem Pausenhof – Eintrag in einem Internetforum – Schriftliche Ausführungen in einer Schul-Hausaufgabe

3 Vergleiche die Sprachverwendung in den verschiedenen Situationen. Übertrage dazu die Tabelle in dein Heft und fülle sie aus.

	Wortwahl	Satzlänge	Sonstiges
Hausaufgabe			
Privat-Gespräch			
Internet-Blog			

4 Wähle ein Posting der 6a und übertrage es in einen schriftlichen Hausaufgabentext bzw. in ein Gespräch. Passe es dafür der Situation an. Unterstreiche Textstellen, an denen deutlich wird, dass du situationsgemäß schreibst.

A „Tag eins ohne Handy: Zum ersten Mal seit Langem lese ich abends im Bett noch ein Buch, sonst habe ich immer am Handy gehangen. ☺"

B „so'n mist! der blöde bus ist mir vor der nase weggefahren, weil ich den fahrplan nicht downen konnte."
„Benutz doch den Fahrplan, der in der BUSHALTE aushängt???"
„Hiiiirni! der war abgerissen ..."

C „Ich hätte noch gern ein wenig gechattet heute, aber dann eben nicht."
„Ich bin auch total traurig *schnief*, meine Schwester ist im Ausland und wir schicken uns immer Fotos mit dem Handy."
„benutz telefon oder post! ☺"

5 Überlege dir, welche Erfahrungen die 6a am zweiten Tag machen könnte. Beachte die Ergebnisse aus Aufgabe 3 und ...

- ... formuliere einen kurzen Dialog zwischen drei Kindern aus der Klasse.
- ... gestalte einen Chat zu den Erfahrungen: Formuliere Postings und Kommentare.
- ... verfasse einen Erfahrungsbericht im Stil einer Hausaufgabe.

Öffentliche und private Kommunikation

Das musst du wissen

Bei Gesprächen oder Diskussionen unterscheiden wir, wie wir zu unserem Gesprächspartner stehen. Sind wir eng befreundet oder verwandt mit dem Gegenüber, dann reden wir viel freier und achten weniger auf Höflichkeitsfloskeln. Hier kommunizieren wir eher privat, ohne aber unhöflich oder gar beleidigend zu sein.
Wenn wir im Unterricht sprechen oder mit Menschen, die wir nicht (gut) kennen, bemühen wir uns, sprachlich korrekt und sehr höflich zu reden, weil wir dann öffentlich kommunizieren.

6 Notiere Situationen, in denen du *privat* oder *öffentlich* kommunizierst.

7 Auch zwischen mündlicher und schriftlicher Kommunikation gibt es Unterschiede. Bildet Gruppen mit mindestens drei Personen. Zwei Schüler sprechen über ein bestimmtes Thema (z. B. über das Experiment der 6a), die dritte Person nimmt das Gespräch auf (z. B. mit dem Handy). Schreibt nun in der Gruppe einen Dialog zum selben Thema und vergleicht anschließend Text und Aufnahme miteinander. Notiert die Unterschiede, die ihr feststellen konntet.

8 Die 6a möchte anderen von ihren Erfahrungen über eine „handyfreie" Woche berichten. Sie schreibt eine E-Mail an die Tageszeitung, damit diese darüber berichtet. Die E-Mail zeigt die Klasse vorher der Deutschlehrerin, die meint: „So könnt ihr die E-Mail nicht absenden!" Begründet die Reaktion der Lehrerin.

ACHTUNG FEHLER!

Von: klasse 6a (6a@goethe-gym.de)
An: roland redakteur (rr@aktuelles-blatt.com)
Betreff: einladung zu einem gespräch
Signatur: Ohne

herr redakteur,
wir sind die klasse 6a vom goethe-gymnasium und laden sie ein zu einem gespräch in unsere schule. wir haben was voll abgefahrenes unternommen worüber berichtet werden sollte. nämlich eine woche aufs handy verzichtet. die woche wahr echt heavy und viele haben interessante erfahrungen gemacht. das wäre doch auch für andere interessant ODER????
kommen sie doch mal bei uns rein und berichten sie über unser experiment. wir wären total happy darüber ☺ ☺ ☺ ☺
cu, 6a ☺

9 Überarbeite die E-Mail, indem du die Fehler korrigierst und fehlende Angaben (konkrete Einladung mit Datum, Uhrzeit und Ort; erste Erfahrungen aus dem Experiment) ergänzt. Schreibe die korrigierte E-Mail in dein Heft.

Das musst du können

So drückst du dich in E-Mails standardsprachlich aus

Wenn du eine E-Mail an dir nicht bekannte Personen schreiben möchtest, du den Empfänger nicht persönlich kennst oder dein Adressat eine öffentliche Einrichtung (Zeitung, Stadtverwaltung, Schule etc.) ist, solltest du ähnlich wie bei einem offiziellen Brief gewisse Regeln beachten.

- Nutze geeignete Begrüßungs- und Abschiedsformeln *(Sehr geehrte Frau …, Mit freundlichen Grüßen)*.
- Vermeide allzu umgangssprachliche Wendungen *(voll cool, krass)*.
- Schreibe sprachlich korrekt, beachte also Groß- und Kleinschreibung und setze alle Zeichen.
- Ersetze Wörter nicht durch Abkürzungen, Bildchen/Smileys oder fremdsprachliche Wörter.

10 Beurteilt eure E-Mails in kleinen Gruppen. Nutzt die Qualitätshinweise im Kasten und arbeitet mit einer Kommentar- oder Fragelawine (→ S. 251). Überarbeitet die E-Mails anschließend.

11 Schreibe fünf Dinge auf, über die du dich ärgerst oder die dich aufregen. Nenne auch jeweils mindestens einen Grund, warum du dich ärgerst.

Ich bin wütend darüber, dass …, weil …

Ich ärgere mich über …, weil …

Mich regt auf, dass …, weil …

12 Wähle einen der Punkte aus Aufgabe 11 und schreibe dazu eine Beschwerde in Form einer E-Mail.

13 Der ältere Bruder einer Schülerin der 6a lehnt Handys ab und hat auch noch nie eines besessen, dennoch erhält er von der Handy-GmbH ständig Angebote und Prospekte über neue Handymodelle und Tarife. Jetzt möchte er sich beschweren, damit er keine Angebote mehr bekommt. Schreibe eine Beschwerde-E-Mail an die Handy-GmbH.

So formulierst du eine Beschwerde

Das musst du können

Auch wenn du sehr verärgert über etwas bist und dich deshalb beschweren möchtest, solltest du höflich bleiben.

- Beachte die gegebenen Hinweise zu den offiziellen E-Mails.
- Benenne dein Problem möglichst konkret und am Anfang der E-Mail.
- Begründe deine Beschwerde mit sachlichen Argumenten. Führe Belege für deine Argumente an (z. B. Menge der Prospekte und Werbebriefe pro Woche).
- Sage, welche Lösung du erwartest.
- Bitte um eine schriftliche Reaktion auf deine Beschwerde.

1

Was DU schon kannst!

Kompetenztest

„Ich hielt es nie für nötig, dauerhaft erreichbar zu sein."
Interview mit Sven, 19 Jahre

Seit wann lebst du ohne Handy?
Ich hatte noch NIE ein Handy. Und mit NIE meine ich, dass ich wirklich noch NIE eins hatte.

Warum hast du dich gegen ein Handy entschieden?
Ich hielt es nie für nötig, dauerhaft erreichbar zu sein. Außerdem will ich mich von all den „Social-Network-Junkies" abgrenzen, die immer erreichbar sein müssen und ständig gebannt auf ihr Display glotzen.

Welche Alternativen benutzt du, um dennoch mit Familie und Freunden zu kommunizieren?
Wenn es wirklich schnell gehen muss, dann greife ich auch gern mal zum „normalen" Telefon oder ich setze mich an meinen Computer und schreibe eine E-Mail. Ab und an kommuniziere ich auch (bedauerlicherweise) über soziale Netzwerke. Aber am schönsten ist doch die altmodische Art der Kommunikation: von Angesicht zu Angesicht.

Fühlst du dich manchmal ausgeschlossen?
Ja, ziemlich regelmäßig sogar. Ich werde des Öfteren blöd angeguckt, wenn man mich nach meiner Handynummer fragt und ich dann gestehe, dass ich keins habe. Aber im Allgemeinen stört mich eine solche „Ausgrenzung" nicht im Geringsten. Ich würde sogar so weit gehen und behaupten, dass es etwas sehr Angenehmes ist, in dieser Hinsicht „anders" zu sein.

Willst du auch weiterhin auf ein Handy verzichten?
Ja, auf jeden Fall. Frühestens wenn ich es für die Arbeit bräuchte, würde ich mir ein Handy zulegen. Im Moment möchte ich nicht monatlich Geld für ein Handy ausgeben. Außerdem finde ich, dass Handys schon fast als Störfaktor bezeichnet werden können. Ich finde es lästig, wenn mein Gesprächspartner ständig auf sein Display guckt.

1 Benenne Beispiele aus dem Interview für folgende Wirkungsabsichten:
- informieren
- kritisieren

Wirkungsabsicht erkennen

2 Schüler der 6a haben Sven mit dem Ziel interviewt zu erfahren, warum er noch nie ein Handy besessen hat. Leider sind sie während des Interviews nur kurz auf die Gründe eingegangen. Formuliere geeignete Nachfragen, um weitere Gründe für Svens Entscheidung, ohne Handy zu leben, zu erfahren.

Gezielt nachfragen

3 Formuliere Gegenpositionen zu den beiden folgenden Aussagen aus dem Interview.

a) „Wenn es wirklich schnell gehen muss, dann greife ich auch gern mal zum ‚normalen' Telefon." (→ Z. 15 ff.)

b) „Außerdem finde ich, dass Handys schon fast als Störfaktor bezeichnet werden können. Ich finde es lästig, wenn mein Gesprächspartner ständig auf sein Display guckt." (→ Z. 33 ff.)

Gegenpositionen formulieren

4 Sven soll mit einer E-Mail zu einer Gesprächsrunde zum Thema *Leben ohne Handy* eingeladen werden. Nenne mindestens vier Aspekte, auf die du dabei achten musst (z. B höfliche Ansprache: *Lieber Sven*). Bedenke, dass du Sven nicht persönlich kennst und dies eine offizielle Einladung ist.

Sich standardsprachlich ausdrücken

5 Überarbeite die unterstrichenen Stellen in der Beschwerde-E-Mail an die Bahngesellschaft, die die 6a formuliert hat, weil Sven zur Diskussionsrunde zu spät kam. Ohne Handy hatte er nicht erfahren, dass ein Anschlusszug Verspätung hatte.

Sich angemessen beschweren

Von: 6a@goethe-gym.de
An: vespätung@zug.de
Betreff: Beschwerde
Signatur: Ohne

Hallo Bahngesellschaft,
gestern hatten wir Sven zu Besuch in unserer Klasse. Leider kam er zu spät, weil er kein Handy hatte. That's not fair!!!!!!
Warum gibt es die Infos zum Fahrplan nur per SMS? Manche Leute, z. B. auch ältere, haben kein Smarti. Wie sollen die die Infos erhalten????????
Könnt Ihr das nicht wieder ändern? Bitte, bitte☺☺
Bis bald,
Klasse 6a

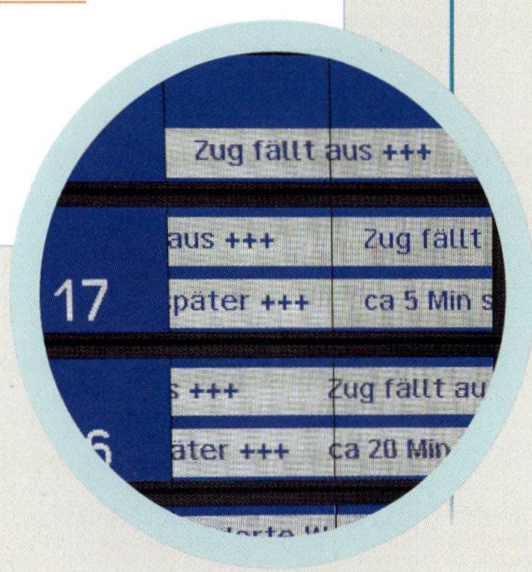

2 Klassenfahrten für Abenteurer

Spannend und anschaulich erzählen

1 Führt in der Klasse eine spontane Abstimmung durch: Welches Bild eignet sich am besten für einen Werbeprospekt für die „Klassenfahrt für Abenteurer“? – Tauscht euch über eure Begründungen aus.

2 Sammelt im Gespräch erste Ideen für abenteuerliche Ereignisse, die zu den einzelnen Bildern passen.

3 Hast du selbst schon einmal ein Abenteuer auf einer Klassenfahrt oder einem Ausflug erlebt? Erzählt euch eure Erlebnisse.

Erzählst du auch so gern? In diesem Kapitel gehst du mit Jakob und seinen Freunden auf eine spannende Klassenfahrt und lernst dabei, …

… verschiedene Schreibanlässe zu erfassen und deine Erzählungen zu planen,
… Erzählperspektiven und Erzählabschnitte zu verändern,
… durch die Zeitgestaltung Spannung aufzubauen und Stimmungen zu vermitteln,
… die sprachliche Gestaltung deiner Erzählung zu überarbeiten.

2

Darin steckt eine ganze Geschichte …

Schreibanlässe erfassen und Erzählungen planen

1 Welches Abenteuer haben Jakob und seine Mitschüler auf der Klassenfahrt erlebt? Verbinde eine Überschrift mit einem der Fotos der Auftaktseite und entwirf in Stichworten eine passende abenteuerliche Geschichte.

2 Bildet Arbeitsgruppen aus Schülern, die dasselbe Bild gewählt haben, und stellt euch eure Ideen vor. Entscheidet euch für eine eurer Ideen und wählt eine passende Überschrift. Notiert in Stichworten, warum die ausgewählte Geschichte und die Überschrift gut zum Bild passen.

Das musst du können

So nutzt du Bilder als Schreibanlass

Fotos oder Bilder zeigen oft nur einen kurzen Moment eines Geschehens. Dabei können sie deine Fantasie anregen, sodass in deiner Vorstellung eine ausführliche Geschichte entsteht. Wenn du ein Bild oder ein Foto als Schreibanlass nutzen möchtest, ist folgende Vorgehensweise sinnvoll:

- Schaue dir das Foto genau an und stelle folgende Fragen: Welche Situation wird gerade gezeigt? Welche Personen sind zu erkennen? In welcher Stimmung befinden sich diese Personen? In welchem Verhältnis stehen sie zueinander? Welche Gegenstände werden gezeigt und welche Funktion haben diese Gegenstände?
- Binde die dargestellte Situation in eine Geschichte ein: An welcher Stelle der Geschichte findet das Dargestellte statt? Wie könnte es zu der Situation gekommen sein? Welche Folgen könnte sie haben?

→ AH S. 7 f.

3 Gestaltet innerhalb eurer Arbeitsgruppe einen Schreibplan für eure Geschichte. Übertragt die Tabelle in eure Hefte und füllt sie aus. Markiert den Höhepunkt farbig.

	Personen	Handlungsschritt	Ergebnis der Handlung
Erzählsituation			
Ereignis			
Ausgang			

Das weißt du bereits

Erzählen

- Schildere die äußere und die innere Handlung der Figuren.
- Erzähle anschaulich und lebendig.
- Baue Spannung auf.

4 Der Kasten erinnert dich daran, wie du eine Erzählung verbessern kannst. Notiere, welche der Hinweise in den folgenden Sätzen jeweils umgesetzt werden.

a) Die Gewitterwolken erschienen wie ein grauer Vorhang, der über den sonnigen blauen Himmel gezogen wurde. Die Baumwipfel begannen, sich im stärker werdenden Wind zu biegen, und die Möwen kreisten tief und ängstlich schreiend über dem Hafenbecken.

b) Was war das? Jakob und Tarek schauten sich an, keiner traute sich auszusprechen, was er dachte. Da! Schon wieder! Nun war nicht mehr zu übersehen, was passierte: In kürzer werdenden Abständen blitzte und donnerte es.

c) Wie automatisch führte Jakob die gelernten Handgriffe durch: Segel stramm ziehen, Ruder festhalten. „Hätte ich doch bloß auf die Warnung gehört", dachte er. Er hielt das Seil so fest er konnte, es schnitt in seine Hand. „Bloß nicht heulen", dachte er verzweifelt und presste die Lippen fest zusammen.

5 Nutzt den Kasten oben in eurer Arbeitsgruppe auch zur Verbesserung eures eigenen Entwurfs. Ergänzt passende Ideen im Schreibplan.

6 Verfasst und überarbeitet in eurer Arbeitsgruppe eine Erzählung zu dem Abenteuer auf der Klassenfahrt. Nutzt den Schreibplan aus Aufgabe 3 und …

- … formuliert und überarbeitet die Erzählung. Wechselt euch beim Schreiben ab.
- … teilt die Abschnitte auf. Jedes Gruppenmitglied verfasst einen Erzählteil. Überarbeitet sie so, dass aus den einzelnen Teilen eine stimmige Abenteuergeschichte entsteht.
- … gestaltet in Einzelarbeit jeweils die gesamte Erzählung aus. Lest euch die Versionen vor und formuliert davon ausgehend eine gemeinsame Geschichte.

2

Wer erzählt das eigentlich? War es wirklich so?

Erzählperspektiven und Erzählabschnitte verändern

Mediencode: 11036-02

Lew Tolstoi

Der Sprung. Eine wahre Geschichte

Ein Schiff hatte eine Weltreise gemacht und war auf dem Weg nach Hause. Es war windstilles Wetter, und die ganze Besatzung befand sich auf Deck. Inmitten der Menge tollte ein großer Affe herum und amüsierte alle. Der Affe turnte, sprang hin und her, schnitt Grimassen und äffte die Menschen nach […].

Er sprang an einen zwölfjährigen Jungen, den Sohn des Kapitäns, heran, riss ihm den Hut vom Kopf, setzte ihn sich selbst auf und kletterte geschwind auf den Mast. Alle lachten, und nur der […] Junge wusste nicht, ob er lachen oder sich ärgern sollte.

Der Affe setzte sich auf die unterste Rahe[1] des Mastes, nahm den Hut ab und begann mit Zähnen und Pfoten daran zu zerren. […] Der Junge drohte dem Affen und schrie ihn an, doch der Affe zerrte daraufhin nur noch wütender am Hut. Die Matrosen bogen sich vor Lachen, aber der Junge bekam einen roten Kopf, warf seine Jacke ab und kletterte […] dem Affen nach. Er hatte am Tau im Nu die unterste Rahe erklommen, aber im selben Augenblick, als er nach dem Hut greifen wollte, kletterte der Affe noch behender und schneller als der Junge weiter nach oben.

„Warte nur, ich kriege dich schon!“, schrie der Junge und kletterte höher. […] So gelangten der Affe und der Junge in wenigen Augenblicken bis an die oberste Rahe. Nun streckte sich der Affe in seiner ganzen Länge aus, umklammerte mit der Hinterpfote das Tau und hängte den Hut am Ende der Rahe auf; dann kletterte er auf die Mastspitze, schnitt von dort Grimassen, fletschte die Zähne und freute sich. Vom Mast bis zum Ende der Rahe, wo der Hut hing, waren es zwei Arschin[2], sodass der Junge ihn unmöglich erreichen konnte, ohne den Mast und das Tau loszulassen.

[…] Vom Deck hatten alle zugesehen und darüber gelacht, was der Affe und der Kapitänssohn anstellten; doch jetzt, als der Junge das Tau losließ und mit nach beiden Seiten ausgebreiteten Armen die Rahe betrat, erstarrten alle vor Entsetzen.

Nur ein Fehltritt – und er würde abstürzen und auf dem Deck zerschmettert werden. Aber selbst dann, wenn er nicht fehltreten sollte und es ihm gelingen würde, bis an das Ende der Rahe zu kommen und den Hut an sich zu nehmen – selbst dann würde es für ihn schwer sein, sich umzudrehen und bis zum Mast zurückzugehen. Alle blickten schweigend hinauf und warteten […].

Plötzlich stieß jemand in der Menge vor Entsetzen einen leisen Schrei aus.

[1] **Rahe**, die: Rundstange, die quer zur Fahrtrichtung am Mast angebracht ist

[2] **Arschin**, der: früheres russisches Längenmaß, entspricht 0,71 m

→ AH S. 13 f.

Der Junge kam bei diesem Schrei zur Besinnung, warf einen Blick nach unten und begann zu schwanken.

In diesem Augenblick kam der Kapitän des Schiffes, der Vater des Jungen, aus seiner Kajüte aufs Deck. Er brachte ein Gewehr mit, um Möwen zu schießen. Als er seinen Sohn auf dem Mast sah, legte er schnell das Gewehr auf ihn an und schrie ihm zu: „Ins Wasser! Spring sofort ins Wasser! Sonst erschieße ich dich!" Der Junge schwankte, verstand aber nicht, was der Vater rief. „Springe, oder ich erschieße dich! … Eins, zwei …" Und im selben Augenblick, als der Vater „drei" rief, sprang der Junge kopfüber ins Meer.

Der Körper schlug wie eine Kanonenkugel klatschend aufs Wasser auf, und die Wellen waren kaum über ihm zusammengeschlagen, da stürzten sich auch schon zwanzig beherzte Matrosen vom Schiff ins Meer. Nach etwa vierzig Sekunden – sie schienen allen endlos zu sein – tauchte der Körper des Jungen wieder auf. Er wurde ergriffen und aufs Schiff gezogen. Nach einigen Minuten ergoß sich aus dem Mund und der Nase des Jungen Wasser, und er begann zu atmen.

Als der Kapitän dies sah, stieß er plötzlich einen Schrei aus, als müßte er ersticken, und lief in seine Kajüte, damit niemand sah, wie er weinte.

1 Jakob, Tarek und Paula unterhalten sich über die Seefahrergeschichte, die der Segellehrer beim Abendessen erzählt hat. Formuliert und gestaltet in Gruppenarbeit ihr Gespräch, indem ihr auch die folgenden Aussagen nutzt. Spielt die Szene anschließend vor.

Jakob: „Hab' ich das richtig behalten? Der Sohn eines Kapitäns …"
Tarek: „Solche erfundenen Seefahrergeschichten nennt man ‚Seemannsgarn'. Ich glaube nicht, dass das wirklich passiert ist, denn …"
Paula: „Spannend finde ich die Geschichte aber schon. Zum Beispiel die Stelle, an der … oder als …"

2 „Was wie Grausamkeit aussieht, ist eigentlich die unendlich große Sorge des Vaters." – Formuliert in eurer Gruppe das Gespräch zwischen den Kindern weiter, indem ihr sie über diesen Satz des Segellehrers sprechen lasst.

3 Vor dem Einschlafen erzählen Jakob, Tarek und Paula die Geschichte den anderen Kindern in ihren Schlafräumen. Ergänze den folgenden Satz für alle drei Versionen:

Hier wird die Erzählung aus der Sicht … erzählt. Das sieht man an der Stelle, an der …

Jakob: „Ich bin froh, dass mein Schiff bald von der Weltumseglung zurückkehren wird. Gott sei Dank, dass heute stilles Wetter herrscht. Scheinbar sind alle Leute an Deck. Worüber lachen sie wohl die ganze Zeit? Bestimmt macht der Affe wieder seine Faxen …"
Tarek: „In wenigen Tagen wird unsere Weltumseglung wohl beendet sein. Es herrscht stilles Wetter, wir sind alle an Deck. Der Affe treibt sich mal wieder bei uns herum und alle haben ihren Spaß. Er macht drollige Faxen und Sprünge …"
Paula: „Unser Schiff wird bald von der Weltumseglung zurückkehren. Heute herrscht stilles Wetter, außer meinem Vater sind alle an Deck. Bei den Mannschaften treibt sich ein großer Affe herum, an dem alle ihren Spaß haben. Er macht drollige Faxen …"

4 Zeichne in deinem Heft einen Spannungsbogen zu „Der Sprung“. Trage in Stichpunkten die Erzählschritte der äußeren Handlung ein.

5 Ordne die Sätze aus der Tabelle in die Geschichte ein. Übertrage dafür die Buchstaben a) – d) in den Spannungsbogen aus Aufgabe 4.

	Matrose	Vater	Junge
a) Er [...] riss ihm den Hut vom Kopf, setzte ihn sich selbst auf und kletterte geschwind auf den Mast. (→ Z. 9–13)			
b) [...] der Junge bekam einen roten Kopf, warf seine Jacke ab und kletterte [...] dem Affen nach. (→ Z. 23–25)			
c) Alle blickten schweigend hinauf und warteten [...]. (→ Z. 62/63)			
d) „Springe, oder ich erschieße dich! ... Eins, zwei ...“(→ Z. 78/79)			

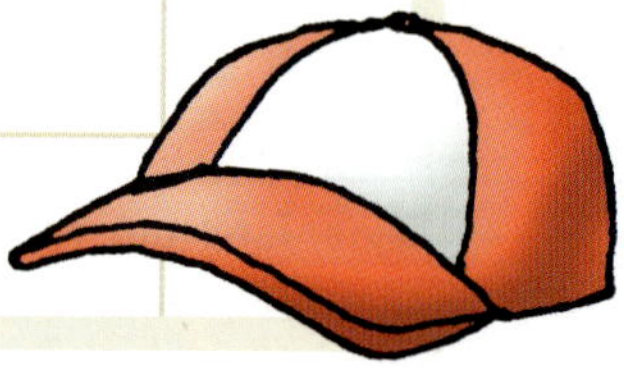

6 Übertrage nun die Tabelle in dein Heft und notiere in Stichworten, was die Personen in der jeweiligen Situation denken und fühlen könnten.

7 Wähle einen der Sätze a) – c) aus der Tabelle und formuliere drei neue Versionen: aus der Sicht eines Matrosen, des Vaters und des Jungen. Gestalte anschauliche Erzählabschnitte, in denen die Versionen des Satzes vorkommen.

8 Erstellt in einem Gruppenpuzzle (→ S. 279) einen Spannungsbogen mit Erzählschritten, wenn die Geschichte aus Sicht des Jungen, des Vaters und eines Matrosen erzählt wird. Vergleicht eure Ergebnisse anschließend mit dem Spannungsbogen aus Aufgabe 4.

Das musst du können

So erzählst du aus einer anderen Perspektive

Veränderst du die Perspektive, aus der eine Handlung erzählt wird, hat das Auswirkungen auf die Erzählschritte (**äußere Handlung**) und die jeweils geäußerten Gefühle und Gedanken (**innere Handlung**). Beachte beim Erzählen aus einer anderen Perspektive, dass du

- dich an den Erzählschritten des **Originaltextes** orientierst,
- Gedanken, Gefühle, Kommentare und Bewertungen einzelner Ereignisse **aus der gewählten Perspektive** formulierst,
- nur die Erzählschritte schilderst, die **aus der gewählten Perspektive wahrgenommen** werden können.

 → AH S. 13 f.

9 Entscheide dich für eine der Perspektiven und verfasse die gesamte Geschichte neu. Orientiere dich am Spannungsbogen aus Aufgabe 8.

10 Paula und ihre Klassenkameradinnen wollen noch immer nicht schlafen. Notiere zwei Stellen im Spannungsbogen, an welchen die Geschichte noch ausführlicher werden könnte. Notiere auch in einem Stichwort den möglichen Inhalt der Verlängerungen.

Das musst du können

So veränderst du einzelne Abschnitte einer Erzählung

Eine Geschichte kann **anschaulicher** und **spannender** werden, wenn du sie an der einen oder anderen Stelle **ergänzt** oder **veränderst**. Du kannst ...

- ... einzelne Ereignisse **genauer schildern** und **erklären**. Dabei kannst du zum Beispiel ergänzen, was genau zu sehen oder zu hören ist.
- ... **Meinungen** und **Gefühle** einzelner Figuren deutlich machen. Zum Beispiel kannst du die Figuren ausdrücklich darüber sprechen lassen, was sie denken und fühlen.

Wenn du die Geschichte ergänzt oder änderst, solltest du ...

- ... aus einer **Perspektive** erzählen, die zum **Rest der Geschichte passt**.
- ... dich am **Sprachstil** und auch der **Erzählzeit** der eigentlichen Geschichte orientieren.
- ... in dem ergänzten Teil **nichts geschehen lassen**, das nicht zu den vorausgehenden und den folgenden Abschnitten passt.

Beachte: Wenn du den Schluss einer Geschichte änderst, können sich die Wirkung und die Deutung der gesamten Geschichte ändern!

11 „Stellt euch vor, der Vater hätte nicht gehandelt!" – Jakobs Freund Liam will die Geschichte mit einem veränderten Schluss erzählen. Verfasse Liams Version, indem du die Geschichte ab der Textstelle „[...] warf einen Blick nach unten und begann zu schwanken" (→ Z. 67/68) ohne das Eingreifen des Vaters weiterschreibst.

12 Lest euch eure geänderten Geschichten in Dreiergruppen vor und bearbeitet eine der folgenden Aufgaben.

- Wählt die Version, die euch am besten gefällt, und begründet eure Wahl.
- Führt eine Schreibkonferenz für die verschiedenen Versionen durch, wobei ihr auch die Hinweise aus dem Kasten berücksichtigt.
- Gestaltet ein Gespräch zwischen Jakob und Liam, in dem sie sich darüber unterhalten, welche Schlussversion ihnen am besten gefallen hat und welche Auswirkungen die Änderungen des Schlusses haben.

2

Aber plötzlich war es mir …

Durch die Zeitgestaltung Spannung aufbauen und Stimmungen vermitteln

1 Sammelt in Partnerarbeit Ideen für die Geschichte, die Jakob und seine Klassenkameraden bei der Erkundung der Insel erleben. Notiert mögliche Erzählschritte.

Mediencode: 11036-03

Paula: „Warum habt ihr denn so genau beschrieben, was ihr in eure Rucksäcke gepackt habt? Das fand ich echt langweilig!"
Enya: „Es hätte doch gereicht, wenn ihr erzählt hättet, dass ihr mit genug Proviant vom Segelboot aus aufgebrochen seid."
Liam: „Und das Treffen mit dem alten Mann im Wald habt ihr in einem Satz beschrieben."
Tarek: „Ja, irgendwie hätte ich das gern genauer erzählt bekommen."
Jakob: „Was wollt ihr denn? Einen Rucksack zu packen dauert eben länger, als das Treffen mit dem alten Mann."

2 Hat Jakob Recht? Setzt in Partnerarbeit die Diskussion schriftlich fort.

Das musst du wissen

Zeitraffung und Zeitdehnung

Du kannst Erzählschritte schneller und langsamer erzählen, damit deine Erzählung spannend wird.

- **Zeitdehnung:** Du erzählst in Zeitlupe, indem du ausführlich Gedanken, innere Konflikte, Gefühle und die Umgebung beschreibst. So kann sich der Leser besser in deine Geschichte hineinversetzen. Das passt zum Höhepunkt einer Erzählung.
- **Zeitraffung:** Du erzählst im Schnellvorlauf, indem du nur das Wichtigste beschreibst. Das passt zur Erzählsituation oder zum Ausgang einer Erzählung.
  – *Zwei Stunden später kamen wir endlich auf der Burg an.*
  – *Nachdem wir unseren Proviant ausgepackt hatten, machten wir es uns gemütlich.*

3 Markiert in eurer Ideensammlung aus Aufgabe 1 jeweils eine Stelle, an der eine Zeitdehnung bzw. Zeitraffung sinnvoll ist.

Mediencode: 11036-04

Als ich Schüler war, verbrachte meine Klasse eine Woche in einem Schullandheim in einer echten Ritterburg. Ich war mit meinen Freunden Michi, Thomas und Christian in einem Viererzimmer. Wir wollten gerade die Burg erkunden, als uns bim bim bim die Glocke zum Mittagessen rief. Wir gingen dem Klappern von Tellern und Schüsseln nach, suchten uns einen Platz im Speisesaal und luden ordentlich Fischstäbchen und Pommes auf unsere Teller. Michi aß zehn Fischstäbchen, Thomas elf, Christian acht und ich auch elf. Geräuschvolles Mampfen war alles, was zu hören war. Alle aßen. Wir waren wohl wirklich sehr hungrig von der Fahrt. Gut gestärkt und abenteuerlustig konnten wir uns jetzt endlich etwas umsehen. Ein düster aussehender Turm weckte schnell unser Interesse. Trotz des Warnschildes gingen wir hinein und waren sehr überrascht, dass die Treppe darin nicht nach oben, sondern in die Tiefe führte.

Wir stiegen die Stufen vorsichtig hinab. Sofort ist es stockdunkel um uns und nur der schwache Schein von Thomas' Lampe erleuchtet das Gewölbe. Es riecht modrig und unsere Schritte hallen bedrohlich auf den alten Steinstufen. Aus den Wänden ertönt ein seltsames, kratzendes und ächzendes Geräusch. Die Treppe mündet auf einmal in einen kleinen Raum. Das eigenartige Geräusch wird lauter und dann rutscht plötzlich die Wand auf uns zu. Wir konnten gerade noch in den Raum springen. Ein gewaltiger Steinbrocken hatte sich aus der Seite gelöst und versperrte uns nun den Rückweg.

Wir versuchten verzweifelt, das Gestein aus dem Weg zu schieben, doch wir waren zu schwach, die Treppe ins Freie blieb versperrt. Wenn nicht zufällig der Hausmeister am Eingang oben vorbeigekommen wäre und uns gehört hätte, würden wir heute wohl als Skelette in diesem gruseligen Turm liegen.

4 Wieder so eine Geschichte! Formuliere ein Gespräch zwischen Jakob und seinen Freunden zur Zeitgestaltung in der Geschichte.

5 Prüfe die Konsequenzen einer veränderten Zeitgestaltung. Wähle dazu eine Aufgabe.

- „Wenn nicht zufällig der Hausmeister …“ – Formuliere diese Textstelle neu. Steigere die Spannung durch Zeitdehnung.
- Wähle eine Textstelle und ändere die Zeitgestaltung. Mache dir Notizen zur veränderten Wirkung.
- Verfasse die Geschichte neu, indem du auf alle Zeitdehnungen verzichtest und so viele Zeitraffungen einbaust, dass alle Handlungsschritte gerade noch erkennbar bleiben. Lies deine Geschichte halblaut und mache dir Notizen zur Wirkung.

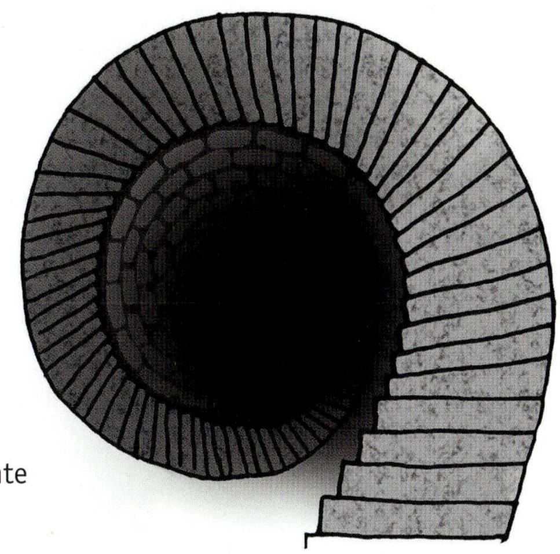

6 Jakob kritisiert, dass die Geschichte nicht durchgehend im Präteritum steht. Lies diejenigen Textstellen, bei denen ein anderes Tempus gewählt wurde, und formuliere mithilfe des Kastens auf → Seite 38 eine Antwort auf Jakobs Kritik.

Das musst du wissen

Szenisches Präsens

Wenn eine Erzählung besonders spannend ist, fühlt es sich für den Leser so an, als wäre er direkt bei diesem Erlebnis, der Szene, dabei. Das kannst du als Erzähler erreichen, indem du an der spannendsten Stelle, dem Höhepunkt, statt im Präteritum im Präsens erzählst.

7 Verfasse die in den Aufgaben 1 und 3 vorbereitete Geschichte. Nutze die verschiedenen Zeitgestaltungen und das szenische Präsens zur Spannungssteigerung.

Das Gruseligste stand uns aber noch bevor.

Die Situation war schon komisch, aber das Lustigste kam erst noch!

Wenn wir zu diesem Zeitpunkt schon gewusst hätten, was uns erwartete, hätten wir wahrscheinlich sofort kehrtgemacht.

Diese Entscheidung sollte uns zum Verhängnis werden.

8 Notiere die Andeutung, die am besten zur Geschichte passen würde. Ergänze auch, an welcher Stelle du die Andeutung einbauen würdest (Zeilenzahl). Begründe deine Wahl.

9 Formuliere eine Antwort auf Jakobs Frage.

Jakob: „Ist das nicht langweilig, wenn man schon vorher sagt, wie es in der Geschichte weitergeht?"

Das musst du können

So erzeugst du durch Andeutungen Spannung

Wenn du die Spannung steigern willst, kannst du auch vor dem Ausgang der Erzählung bereits andeuten, in welche Richtung sich die Geschichte entwickeln wird, da du das Ende ja schon kennst. Achte aber darauf, dass du nicht zu viel verrätst.

10 Wähle aus den folgenden Andeutungen diejenigen aus, die die Spannung tatsächlich steigern. Begründe deine Wahl.

a) Jetzt kam das witzigste Erlebnis unserer ganzen Reise.
b) Dass die ganze Sache gut ausgehen würde und dass der Hausmeister uns retten sollte, wussten wir ja am Anfang noch nicht.
c) Dass Warnschilder wirklich Sinn machen, sollten wir heute noch erfahren.
d) „Vielleicht entdecken wir einen geheimen Raum", meinte Michi. Und so war es – wir entdeckten dann tatsächlich einen.
e) Ich wollte als Einziger nicht da runtersteigen. Hätten sie bloß auf mich gehört!

A Für den nächsten Tag war eine Burgbesichtigung geplant. Wir standen gegen 7 Uhr auf, zogen uns an und gingen zum Frühstück. Es gab frische Semmeln, Marmelade, Wurst, Käse und Müsli. Die Lehrer informierten uns, dass wir uns um 9 Uhr vor dem Bergfried mit Frau Lehmann, der Gästeführerin, treffen wollten. Fast alle kamen rechtzeitig, als Letzter hastete Tom herbei. Er hatte den Mund noch voll Butterbrot und seine Safttüte in der Hand.

B Am interessantesten war aber die Nachbildung einer Ritterrüstung, die wir probieren durften. Tom meldete sich, aber als er in die Rüstung stieg, wusste er nicht, wohin mit seinem Saft, den er immer noch nicht ausgetrunken hatte. Einem anderen Schüler wollte er ihn nicht geben, dazu war er zu misstrauisch. Also schmuggelte er die Safttüte, die er kurzerhand in der Hosentasche deponiert hatte, mit in die Rüstung. Schließlich klappte das Visier herunter und Tom marschierte als Ritter durch den Saal. Plötzlich hörte man den Ritter stöhnen, er blieb abrupt stehen und eine rote Flüssigkeit tropfte aus verschiedenen Ritzen der Rüstung. Toms Safttüte war aufgeplatzt. Alle brachen in schallendes Gelächter aus.

11 Lies die beiden Textabschnitte und …

- … formuliere für eine passende Stelle eine Andeutung, die die Spannung steigert.
- … notiere dir Stellen (Zeilenzahlen), die durch Veränderungen in der Zeitgestaltung verbessert werden sollten. Nenne die Veränderungen, die du vornehmen würdest, und begründe sie.
- … gestalte den letzten Teil durch Zeitdehnung und szenisches Präsens spannend aus.

12 Arbeitet nun in Kleingruppen mit euren Texten aus Aufgabe 7. Gebt euch gegenseitig Feedback mit Hilfe der Textlupe (→ S. 251). Achtet dabei darauf, ob die Zeitgestaltung in den Texten gut umgesetzt ist.

13 Überarbeite deinen Text am Computer, indem du das Feedback aus Aufgabe 12 umsetzt und auch eine passende Andeutung zur Steigerung der Spannung ergänzt.

2

Unglaublich!

Schauplätze und Figuren in fantastischen Erzählungen beschreiben

Mediencode: 11036-05

... Burg Rabenstein lag mitten in einem dichten Wald. Der enge Weg war mit etlichen Wurzeln durchwachsen, sodass es eine Herausforderung war, bei der Fahrt nicht ständig mit dem Kopf an der Decke des Busses anzustoßen. Beim Aussteigen waren Stella und ihr Zwillingsbruder Roman erleichtert, die Fahrt überstanden zu haben, und beeindruckt vom alten mit Efeu bewachsenen Gemäuer und dem dickwandigen Turm, der alles etwas bedrohlich überragte. Der berühmte steinerne Wasserspeier in Form eines fressenden Raben thronte dort und wirkte mit dem gesenkten Kopf lebensecht. Sein Gefieder glänzte tiefschwarz und der goldene Schnabel schien an einer unsichtbaren Beute zu zupfen.

... Stella und Roman hatten beschlossen, die Burg, um die sich so viele Gerüchte rankten, heimlich nachts zu erkunden. Kurz vor Mitternacht schlichen sie auf Zehenspitzen aus ihren Zimmern durch die Gänge zum Burghof. Obwohl sie versuchten, mucksmäuschenstill zu sein, knirschte der Kies verdächtig unter ihren Schritten. Die Turmuhr schlug mit ohrenbetäubenden Schlägen zwölf, als sie schließlich vor dem mächtigen Bergfried standen, der sich schwarz gegen den Nachthimmel abhob. Stella fühlte einen heftigen Schauer ihren Rücken hinunterlaufen. Roman stand wie festgefroren mit starrem Blick nach oben neben ihr. Sie folgte ängstlich seinem Blick: Der fressende Rabe von Burg Rabenstein hatte seinen Kopf erhoben und blickte mit leuchtend gelben Augen in die Dunkelheit. Sein Schnabel war nun tiefgrau wie bei einem lebenden Raben. Die Beute, eine Ratte, hielt er immer noch in den Krallen, sie schien sich dort zu winden. Unglaublich! Stella schüttelte heftig den Kopf, um das Bild aus ihrem Kopf zu verscheuchen. Als sie wieder nach oben sah, ...

Enya: „Das kann doch gar nicht in Wirklichkeit passiert sein!"

Liam: „In bestimmten Geschichten ist so etwas aber möglich."

1 Sprecht in Partnerarbeit über diese Aussagen und notiert in einer Erklärung, was beide meinen könnten.

Das musst du wissen

Fantastische Erzählungen

Bei einer fantastischen Erzählung ist die Handlung erfunden und enthält Teile, die in der Wirklichkeit nicht passieren können, da sie die Naturgesetze verletzen, z. B. dass eine Statue plötzlich lebendig wird.

... fror der Rabe wieder bewegungslos ein. Aber mit einem lauten Krächzen ließ er die Beute fallen und ein spitzes, schwarzes Türmchen tauchte auf, wo die Ratte den Boden berührt hatte. „Wir müssen da hin!", stieß Roman hervor.

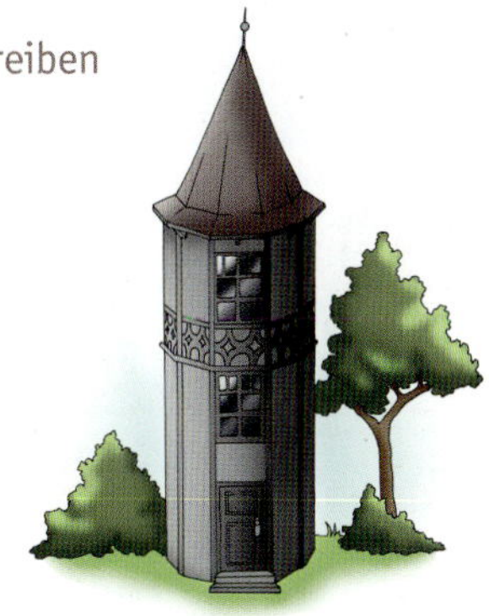

2 Sammelt in Kleingruppen Ideen in einem Brainstorming (→ S. 251), wie das Türmchen von innen aussehen und wer sich darin verbergen könnte. Die Stichpunkte im Wortspeicher helfen euch dabei.

Wortspeicher

Größe – Form – Raumhöhe – Fenster/Licht – Einrichtung – Größe der Figur – Kleidung – Haare – Gesichtsform – Auffälligkeiten – Wirkung

3 „Schön, dass ihr zu meinem Mitternachtssnack vorbeikommt!" – Macht euch in euren Arbeitsgruppen Notizen, wie dieser Mitternachtssnack aussehen und was passieren könnte.

So erzählst du fantastische Geschichten

Das musst du können

Wenn du fantastisch erzählen willst, bereitest du das Schreiben wie gewohnt vor, indem du Ideen sammelst, ordnest und Erzählsituation, Ereignis und Ausgang planst. Deine Geschichte wird fantastisch, wenn du einen fantastischen Ort oder fantastische Figuren einbaust, z. B. einen Ort, an dem man nicht älter wird, oder Figuren, die sich in Tiere verwandeln können. Diese fantastischen Orte oder Figuren müssen genau beschrieben werden, damit sich der Leser alles gut vorstellen kann.
Für die Welt der Erzählung gibt es eigene Regeln, die Handlung muss innerhalb dieser Regeln aber logisch und nachvollziehbar sein.

4 Setze nun die Geschichte „Die Beute des Raben" fort, indem du die Ideen aus den Aufgaben 2 und 3 verwendest und du ...

- ... erzählst, wie Stella und Roman den Turm erkunden und den Turm genau beschreibst.
- ... erzählst, wie Stella und Roman im Turm auf die Figur treffen und diese genau beschreibst.
- ... erzählst, wie der Mitternachtssnack verläuft und ein neues fantastisches Element einbaust, das du genau beschreibst.

5 Lest eure Fortsetzungen in der Gruppe vor und gebt euch Feedback in Form einer Textlupe (→ S. 251). Achtet dabei darauf, ob die Handlung logisch ist und die fantastischen Elemente anschaulich beschrieben werden.

6 Überarbeite dann deine Erzählung für einen spannenden Lesekreis in der Klasse.

2

Text logisch – Stil angemessen – Ausdruck abwechslungsreich?

Erzählungen sprachlich überarbeiten

A … und da hatten Tim und Franzi die rettende Idee: Die anderen Boote fuhren nah an die Tonne heran. Und sie machten mit ihnen Händen Wellen, damit die Tonne auf ihr Boot zutrieb. Und sie fahren so nah es geht an die Tonne heran. Und Tim gab Franzi eine Hand und lehnt sich ganz weit aus dem Boot. So konnte er sich ganz weit hinausstrecken und die Tonne an ihr Boot heranziehen. Sie konnte ihn kaum halten. Und schließlich war sie nah genug …

B … Tim hatte schon die ganze Zeit kein gutes Gefühl, da er darüber nachdachte, ob es wirklich der richtige Tag für einen Segelkurs wäre, obwohl der Lehrer sagte, dass alle teilnehmen müssen, sodass es sich schließlich alle Kinder der Klasse in Vierergruppen in den kleinen Trainingsbooten bequem machten, wobei jeder eine orange Schwimmweste trug. Die Wertsachen mussten sie in einer blauen, wasserdichten Tonne im Boot verstauen, die mit einer dünnen Kette am Boot befestigt war …

C … bei einem Wendemanöver mussten sich alle plötzlich ducken. Tim fiel nach hinten und dabei riss die Tonne vom Seil ab und fällt ins Wasser. Das war aber sehr ärgerlich. Schließlich waren doch alle Wertsachen darin: Handys und Geld. Sie ärgerten sich sehr. Sie wollten die Tonne wieder ins Boot holen, aber sie trieb immer wieder weiter weg, wenn sie näher ranfuhren …

1 Jakob, Paula und Tarek haben unterschiedliche Abschnitte für eine gemeinsame spannende Geschichte gestaltet. Bereite dich mithilfe der Textauszüge darauf vor, die Geschichte mündlich zu erzählen. Erzählt euch dann die Geschichte in der Klasse.

2 Gestaltet in Partnerarbeit eine Spannungskurve zu der Geschichte. Bestimmt dabei, welche Ereignisse zum Anfang, zum Hauptteil und zum Schluss gehören.

3 Entscheide dich für zwei der Textabschnitte. Lies sie halblaut und mache dir Notizen zu ihrer Qualität hinsichtlich Ausdruck und Stil.

Das weißt du bereits

Proben zur Überarbeitung

Mithilfe verschiedener Proben entdeckst du sprachliche Schwächen einer Erzählung.

- Klangprobe: Der Satz/Text wird laut gelesen.
- Ersatzprobe: Wörter werden durch andere ersetzt.
- Erweiterungsprobe: Formulierungen werden ausführlicher gestaltet.
- Umstellprobe: Wörter und Satzglieder innerhalb eines Satzes werden umgestellt.

→ AH S. 12

4 Ersetze die durchgestrichenen Formulierungen. Notiere jeweils zwei andere mögliche Versionen der Sätze. Unterstreiche danach die Version, die du für die gelungenste hältst.

a) „Wir brauchen einen Plan", ~~sagte~~ Tim. „Auf jeden Fall müssen wir uns beeilen", ~~sagte daraufhin~~ Franzi.
b) So ~~taten~~ sie ihre Handys und ihre Geldbeutel in ~~das Ding~~. Franzi ~~tat~~ auch ihre Uhr hinein.
c) Alle ~~im Boot~~ zuckten zusammen und duckten sich ~~in den Rumpf des Boots~~. Tim konnte sich gerade noch ~~am Bootsrand~~ festhalten.

5 Nutze die Erweiterungsprobe zur Verbesserung der Sätze. Formuliere auch hier mindestens zwei Verbesserungsvorschläge je Satz.

a) Der Tag fing schon schlecht an.
b) Wegen des Winds gab es hohe Wellen.
c) Franzi und Jan meckerten wegen Tims Missgeschicks.

6 Nutze die Umstellprobe und formuliere jeweils eine neue Version der Sätze.

a) Dass die Wertsachen nicht nass geworden waren, konnten sie beim Öffnen der Tonne feststellen.
b) Beim nächsten Mal lassen sie die Wertsachen lieber in der Jugendherberge.

7 Wähle einen der Textabschnitte aus Aufgabe 1 und führe für jeweils einen Satz die Ersatzprobe, die Erweiterungsprobe und die Umstellprobe durch. Notiere jeweils die ursprüngliche Form und …

- … eine Überarbeitung.
- … zwei Überarbeitungsmöglichkeiten.
- … zwei Überarbeitungen. Begründe die Wahl der Überarbeitungen kurz schriftlich.

8 Gestalte nun die vollständige Erzählung aufgrund der vorgegebenen Abschnitte und der Überarbeitungen.

9 Überarbeitet in Arbeitsgruppen eure Erzählungen in Form einer Textlupe (→ S. 251).

2

Charlys Sprachcheck

„Ich legte mich auf die Lauer. Ich wartete sehr lange. Ich erspähte eine fette Grille. Ich schlich mich an. Ich tarnte mich. Ich schleuderte meine Zunge heraus und verfehlte die Beute. Die Grille hüpfte weg. Ich fiel vom Ast."

1 Charly will Enya von seinem Unfall erzählen. Verknüpfe die Sätze in der Sprechblase, indem du abwechslungsreiche Satzgefüge bildest und passende Adverbien oder Subjunktionen verwendest.

Tipp von Charly

Das zeitliche Verhältnis kann man im Haupt- oder im Nebensatz ausdrücken.

Hauptsatz mit Adverb	Zeitstufen	Nebensatz mit Subjunktion
z. B. *zuvor, eher, davor, vorab*	Vorzeitigkeit	z. B. *nachdem*
z. B. *zugleich, gleichzeitig, unterdessen, inzwischen*	Gleichzeitigkeit	z. B. *während, als, derweil, solange*
z. B. *anschließend, darauf, danach, hinterher*	Nachzeitigkeit	z. B. *bevor, ehe, infolgedessen, worauf, woraufhin*

Denke daran, dass in Sätzen mit Vorzeitigkeit das Tempus in der Regel angepasst wird!
Präsens im Hauptsatz → Perfekt im Nebensatz
Präteritum im Hauptsatz → Plusquamperfekt im Nebensatz

Enyas Geschichte: Während eines Ausflugs streifte Charly hungrig durch den Garten. Dabei erspähte Charly die Grille. Die Grille thronte auf dem Ast des Baumes, der in der Mitte des Gartens stand. Charly pirschte sich langsam an die Grille heran. Die Grille war völlig ahnungslos. Die Grille sprang auf den höheren Ast. Charly nahm die Farbe der Umgebung an. Die Umgebung bestand aus grünen Blättern. Charly war nun blattgrün und nicht mehr zu erkennen. Langsam krabbelte Charly am Stamm des Baumes hinauf und erreichte den Ast, auf dem die Grille saß. Weil Charly die Farbe des Astes angenommen hatte, erschien Charly graubraun und war für die Grille unsichtbar.

Enya: „Wie lustig, Charly! Schau mal, ich habe deine Geschichte etwas ausgeschmückt."

Charly: „Die Verben gefallen mir gut, aber du hast nicht zwischen bekannten und unbekannten Informationen unterschieden."

Tipp von Charly

Neue Informationen werden mit unbestimmten Artikeln (z. B. *ein Ast*), bereits bekannte Informationen mit bestimmten Artikeln (z. B. *der Ast*), Personalpronomen (z. B. *er*), Demonstrativpronomen (z. B. *dieser*) oder Relativpronomen (z. B. *der*) markiert.

2 Überarbeite nun Enyas Entwurf, indem du manche Nomen durch passende Pronomen ersetzt und immer dann, wenn es notwendig ist, die Artikel veränderst.
Fange so an:

Während eines Ausflugs streifte Charly hungrig durch **einen** Garten. (Der Garten wird erstmals erwähnt, daher unbestimmter Artikel) Dabei erspähte **er eine** Grille. (Charly ist schon bekannt, sein Name wird aber zur Vermeidung einer Wortwiederholung durch ein Personalpronomen ersetzt; die Grille wird erstmals erwähnt, daher unbestimmter Artikel). **Diese** ...

3 Überarbeite deinen Text noch einmal, indem du mithilfe von Nebensätzen Verbindungen zwischen den Aussagen herstellst. Nutze den Kasten auf der linken Seite.

4 Erzähle die Geschichte nun weiter und versuche bei der Ausformulierung des Höhepunktes in dein Heft, Charlys Tipps auf dieser Doppelseite umzusetzen.

5 Notiere in Stichpunkten, weshalb die Bildung des Superlativs zum Adjektiv „einzig" im folgenden Schlusssatz von Enyas Geschichte sinnlos ist.

Dies war das einzigste Mal, dass Charly eine Beute durch die Lappen ging.

6 Finde in der nachfolgenden Liste alle Superlative, die so nicht gebildet werden können und begründe deine Meinung.

Wortspeicher

schönster – totalster – minimalster – bester – idealster – begabtester – leerster – nettester – schwangerster – schlimmster – attraktivster – schwangerster – falschester

2

Was DU schon kannst!

Kompetenztest

Einen Schreibanlass erfassen

1 Nicht alle Überschriften kündigen eine Abenteuergeschichte an, die zu dem Bild passt. Notiere die Buchstaben der passenden Überschriften.

a) Die Spürnasen der 6a
b) Auf Connys Pony ist Verlass!
c) Gemeinsam ist man stärker
d) Auch die Feuerwehr macht Fehler
e) Der Piratenschatz
f) Nachwuchs für die Polizei?

Eine Erzählung zu einem Schreibanlass planen

2 Übertrage den Spannungsbogen in dein Heft. Sortiere die vorgegebenen Handlungsschritte, indem du die jeweiligen Buchstaben im Spannungsbogen notierst.

a) Am Bootshafen beobachten die Schüler, dass ein alter, kaputter Lieferwagen mit einem Bootsanhänger vorfährt.
b) Der Besitzer der Segelschule, den sie auf einem Handy erreichen, bestätigt, dass es sich nicht um Diebe handelt.
c) Die Männer ziehen eines der kleinen Segelboote der Segelschule aus dem Wasser und verladen es auf den Bootsanhänger.
d) Im Gespräch stellt sich heraus, dass sie das Boot zur Reparatur abholen wollen.
e) Jakobs Lehrer lobt seine Schüler, warnt aber auch vor Leichtsinn.
f) Mutig stellen sie sich den Dieben in den Weg.
g) Nach dem Abendessen gehen Jakob und seine Freunde noch einmal zum See.
h) Zwei dunkel gekleidete Männer steigen aus dem Lieferwagen und benehmen sich auffällig.

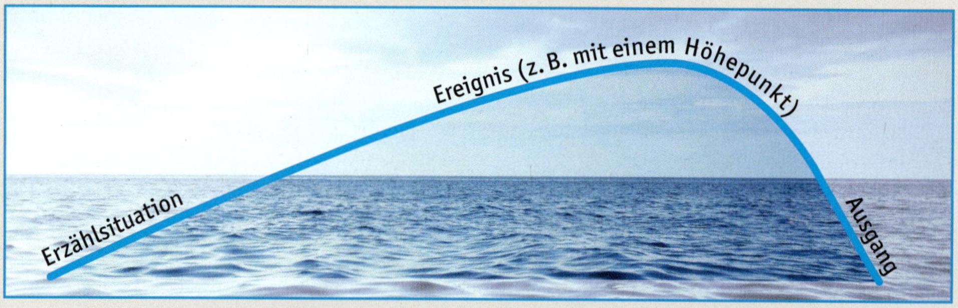

3 Notiere, aus wessen Perspektive die Geschichte erzählt wird.

Die Erzählperspektive erkennen

a) Aus Jakobs Perspektive.
b) Aus der Perspektive eines außenstehenden Erzählers, der bei der Geschichte selbst nicht handelt.
c) Aus der Perspektive von Jakobs Klassenlehrer.

4 Schreibe folgende Sätze aus einer der in Aufgabe 3 genannten Perspektiven.

Die Erzählperspektive ändern

Obwohl wir sehr müde waren, überredete Jakob uns zu einem Abendspaziergang an den See. Eigentlich hatte ich heute genug erlebt und ich freute mich auf mein Bett.

5 Notiere zwei weitere Handlungsschritte zu der Geschichte des falschen Verdachts aus Aufgabe 2.

Eine Erzählung verlängern

6 Formuliere die Sätze neu. Gestalte dabei Zeitdehnungen.

Zeitdehnungen gestalten

a) Wir sahen, dass die Männer eines der Boote aus dem Wasser zogen.
b) Wir stellten uns auf die Straße. Der Lieferwagen musste stoppen.

7 Formuliere auch diesen Abschnitt neu. Gestalte dabei Zeitraffungen.

Zeitraffungen gestalten

Der Weg zwischen Hafen und Jugendherberge war eigentlich nicht sehr weit. Wir nahmen die Abkürzung über den Sportplatz. Hier konnten wir noch die Spuren unseres Fußballspiels vom Nachmittag erkennen. Einige Löcher im Rasen erinnerten an unseren Kampf gegen die Mädchenmannschaft. Ich sah auch, dass Paulas lila Windjacke noch auf der Bank lag. So liefen wir Schritt für Schritt auf den Hafen zu. Meine Füße versanken bei jeder Bewegung ein wenig im nassen Gras. „Hoffentlich werden meine Schuhe nicht allzu schmutzig“, dachte ich. Ich hatte keine Lust, sie schon wieder zu putzen. Vorbei an der Werbetafel der Segelschule und den Parkplätzen näherten wir uns nun der Anlegestelle …

8 Erkläre, inwiefern sich die Wirkung der Sätze und des Abschnitts aus den Aufgaben 6 und 7 durch die andere Zeitgestaltung ändert.

Die Wirkung von Zeitdehnungen und Zeitraffungen beschreiben

9 „Wir nahmen die Abkürzung über den Sportplatz.“ Formuliere mithilfe der folgenden Proben jeweils zwei andere Versionen dieses Satzes.

Proben zur Beurteilung und Überarbeitung von Texten nutzen

a) Umgestaltung durch Ersatzprobe
b) Umgestaltung durch Umstellprobe
c) Umgestaltung durch Erweiterungsprobe

3 Dein Geburtstag: ein außergewöhnlicher Tag!

Sich und andere informieren: Beschreiben, berichten, anleiten

1 Suche dir eines der Bilder mit Geburtstagsaktivitäten aus und notiere in Stichpunkten, warum dir dieses gut gefällt.

2 Erzählt von euren Geburtstagsfeiern. Welche aufregenden oder komischen Ereignisse habt ihr dabei erlebt? Warum ist für euch eine Geburtstagsfeier wichtig?

Andere Personen schriftlich zu informieren, auch in Form von Briefen, ist eine Fähigkeit, die für alle von uns wichtig ist. Deshalb lernst du in diesem Kapitel, …

… informierende Texte situations- und adressatengerecht zu gestalten,
… Vorgänge zu beschreiben,
… Anleitungen zu verfassen,
… Informationen und Wertungen in Texten zu unterscheiden,
… von Ereignissen zu berichten,
… Personen und Figuren zu beschreiben.

3

Wem schreibst du was in welcher Form?

Informierende Texte situations- und adressatengerecht gestalten

A Die Geburtstagsparty war echt gut! Jakobs Vater hatte tolle Kuchen gebacken und gute Spiele vorbereitet. Es hat ziemlich Spaß gemacht, die alten Kindergeburtstagsspiele noch einmal zu spielen. Am besten war das Sackhüpfen: Nach dem Startschuss führte ich zunächst, stolperte aber dann und fiel über meine eigenen Füße. Wir haben ziemlich gelacht …

B Am Donnerstag, den 27.02., fand in der Mehrzweckhalle unseres Gymnasiums die Schuljubiläumsparty statt. Rund 2000 Gäste – Schüler, Lehrer und Eltern – erlebten ein buntes und abwechslungsreiches Programm. Die Feier begann um 18 Uhr. Der Eintritt von 4 Euro pro Person kommt zum Teil unserer Partnerschule zugute.

C *Ich lade dich herzlich zu meiner Geburtstagsfeier am Samstag ein. Die Feier beginnt um 14 Uhr bei uns zu Hause.*
Damit du mich findest:
- *Biege hinter der Tankstelle rechts von der Hauptstraße in die Kardinal-Wetter-Straße ab.*
- *Halte dich an der Weggabelung rechts und fahre die Straße bis zum Ende.*
- *Ich wohne im letzten Haus auf der rechten Seite. Es ist ein gelbes Haus.*

Hoffentlich findest du es!

„Liebe Schulgemeinschaft …“ | Erzählung | Mail | Beschreibung | „Hallo Paula …“ | Einladungskarte | Homepage der Schule | „Hi Liam …“ | Bericht

1 Fülle die Tabelle aus, indem du den Texten ihre Adressaten, ihr Thema und ihre Textsorte zuordnest und einen möglichen Veröffentlichungsort nennst.

	Text A	Text B	Text C
Thema			
Anrede			
Textsorte			
Ort der Veröffentlichung			

2 Die drei Geburtstagstexte passen gut zur Situation und zu den Adressaten. Notiere aus jedem Text eine Textstelle, die diese Einschätzung bestätigt.

Hallo Liam, altes Haus,
wie wär's? Weißt schon, am Samstag in zwei Wochen habe ich Geburtstag. Wär schön, wenn du vorbeikommst. Wird echt spitze! Klasse Kuchen, krasse Spiele, super Kumpels da! Bis dann!
Samuel

Hi Liam,
ich lade dich zu meinem Geburtstag ein. Nachmittags, bei mir zu Hause.

3 „Du kannst weder die eine noch die andere Einladung verschicken!“ – Finde Gründe für die Kritik und setze die Aussage von Samuels Mutter fort.

4 Samuel und seine Mutter sammeln alle Fragen, die durch den Text einer Geburtstagseinladung beantwortet werden sollen. Notiere möglichst viele Fragen.

5 Schreibe einen der Texte so ab, dass du am Rand noch Platz für Notizen hast. Gehe den Text Zeile für Zeile durch und notiere im Einzelnen, was Samuel falsch gemacht hat.

6 Stellt euch in Partnerarbeit die Ergebnisse aus Aufgabe 4 vor. Gestaltet einen Tafelanschrieb mit der Überschrift *So formulierst du einen Einladungstext richtig.*

7 Formuliere und gestalte nun eine gelungenere Einladung zu Samuels Geburtstag.

Das musst du wissen

Unterscheidung von Situations- und Adressatenbezug

Wenn du einen informierenden Text formulierst, musst du darauf achten, dass deine Formulierungen zum **Adressaten** und zur **Situation** passen.

- Informierst du über einen **offiziellen Anlass**, musst du eine sachlichere Sprache benutzen als beim Schreiben über private Veranstaltungen.
- Leser, die du **nicht persönlich kennst**, informierst du in einem sachlichen Stil.
- Schreibst du an **Freunde**, kannst du eine freundschaftliche Sprache verwenden. Auch beim Schreiben an Freunde solltest du aber korrekt und höflich formulieren.

8 Formuliere passend zur Situation und zum Adressaten …

- … Jakobs SMS an Tarek, in der er ihn an die Einladung bei Samuel erinnert.
- … Samuels Mail an die Tochter der Nachbarn, der er versehentlich keine Geburtstagseinladung geschickt hat.
- … einen Brief, den Samuels Mutter an den Lehrer der Musikschule schreibt, um Samuels Fehlen am Nachmittag der Geburtstagsfeier zu entschuldigen.

3

Verstehst du die Spielregeln?

Vorgänge mündlich und schriftlich beschreiben

Die Freunde sammeln Ideen für Samuels Geburtstagsparty.

Mediencode: 11036-06

Paula: „Wir stellen uns vor, dass wir in einer Disco sind. Jeder zieht aus einer Dose einen Zettel, auf dem seine Rolle steht, z. B. Busfahrer, Ärztin, Detektiv."

Samuel: „Es muss aber dunkel sein im Zimmer! Und dann spielt die Musik!"

Paula: „Ja, aber erst später. Zunächst wird ein Zettel mit einem Kreuz oder einem M gekennzeichnet – wer diesen Zettel zieht, muss den Mörder spielen."

Liam: „Wenn wir zur Musik tanzen, geht der Mörder herum und ‚ermordet' einen von uns, indem er dem Opfer auf die Schulter klopft. Dieses stößt einen lauten Schrei aus und fällt zu Boden. Der Schrei bedeutet, dass der Detektiv anfangen darf!"

Samuel: „Der muss doch draußen warten! Der darf nicht mehr im Zimmer sein, sonst weiß er ja alles!"

Paula: „Stimmt! Wenn der Detektiv hereinkommt, schaltet er das Licht ein und die Musik wird abgestellt. Nun befragt er die Zeugen und versucht herauszufinden, wer der Mörder ist."

Tarek: „Und wie will er das schaffen?"

Paula: „Jeder wird dreimal befragt. Dabei müssen die Tänzer immer dieselbe Aussage vorbringen, der Mörder aber erzählt wenigstens einmal etwas anderes. Der Detektiv muss also gut zuhören und sich alles gut merken, um die Lügen aufzudecken."

1 Die Kinder sprechen über das Spiel „Mord in der Disco". Notiert in Stichpunkten die einzelnen Aussagen so, dass die Regeln des Spiels deutlich werden.

2 Jakob ergänzt die Spielanleitung, wobei sich Samuel über den Stil der Satzeinleitungen wundert. Formuliere seine kritischen Gedanken.

Jakob: „Wenn der Detektiv den Mörder nach der zweiten Runde nicht errät, muss er noch einmal vor die Tür. Und dann muss der Mörder etwas an seiner Kleidung verändern. Und dann macht er zum Beispiel seine Socken auf links, zieht seine Schuhe aus oder setzt die Brille eines anderen Kinds auf. Und dann muss der Detektiv wieder hereinkommen. Und dann muss er sich die Kinder eine Minute lang anschauen. Und dann muss er den Mörder benennen. Dann hat er erst gewonnen."

3 Samuel überlegt sich bessere Ein- und Überleitungen. Ergänze die Tabelle.

Satzeinleitungen und Überleitungen, die ausdrücken, dass eine Handlung …		
vor	zeitgleich mit	nach
… der zuerst genannten Handlung passiert		
bevor …	*während …*	*nachdem …*

4 Überarbeite Jakobs Ergänzung. Nutze passende Überleitungen.

→ AH S. 21–23

Das musst du können

So beschreibst du Vorgänge mündlich

Wie Bilder, Orte oder Ereignisse kannst du auch Vorgänge beschreiben. Spiel- oder Bastelanleitungen, Wegbeschreibungen, Rezepte oder Bedienungsanleitungen sind Beispiele für solche **Vorgangsbeschreibungen**. Damit deine Zuhörer die Vorgänge auch richtig nachvollziehen können, solltest du Folgendes beachten:

- Schildere die einzelnen Schritte in einer **nachvollziehbaren Reihenfolge**. Meist ist es am einfachsten, sich an der zeitlichen Abfolge der einzelnen Schritte zu orientieren.
- Nutze **Satzeinleitungen** und **-überleitungen**, die das zeitliche Verhältnis einzelner Schritte anzeigen.
- Nutze eine **sachliche Sprache**: Adjektive, Fachbegriffe und treffende Verben sorgen für Genauigkeit.
- Gib **Ergebnisse** und **Zwischenergebnisse** an, damit der Zuhörer den Schritten besser folgen kann.

5 Oh nein! Die Bilder mit den Arbeitsschritten zum Backen der Glückskekse sind durcheinander geraten. Beschreibe die einzelnen Schritte in kurzen Sätzen und notiere sie in einer sinnvollen Reihenfolge. Wähle dafür geeignete Verben aus dem Wortspeicher aus.

Wortspeicher

backen – brennen – durchbacken – gehen lassen – hineingeben – hinzufügen – hineintun – machen – mischen – rollen – rösten – rühren – stehen lassen – tun – vermengen – verrühren – vorbereiten – wickeln – ziehen lassen – zubereiten – zurechtlegen

6 Überarbeitet die notierten Arbeitsschritte in kleinen Gruppen. Sprecht vor allem über die Genauigkeit der Verben und erarbeitet eine gemeinsame Version. Markiert den Arbeitsschritt, bei dem das Finden einer gemeinsamen Version am schwierigsten war.

7 Ordne die Zwischenergebnisse a) – c) den einzelnen Schritten aus den Aufgaben 5 und 6 zu. Notiere dazu die jeweiligen Arbeitsschritte und …

- … ergänze die passenden Zwischenergebnisse.
- … ergänze die passenden Zwischenergebnisse. Ersetze die Einleitung *sodass* abwechslungsreich.
- … ergänze sinnvolle und abwechslungsreich formulierte Zwischenergebnisse. Du kannst die Vorschläge übernehmen oder ändern.

a) … sodass der Teig quellen kann.
b) … sodass Kreise mit etwa 8 cm Durchmesser entstehen.
c) … sodass ein gleichmäßig gebundener Teig entsteht.

8 *Zunächst nimmst du …/Nimm zunächst …/Man nehme zunächst …* – Formuliere die ersten beiden Schritte der Backanleitung in drei Versionen. Unterstreiche die Version, die dir am passendsten erscheint. Vergleicht und diskutiert eure Formulierungen in der Klasse.

Zunächst musst du alles vorbereiten: Man benötigt 150 g Weizenmehl, 50 g gemahlene Mandeln, 1 Prise Salz, 3 Eiweiß, 250 g Zucker, 100 g weiche Butter und 3 Tropfen Bittermandel-Aroma und ein paar schmale Papierstreifen. Beschrifte die Zettel zunächst mit Glückssprüchen. Gib zunächst die Butter und den Zucker in eine Schüssel und verrühre alles. Gib dann das Eiweiß dazu. Wieder verrühren. Gib dann die restlichen Zutaten dazu. Verrühre alle Zutaten gründlich, bis ein gleichmäßiger und gebundener Teig entsteht. Nun kommt das Langweiligste! Echt nervig. Gib mit einem Teelöffel Teig auf ein mit Backpapier belegtes Backblech. Halte ungefähr 10 cm Abstand zwischen den Teighäufchen.

9 Begutachte den Anleitungstext mit einer Textlupe.

- Notiere einen gelungenen und einen weniger gelungenen Satz.
- Notiere zwei weniger gelungene Sätze und formuliere Verbesserungsvorschläge.
- Verfasse einen kurzen Text, in dem du angibst, was schon gelungen und was weniger gelungen ist. Formuliere auch Tipps zur Verbesserung.

10 Verfasse nun selbst einen Anleitungstext für das Backen von Glückskeksen. Orientiere dich an dem Text und deiner Bewertung aus Aufgabe 9.

Das musst du können

So verfasst du eine schriftliche Vorgangsbeschreibung oder Anleitung

Mache dich zur **Vorbereitung der Beschreibung** gründlich mit dem Vorgang und den einzelnen Schritten, die du beschreiben musst, vertraut.
Notiere die einzelnen Schritte in einer sinnvollen und richtigen Reihenfolge. Nutze dabei verschiedene, möglichst präzise Verben. Ergänze an wichtigen Stellen der Liste stichwortartig, welche Zwischenergebnisse entstehen.
Gliedere die schriftliche Beschreibung folgendermaßen:

- Benenne in der **Einleitung**, welches Ziel die Anleitung hat und welche Materialien und Hilfsmittel eventuell benötigt werden.
- Beschreibe im **Hauptteil** die einzelnen Schritte des Vorgangs. Erkläre die Schritte, die für den Leser vielleicht schwer nachzuvollziehen sind. Nutze eine sachliche Sprache, treffende Verben und passende Satzeinleitungen und -überleitungen.
- Beschreibe am **Schluss** das Ende und das Ergebnis des Vorgangs.
- Entscheide dich für die *Man-* oder die *Du-*Anrede oder formuliere im Imperativ *(man nehme …; du nimmst …; nimm …)*.
- Formuliere die Beschreibung im **Präsens**.

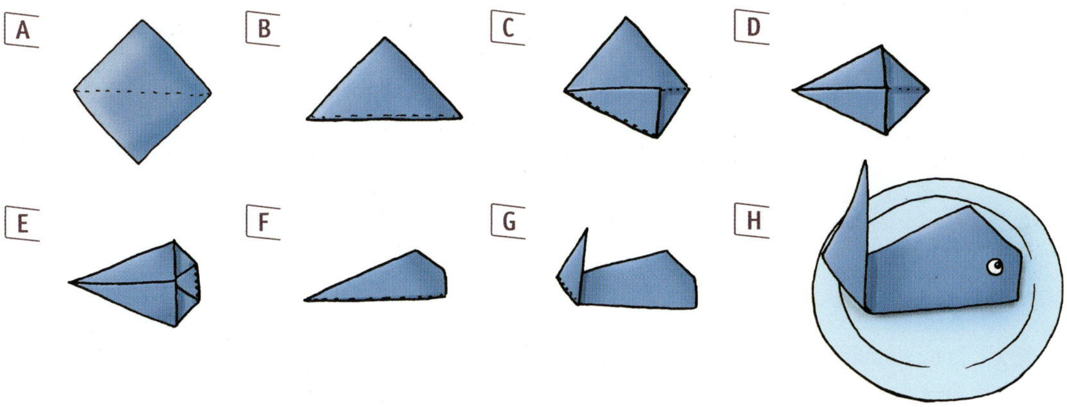

11 Faltet die Servietten für das Geburtstagsessen **in Partnerarbeit** nach: Einer erklärt die Schritte, der andere faltet die Serviette, ohne auf die Bilder zu schauen.

12 Notiere die Arbeitsschritte. Nutze Fachbegriffe und Verben aus den Wortspeichern.

Wortspeicher

abknicken – andrücken – auf Kante falten – biegen – brechen – drücken – einschlagen – falten – falzen – fixieren – halbieren – klappen – knicken – streichen – übereinanderlegen – umbiegen – umknicken – umlegen

Wortspeicher

Diagonale – Ecke – Faltlinie – Falzkante – Kante – Spiegelachse – Spitze – Winkel – Zacke

13 Ergänze die notierten Schritte um Zwischenergebnisse.

14 Formuliere nun eine schriftliche Beschreibung zum Falten eines Serviettenwals.

3

Sehr geehrte Damen und Herren …

In Briefen von Ereignissen berichten

Mediencode: 11036-07

Paula: „Wir sind die Treppe hinaufgestürmt und Liam hat sich vorgedrängt, damit er als Erster rutschen kann. Das macht er immer, der kann einfach nicht warten."
Samuel: „Der fremde Junge wollte auch Erster sein und hat mich zur Seite gestoßen. Gleich nach Liam hat er sich mit Schwung in die Röhre gestürzt, der alte Angeber. Er war richtig schnell. Der kennt scheinbar die Rutsche."
Paula: „Und dann hat er Liam eingeholt und mit den Füßen in den Rücken gestoßen. Liam hat geschrien, weil es ihm wehtat. Oh, der Liam hat mir leid getan."
Aufsichtsperson: „Wo hat der Junge Liam denn verletzt?"
Paula: „Also, Liam hat das Gleichgewicht verloren und sich die rechte Hand an der Wand angeschlagen. Dann sind beide weitergerutscht. Der Junge hat noch Faxen gemacht und den Liam beschimpft. ‚Heulsuse' hat er ihn genannt. Als er unten aus der Rutsche rauskam, war Liams Hand richtig rot und auch schon ganz dick."
Samuel: „Er hat große Schmerzen und kann die Hand kaum noch bewegen."

1 Die Aufsichtsperson hat wenig Zeit und verzieht das Gesicht, wenn die Kinder in ihrer Schilderung unsachlich werden. Bereitet in Vierergruppen die Präsentation des Gesprächs vor. Vermittelt dabei deutlich die Aufregung der Kinder und die Reaktion der Aufsichtsperson.

2 Ergänze mithilfe des Kastens (→ S. 61) den Notizzettel der Aufsichtsperson zum Unfallhergang.

Unfall an der Rutsche am 28.03., Junge verletzt sich die Hand
- Kindergruppe drängt sich auf der Treppe der Rutsche
- …

3 „Samuel, deine Hilfe ist ja gut gemeint, aber …" – Formuliere eine hilfreiche Antwort von Liams Vater auf Samuels Angebot, seinen Bericht an die Versicherung zu schicken.

ACHTUNG FEHLER!

Liebe Herren von der Versicherung,

ihr müsst Liams Verletzung unbedingt als Unfall anerkennen und die Arztkosten übernehmen. Leider hat er sich auf meiner Geburtstagsfeier verletzt.
Wir waren nämlich nachmittags im Indoor-Spielplatz und haben auch eine lange Zeit super miteinander gespielt. Ich war froh, weil das bei unserer Clique nicht immer selbstverständlich ist. Paula kam dann auf die Idee mit der Rutschbahn. Wir stürmten sofort die Treppe hinauf. Ein fremder Junge drängelte rum und dabei ist es dann passiert: Liam hat sich die Hand verletzt. Trotzdem war es eine sehr schöne Geburtstagsfeier!

→ AH S. 18–20

Das musst du können

So formulierst und gestaltest du einen offiziellen Brief

Anders als in einem privaten Brief musst du bei einem offiziellen Brief bestimmte formale Anforderungen berücksichtigen (→ S. 251). Formuliere dein Anliegen sachlich. Achte darauf, dass deine Darstellung zur Situation und zum Adressaten passt. Sprich die Adressaten mit *Sie* an und formuliere in einer höflichen Sprache. Nutze den folgenden Standardaufbau:

- Beginne den Brief links oben mit deiner Anschrift.
- Notiere rechts oben deinen Wohnort und das aktuelle Datum.
- Notiere unter deine Anschrift die Anschrift des Adressaten.
- Formuliere einen kurzen Satz zu deinem Anliegen oder zum Thema des Briefs.
- Beginne dann den Brieftext mit einer höflichen Anrede. Nutze die Formulierung *Sehr geehrte Damen und Herren*, wenn du nicht genau weißt, wer deinen Brief bekommt.
- Beginne in einer neuen Zeile mit deinen Ausführungen.
- Beende deine Ausführungen mit einer abschließenden Bemerkung zu deinem Anliegen.
- Nutze am Schluss die Grußformel *Mit freundlichen Grüßen* und unterschreibe den Brief.

Du kannst offizielle Briefe auch per E-Mail versenden. Formuliere den Brief dazu nach den genannten Kriterien in einem Textverarbeitungsprogramm und versende ihn als Anhang an deine Mail. Offizielle Anliegen solltest du nicht direkt in die Mail notieren.

4 Tatsächlich muss Liams Vater einen Bericht an die Unfallversicherung schicken. Formuliere diesen offiziellen Bericht. Beachte dabei auch die Hinweise für den Aufbau.

5 Manchmal kommt es bei offiziellen Briefen zu sehr umständlichen Formulierungen. Überarbeite die Sätze a) – c) und ...

- ... ersetze die markierten Formulierungen.
- ... ersetze die markierten Formulierungen. Notiere einen Hinweissatz, der deine Vorgehensweise beschreibt.
- ... ersetze die markierten Formulierungen. Überprüfe anschließend deinen Text aus Aufgabe 4 nach umständlichen Formulierungen. Notiere und überarbeite zwei Textstellen.

a) Beim Erklettern der Leiter kam es zu einem Gerangel.
b) Während der Benutzung der Rutschbahn merkte er zunächst nichts.
c) Die Zufügung der Verletzung geschah sicherlich ohne Absicht.

3

Wer war's?

Personen und Figuren beschreiben

Die Leiterin des Indoorspielplatzes, Frau Maier, möchte herausfinden, welcher Junge Liams Unfall mit verursacht hat. Sie befragt die Kinder, wen sie beobachtet haben.

Paula: „Also, ich glaub, der war eher groß."

Jakob: „Er hatte so ganz normale Haare."

Tarek: „Er hatte so einen grauen Dingspulli an."

Samuel: „Der hatte vielleicht eine Brille, glaub ich. Und eine ziemlich tiefe Stimme."

1 Nicht alle dieser Informationen sind brauchbar. Diskutiert zu zweit, welche hilfreich sind und welche nicht.

2 Frau Maier braucht genauere Informationen. Arbeitet in Kleingruppen und notiert Fragen, die sie den Kindern dabei stellen kann.

3 Bestimmte Adjektive helfen bei der präzisen Beschreibung von Körperteilen. Zeichne die Gliederpuppe in dein Heft und notiere passende Adjektive bei den entsprechenden Körperteilen. Greife unter anderem auf die Adjektive im Wortspeicher zurück.

Wortspeicher

blond – braun – breit – brünett – dünn – feingliedrig – filigran – gedrungen – gefleckt – gescheitelt – gesträhnt – gestuft – glänzend – hübsch – kraus – kurz – lang – markant – milchig – oval – rot – rund – schlank – schmal – schwarz – wuchtig – zierlich

4 Tarek hat seine Antworten notiert. Hilf ihm beim Sortieren seiner Notizen, indem du mit Hilfe der Informationen aus dem Kasten auf → Seite 53 eine Mind-Map zu verschiedenen Bereichen der Personenbeschreibung anlegst.

- mittelgroß
- kurze, braune Haare
- keine Brille
- hellgrauer Pulli mit Kapuze, die er über den Kopf gezogen hatte
- tiefe Stimme
- halblange graue Hose
- weiße Turnschuhe
- Narbe auf der rechten Wange
- sportlicher Körperbau
- ungefähr 11 Jahre alt

Tipp

Nutze Überleitungen zur Aufzählung

Um die Aufzählung der Einzelheiten in einer Beschreibung sprachlich gekonnt zu gestalten, solltest du abwechslungsreiche Überleitungen nutzen *(außerdem, besonders fiel mir auf, zudem, des Weiteren, darüber hinaus, auffällig war ...)*.
Das genaue Beschreiben einer Person oder Figur macht auch Erzählungen anschaulicher (→ S. 41).

Der Junge war etwa 1,50 groß. Er trug einen hellgrauen Pulli mit einer weiten Kapuze, die er teilweise über den Kopf gezogen hatte. Sein Körperbau war insgesamt eher sportlich.

1) Er hatte helle Turnschuhe an.

4) Eine Brille hatte er nicht an.

2) Auf der rechten Wange hatte er eine Narbe.

5) Er hatte eine tiefe Stimme.

3) Er hatte braune Haare.

6) Er hatte eine graue, halblange Hose an.

7) Er hatte braune Augen.

5 Tarek hat begonnen, seine Notizen für Frau Maier auszuformulieren. Hilf ihm bei der weiteren Beschreibung.

- Ordne die Sätze in der richtigen Reihenfolge an und verbinde zwei davon mit einer geeigneten Überleitung aus dem Kasten.
- Ordne die Sätze in der richtigen Reihenfolge an und verbinde sie dabei mit geeigneten Überleitungen aus dem Kasten.
- Ordne die Sätze in der richtigen Reihenfolge an, verbinde sie mit geeigneten Überleitungen deiner Wahl. Ersetze *hatte* durch abwechslungsreiche Formulierungen.

6 Unterstütze Paula und ihre Freunde bei einem Personenratespiel: Wähle eine Figur aus einem Buch, einer Geschichte oder einem Film und verfasse eine Personenbeschreibung. Bildet Arbeitsgruppen und ratet, wer beschrieben wurde.

3

Eine gelungene Geburtstagsfeier

Von Ereignissen berichten

Die Redaktion der Schülerzeitung plant einen Artikel zum Thema „Topfschlagen, Reise nach Jerusalem und Luftballontanz war gestern – Tipps für eine wirklich coole Geburtstagsparty". Samuel und seine Freunde wollen für die Leser der Unterstufe von Samuels Geburtstagsfeier berichten.

Mediencode: 11036-08

Tarek: „Mir haben die Muffins so gut geschmeckt. Zu einem gelungenen Fest braucht man auf alle Fälle etwas zum Essen."
Paula: „Typisch Tarek."
Jakob: „Das war echt cool, dass uns dein Vater zu dem Indoor-Spielplatz gefahren hat."
Liam: „Doof war das aber schon, dass ich mich verletzt habe."
Samuel: „Aber darum geht's doch jetzt gar nicht. Das interessiert doch die Leser nicht. Jetzt mal der Reihe nach: Zuerst haben wir ja bei mir zu Hause Muffins gegessen. Echt cool, dass meine Mutter uns sogar erlaubt hat, Cola zu trinken …"
Tarek: „Aber schreib auch auf, dass wir im Indoor-Spielplatz waren! Das war so lustig."
Liam: „Naja … ich fand das mit den Glückskeksen super, die wir gebacken haben. Aber das war ja davor, oder?"
Paula: „War ja auch von mir, die Idee … Mir hat gefallen, dass wir die Servietten für das Essen selbst gefaltet haben."
Tarek: „Das mit dem Spiel „Mord in der Disco" hat echt Spaß gemacht, auch wenn die Stimmung nach Liams Unfall erst einmal im Keller war. Und natürlich die Pizza, die wir als Abschluss bestellt haben …"
Paula: „Voll peinlich, wie ihr euch da alle darauf gestürzt habt …"

1 Paula hat versucht, die einzelnen Punkte mitzuschreiben. Hilf ihr, die verschiedenen Informationen in eine logische Reihenfolge zu bringen. Wähle dabei eine Methode, die dir geeignet erscheint (Tabelle, Mind-Map, Liste …).

2 Besprecht und verbessert eure Notizen in Partnerarbeit.

Wir haben Muffins gegessen und Limo getrunken. Die Servietten für den Geburtstagstisch haben wir gemeinsam gefaltet. Wir haben gemeinsam Glückskekse gebacken. Wir sind zum Indoor-Spielplatz „FunPlay" gefahren. Dort konnten wir die Kletterwand nutzen, auf extralangen Rutschen rutschen, Trampolin springen ... Wir sind nochmals zu Samuel gefahren und haben „Mord in der Disco" gespielt. Wir haben gemeinsam Pizza gegessen – ein gelungener Abschluss eines tollen Tages!

3 Paula hat die einzelnen Punkte in einem Bericht zusammengefasst. Arbeitet wieder zu zweit und helft den Schülerzeitungsredakteuren dabei, Paulas Text oben zu begutachten.

- Verseht eine Textkopie mit Randbemerkungen; markiert und kommentiert dabei Gelungenes sowie Stellen, die noch verbessert werden müssen.
- Gestaltet eine Tabelle mit „Gelungenem" und „Verbesserungsbedarf".
- Formuliert eine Mitteilung, in welcher ihr Paula Hinweise zur Überarbeitung des Textes gebt. Bezieht dabei Beispiele ein und macht Überarbeitungsvorschläge.

4 Paula hat die Ereignisse richtig dargestellt. In ihrem Text fehlen aber Verknüpfungen, die dem Leser die zeitliche Reihenfolge klar machen. Verbinde alle Sätze mit geeigneten Formulierungen und schreibe den Text in überarbeiteter Form in dein Heft.

So verfasst du einen Bericht

Das musst du können

Berichte fassen **Ereignisse** möglichst **sachlich** zusammen, z. B. für eine Versicherung oder eine Zeitung. Damit der Leser das Ereignis richtig nachvollziehen kann,

- muss sich der Bericht auf die **wesentlichen Informationen** beschränken und Unwichtiges weglassen.
- sollte der Bericht mit einem **Einleitungssatz** beginnen, der das gesamte Ereignis schon einmal zusammenfasst. Nutze dazu die **W-Fragen**: Was geschah wann, wieso, mit welchem Ergebnis?
- müssen im **Hauptteil** die Einzelheiten **der Reihe nach** berichtet werden.
- sollten die einzelnen Sätze durch passende **Überleitungen** verbunden werden.

Beachte, dass Berichte **im Präteritum** verfasst werden. Prüfe die Qualität deines Berichts, indem du dich **in den Leser hineinversetzt**.

5 Plane und verfasse nun selbst einen Schülerzeitungsbericht zu Samuels Geburtstagsparty. Orientiere dich an dem Text und deiner Bewertung aus Aufgabe 3.

3

Charlys Sprachcheck

Erdbeer-Limetten-EISTEE

Zutaten
- 50 ml Limettensaft
- 80 ml Erdbeersirup
- 1 Limette
- 200 ml Pfefferminztee
- 400 ml Sprudelwasser, kalt
- 6 Erdbeeren
- Crushed Ice
- Eiswürfel

Zubereitung
Arbeitszeit: ca. 5 Min. / **Kochzeit:** ca. 5 Min. / **Schwierigkeitsgrad:** simpel

kocht man den Pfefferminztee, achtelt man die Limette, die Erdbeeren viertelt man und gibt sie in eine Karaffe. gibt man noch den Limettensaft und Erdbeersirup sowie das Crushed Ice dazu und gießt mit dem gekochten Pfefferminztee und dem eiskalten Wasser auf.
ein paar Eiswürfel in ein Longdrinkglas geben, den Eistee abfüllen und mit einer Erdbeerscheibe dekorieren.

Viel Spaß beim Nachmachen.

1 Tarek hat bei der Zubereitung des Eistees etwas gekleckert, sodass die Wasserspritzer alle Adverbien auf seinem Rezept gelöscht haben. Überlege, welches der Adverbien in welche Lücke passen würde.

Wortspeicher

anschließend – jetzt – daher – zuletzt – dann – daraufhin – zuerst – nun – später – außerdem – danach

2 Zwei der Adverbien können nicht einfach so ausgetauscht werden.
Bestimme die beiden und überlege dir andere Wörter, mit welchen man sie ersetzen könnte.

3 Charly findet Tareks Rezept noch zu monoton. Er schlägt vor, die vielen *man*-Formulierungen und die unvollständigen Sätze im zweiten Abschnitt zu verbessern. Außerdem fehlen die Mengenangaben. Überarbeite Tareks Rezept, indem du mindestens bei fünf Verben das Passiv verwendest und immer ganze Sätze formulierst. Schreibe deinen besseren Text ins Heft.

Tipp von Charly

Manchmal fällt es schwer bei einem Adjektiv im Dativ Singular (Maskulinum und Neutrum) zu entscheiden, ob die Endung *-en* oder *-em* richtig ist.
Prinzipiell wird immer nur einmal die Endung *-em* verwendet, um den Dativ zu markieren. Wenn zum Beispiel der Artikel bereits eindeutig den Kasus anzeigt, bekommt das Adjektiv nur noch die Endung *-en*.

Beispiele:
a) Mit scharfem Messer zerteilt er die Erdbeeren.
b) Er schneidet die Limette mit einem scharfen Messer.
→ In Beispiel a) zeigt die Adjektivendung den Dativ an, im Beispiel b) erkennt man ihn bereits am unbestimmten Artikel.

4 Tarek möchte sich bei seiner Oma für sein Geburtstagsgeschenk bedanken. Notiere die richtigen Formen und begründe deine Entscheidung.

Liebe Omi,

vielen Dank für das Päckchen. Bei (1) schönen/schönem, (2) sonnigen/sonnigem Wetter konnte ich im Garten mit (3) meinen/meinem (4) besten/bestem Freund Samuel und noch vier anderen Kindern meinen Geburtstag feiern. Wir sind in Zweierteams bei einem sehr (5) lustigen/lustigem Federballturnier gegeneinander angetreten. Zur Erfrischung hat uns Mama mit (6) selbstgemachten/selbstgemachtem Eistee verwöhnt. Ich lege das Rezept diesem (7) kurzen/kurzem Brief bei. Beim Federballspielen bin ich auf Papas (8) blöden/blödem Gartenzwerg ausgerutscht und habe mir meinen Knöchel verstaucht. Wir mussten ins Krankenhaus und ich wurde von einem sehr (9) freundlichen/freundlichem Arzt versorgt. Er sagte, dass ich Glück im Unglück gehabt hatte, und musste lachen, da ich in diesem Jahr an einem Freitag, (10) den/dem 13., Geburtstag hatte.

Ganz liebe Grüße und bis bald
dein Enkel Tarek

„Nachgestellte Ergänzungen stehen immer im gleichen Fall wie ihr Bezugswort."

5 Wähle aus dem nachfolgenden Wortspeicher die Wörter aus, die den Dativ bereits anzeigen, nach denen Adjektive also mit der Endung *-en* stehen. Formuliere jeweils einen Beispielsatz in dein Heft.

Wortspeicher

einem – unserem – sehr – demselben – welchem – viel – ziemlich – jedem – dem

Was DU schon kannst!

Kompetenztest

a) Er war ein gutes Stück größer als ich und wirkte wie ein Riese.
b) Ich bin ca. 1,30 m groß und wiege 30 kg.
c) Folgen Sie der Bergstraße. Am Ende sehen Sie links eine Baumgruppe …
d) Der Weg war lang und steinig. Er schien endlos …

Informierende und erzählende Texte unterscheiden

1 Alle Sätze enthalten Informationen. Notiere, welche der Sätze zu einem informierenden Text und welche zu einem erzählenden Text passen.

Den Situations- und Adressatenbezug an der Sprache erkennen

2 Entscheide aufgrund der Sprache, ob es jeweils um eine öffentliche oder um eine private Veranstaltung geht. Notiere dafür ein „ö“ oder „p“.

a) Das … war echt super!
b) Unser … war ein beachtlicher Erfolg, auf den die Veranstalter stolz sein können.
c) Ich freue mich, Sie beim … begrüßen zu können. Es werden Stühle reserviert sein.
d) Kommst du auch zum …? Wir treffen uns um 8 vor dem Bahnhof.

3 Begründe deine Entscheidung aus Aufgabe 2 für zwei der Beispiele.

Eine Person beschreiben

4 Vervollständige die Mind-Map mit weiteren Bereichen, auf die bei der Beschreibung einer Person geachtet werden muss.

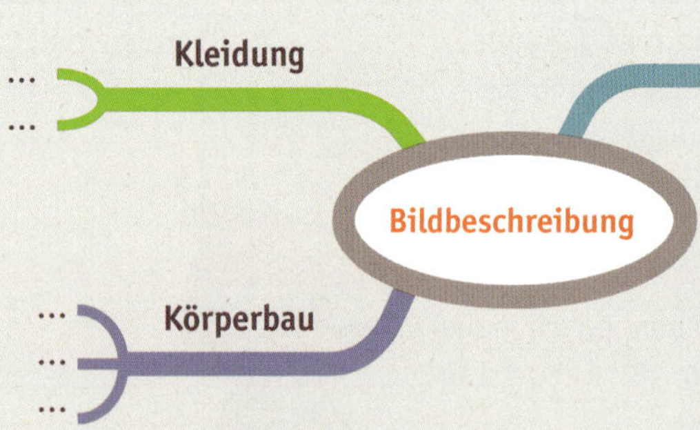

5 Schaue dir die abgebildete Person an und notiere Stichwörter zu den Bereichen, die du in der Mind-Map in Aufgabe 4 gesammelt hast.

Sich und andere informieren: Beschreiben, berichten, anleiten

6 Sachlich oder nicht? Notiere die Nummern der Äußerungen, die beim Formulieren eines Berichts verwendet werden können.

Von Ereignissen berichten

a) Mann, das war ein Sturzflug!
b) Der Schüler stolperte über seine Schuhbänder, die nicht zur Schleife gebunden waren, und fiel die Treppe hinunter.
c) Im Sturz riss er den Farbeimer des Hausmeisters mit sich.
d) Alles rosa! Wir waren fassungslos.
e) Eigentlich geschieht das dem Liam ganz recht. Der ärgert mich immer.
f) Die Kosten für die Treppenreinigung betragen ca. 350 Euro.

7 Formuliere die korrekte Anrede für die jeweilige Situation. Du schreibst einen Brief an …

Einen Brief adressatenbezogen formulieren

a) … deinen Freund Liam.
b) … deine Schulleiterin Frau Müller.
c) … eine Firma, den genauen Ansprechpartner kennst du nicht namentlich.

8 Die Bastelanleitung ist durcheinander geraten. Bringe die Schritte in die richtige Reihenfolge: Formuliere jeweils eine kurze Handlungsanweisung und notiere in Klammern den Buchstaben, die der Schritt auf der Zeichnung hat.

Vorgänge beschreiben

9 Wähle zwei der Handlungsschritte zum Basteln der Papierblume und notiere sie im Sinne eines Anleitungstextes.

4 Ich gestalte meine Schule

Meinungen finden, formulieren und begründen

1 In der Schule kommt es zu vielen Situationen, in denen Meinungen formuliert und begründet werden. Wähle eine Person, auf die der Schulwegweiser hinweist. Gestaltet und spielt in Partnerarbeit einen typischen Meinungsaustausch zwischen einer Schülerin oder einem Schüler und der gewählten Person.

2 *Streit – Klärung – Diskussion – Austausch.* Erkläre den Unterschied der verschiedenen Gesprächsformen in eigenen Worten. Nutze eure Beispiele aus Aufgabe 1 zur Veranschaulichung.

3 Die abgebildete Tagesordnung der SMV enthält im zweiten Teil Vorschläge zur Gestaltung des Schullebens. Wählt einen der Vorschläge: Besprecht, worum es gehen könnte und diskutiert den Vorschlag in der Klasse. Beendet die Diskussion mit einer Abstimmung.

Tagesordnung und Thesenpapier zur Sitzung der Schülermitverantwortung (SMV)

1. **Rückblick auf das Sommerfest**
   - Vorschlag 1: Erstellen eines Hinweisblatts, auf dem die diesjährigen Erfahrungen samt Tipps für die nächste Veranstaltung gesammelt werden
   - Vorschlag 2: Durchführung einer Umfrage in den einzelnen Klassen zur Verwendung des Gewinns von ca. 500 Euro
2. **Vorschläge der Klassensprecher zur Gestaltung des Schullebens**
   - Vorschlag 3: Anmeldung einer Schüler-Lehrergruppe zum diesjährigen Stadtlauf
   - Vorschlag 4: Beteiligung an der Aktion „Bessere Ernährung in der Schule"
   - Vorschlag 5: Entwicklung eines Konzeptes zum Einsatz digitaler Medien in der Schule
   - Vorschlag 6: Planung eines gemeinsamen Schulfestes mit der benachbarten Förderschule
   - Vorschlag 7: Verschiebung des Schulbeginns auf 9.00 Uhr
3. **Verschiedenes**

Wir freuen uns auf das nächste Treffen
Eure SMV

Jede Schülerin und jeder Schüler kann seine Schule mitgestalten. In vielen Gesprächen und Situationen in der Schule ist es daher möglich und wichtig, dass du deine Meinung findest, einbringst und gut begründest. In diesem Kapitel lernst und übst du daher ...

... Gründe für deine eigene Position zu finden und zu ordnen,
... Meinungen überzeugend und abwechslungsreich zu formulieren,
... die eigene Meinung schriftlich darzustellen.

4

Ich bin der Meinung, wir sollten …

Gründe für die eigene Position finden und ordnen

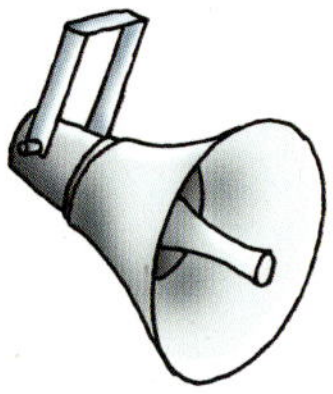

Liebe Mitschülerinnen und Mitschüler,
beim Schulfest wurde ein Gewinn von 500 Euro erzielt. Jede Klasse darf einen Vorschlag zur Verwendung des Geldes machen. Werft einen Zettel mit eurer Idee in den SMV-Briefkasten. Notiert auch zwei bis drei Gründe, die uns überzeugen!

1 Führe mit deinen Mitschülern ein Brainstorming zur Verwendung des Geldes durch. Übernehmt und ergänzt das begonnene Cluster an der Tafel.

Blumenbeete — Flur streichen

Verwendung von Euro 500,–

Neue Vorhänge im Aufenthaltsraum

Schulbücher für Nachhilfe-Schüler

Unterrichtsmaterial für die Partnerschule in Afrika

2 Erweitert eure Sammlung: Versetzt euch in andere Personengruppen, die zur Schule gehören, und ergänzt deren mögliche Vorschläge.
Eltern – Mitglieder des Fördervereins der Schule – Verein der Ehemaligen …

Das musst du können

So nutzt du Brainstorming und Cluster zur Ideensammlung

Ideen für ein Gespräch, eine Erzählung oder eine Stellungnahme kannst du in einem **Brainstorming** sammeln. Hierbei darf alles ausgesprochen werden, was dir zu dem Thema einfällt. Weitere Ideen lassen sich finden, wenn du auch die **Sicht anderer Personengruppen** einnimmst.

Sammle die Ergebnisse des Brainstormings am besten in einem **Cluster** (→ S. 251). Einzelne Ideen können manchmal durch **Oberbegriffe** zusammengefasst werden.

3 Übe die Zusammenfassung einzelner Ideen durch Oberbegriffe in Partnerarbeit.

- Notiert verschiedene Oberbegriffe für die umrandeten Stichwörter im begonnenen Beispiel-Cluster. Unterstreicht den Oberbegriff, der am geeignetsten scheint.
- Notiert Oberbegriffe, unter denen sich die Stichwörter im begonnenen Beispiel-Cluster zusammenfassen lassen. Es entstehen mindestens zwei Begriffsgruppen.
- Notiert Oberbegriffe zur Zusammenfassung eures gesamten Clusters an der Tafel.

→ AH S. 26–29

4 Prüft eure Ideen in verschiedenen Arbeitsgruppen: Sammelt und notiert möglichst viele Überzeugungsgründe in einem Brainstorming und einem Cluster.

5 Entscheidet, welche Idee deine Klasse an die SMV weitergeben soll: Präsentiert dazu eure Ergebnisse aus Aufgabe 4. Führt anschließend eine Abstimmung durch.

Kletterwand auf dem Schulhof
- verschönert den Schulhof
- unterstützt Bewegung
- ist viel zu gefährlich
- Jonas klettert für sein Leben gern
- passt zu mehreren Altersstufen
- hat keine Folgekosten
- dient der Gesundheit und Geschicklichkeit
- an der Grundschule hatten wir auch eine Kletterwand
- man kann sich schnell ein Bein oder einen Arm brechen
- kann auch bei Schulfesten genutzt werden
- fördert die Entwicklung und die Balance
- kann von vielen Schülerinnen und Schülern genutzt werden

6 Die Klassenlehrerin der 6a bittet ihre Klasse, die Vorschlagsliste noch einmal zu überarbeiten. Prüfe die Liste und notiere möglichst viele Gründe für ihre Bitte.

7 Welche Begründungen auf der Liste scheinen dir wichtiger, welche weniger? Diskutiere diese Einschätzung mit deinen Mitschülern im Klassengespräch.

8 Überarbeite die Liste mithilfe der Ergebnisse aus Aufgabe 6 und des Kastens.

Das musst du können

Begründungen zusammenfassen und ordnen

Meist lassen sich die Begründungen, die du in einem Brainstorming und einem Cluster gesammelt hast, zusammenfassen, verkürzen und ordnen. Prüfe dazu, …
- ob alle Begründungen **wirklich zur Fragestellung** passen,
- ob einzelne Ideen durch **Oberbegriffe** zusammengefasst werden können,
- welche Begründungen **wichtiger und überzeugender** sind als andere. Beachte, dass derartige Einschätzungen durchaus unterschiedlich sein können.

9 Erstelle nun auch die Vorschlagsliste deiner Klasse für die SMV. Orientiere dich an den Ergebnissen der Aufgaben 4 und 5.

4

Ich finde das wichtig, weil …

Meinungen überzeugend und abwechslungsreich formulieren

> Ihr müsst von dem Geld neue Sitzbänke für die Schule – vorne neben der Eingangstür – besorgen. Das ist der einzige coole Verwendungszweck.

1 Die Schülersprecherin und ihr Vertreter wissen nicht, ob sie den Vorschlag der 6b ernst nehmen sollen. Gestaltet zu zweit deren Gespräch zu Inhalt und Form des Vorschlags.

Das musst du können

So formulierst du Gründe überzeugend

Um andere zu überzeugen, musst du Ideen und Vorschläge **ansprechend** formulieren:
- Formuliere eine **Anrede** und erkläre in der **Einleitung**, worauf sich dein Vorschlag bezieht.
- Nutze **Wendungen** wie *unserer Meinung nach* oder *wir sind der Ansicht, dass.*
- Unterstütze deinen Vorschlag durch **Begründungen**. Nutze dazu Wörter wie *denn, weil, deshalb, aus dem Grund.*
- Verbinde mehrere Gründe durch Überleitungen wie *außerdem, darüber hinaus.*
- Orientiere dich an den formalen Merkmalen eines **sachlichen Briefs** (→ S. 57).

2 Die 6a bekommt eine zweite Chance und gibt sich nun besonders Mühe. Formuliere die Anrede, die Einleitung und ihren Vorschlag noch einmal schriftlich.

3 Die 6a hat inzwischen auch bessere Begründungen gesammelt. Wähle mit einem Arbeitspartner drei der Begründungen aus: Setzt eure Einleitung aus Aufgabe 2 fort und formuliert ein ansprechendes und überzeugendes Schreiben an die SMV.

Neue Sitzgruppe in der Aula
- die alte Sitzgruppe ist zu klein und kaputt
- in den großen Pausen gibt es zu wenige Sitzgelegenheiten
- könnte für Nachhilfe und Elterngespräche genutzt werden
- verschönert die Schule
- bietet Wartemöglichkeit für Gäste

4 Bildet neue Arbeitsgruppen aus zwei bis drei Partnergruppen: Tragt euch eure Begründungen aus Aufgabe 3 vor. Entscheidet, welche Begründung ihr an die SMV weitergebt. Notiert alle Überleitungen, die genutzt wurden.

→ AH S. 26–29

A ...Die Anschaffung ist sehr sinnvoll, weil die alte Sitzgruppe farblich nicht zur Aula passt. Außerdem brauchen wir eine Sitzgelegenheit, die man in der Mittagspause für die Hausaufgaben nutzen kann.

B ...Die Anschaffung ist sehr sinnvoll. Die alte Sitzgruppe passt farblich nicht zur Aula. Außerdem brauchen wir eine Sitzgelegenheit. Sie kann in der Mittagspause für die Hausaufgaben genutzt werden.

5 Laura findet Formulierung A „eleganter". Martin kann das im Blick auf den Satzbau erklären. Gestalte ihr Gespräch, nutze den Kasten.

6 Überarbeite auch die folgenden Formulierungen stilistisch. Nutze Nebensätze.

a) Eine Sitzgruppe verbessert die Gesprächskultur in der Schule insgesamt. Hier können verschiedene Personen miteinander sprechen.
b) Sie verschönert die Schule. Sie bildet einen neuen Mittelpunkt der Aula.
c) Ein soziales Projekt kann unterstützt werden. Die Sitzgruppe könnte von der Werkstatt der Jugendhilfe angefertigt werden.

So begründest du abwechslungsreich durch Nebensätze

Das musst du können

Nebensätze können den Stil deiner Begründung verbessern:

- Adverbialsätze (→ S. 219) können Gründe, Ergebnisse, die Art und Weise oder den Zweck einer Handlung benennen. Sie werden eingeleitet durch *weil* (Grund), *sodass, dass* (Folge, Ergebnis), *indem* (Art und Weise) oder *damit* (Zweck).
- Attributsätze (→ S. 220) können die Eigenschaften oder die Verwendbarkeit eines Gegenstands oder eines Sachverhaltes angeben. Sie werden zum Beispiel durch die Relativpronomen *der, die, das* eingeleitet.

7 Für zukünftige Umfragen will die SMV ein Hinweisblatt zum „Formulieren und Begründen von Vorschlägen" erstellen. Übernimm mit einem Arbeitspartner einen Teil der Gestaltung, indem ihr ...

- ... vier wichtige grundlegende Hinweise notiert.
- ... eine Checkliste für die abzugebenden Vorschläge zusammenstellt.
- ... einen Mustertext formuliert, der alle Hinweise des Teilkapitels berücksichtigt.

SMV-Merkblatt
Vorschläge formulieren und begründen

Grundlegende Hinweise
1) ...
2) ...
3) ...

Checkliste
○ ... ○ ...
○ ... ○ ...
○ ... ○ ...

Beispiel

4

Gerne formulieren wir einen Vorschlag zu Ihrer Frage …

Die eigene Meinung schriftlich darstellen

Malala – Mädchen mit Buch

Begegne der Geschichte des pakistanischen Mädchens Malala Yousafzai (geb. 1997) als Theaterstück in deiner Schule!

Malala wächst in einem Land auf, in dem Mädchen der Zugang zur Bildung verboten wird. Mit 11 Jahren beginnt sie, in einem Internet-Blog über ihr Leben und die Unterdrückung zu berichten. Sie erlebt viel Unrecht. Im Jahr 2012 überlebt sie – schwer verletzt - einen Anschlag auf ihren Schulbus.

Durch die Verleihung des Friedensnobelpreises im Jahr 2014 wird Malala weltbekannt. Heute setzt sie sich gegen die Unterdrückung von Kindern und für das Recht auf Bildung ein. Nicht in allen Ländern dürfen Kinder – vor allem Mädchen – eine Schule besuchen.

„Wir sollten das Geld nutzen, um diese Theatergruppe in die Schule einzuladen …"

1 Bilde dir im Gespräch mit deinen Klassenkameraden eine Meinung zu Paulas Idee. Tauscht euer Wissen zu Malala aus und diskutiert den Vorschlag. Stimmt anschließend über den Vorschlag ab.

2 Bereitet Paulas Anschreiben an die SMV gemeinsam vor. Sammelt alle Begründungen in einem Cluster. Prüft das Gesammelte und findet Oberbegriffe.

Das musst du können

So formulierst und begründest du deine Meinung schriftlich

Gehe folgendermaßen vor, um deine Meinung zu formulieren:
Mache dir in der Vorbereitungsphase deine Meinung bewusst: Welche Position vertrete ich? Welche Begründungen erscheinen mir am wichtigsten?

- Sammle deine Einfälle zum Beispiel in einem Cluster.
- Prüfe die notierten Gründe dann noch einmal: Streiche unpassende Aussagen, fasse einzelne Begründungen unter Oberbegriffen zusammen, entscheide, welche Begründungen dir am wichtigsten sind.

Orientiere deine schriftliche Begründung an folgendem Aufbau:

- Benenne den Anlass deiner Stellungnahme *(Zu Eurer Frage, …)*.
- Formuliere deine Position *(Ich bin der Meinung, dass…)*.
- Nenne einige überzeugende Begründungen. Nutze Überleitungen *(außerdem)* und Nebensätze *(sodass, weil)* zur abwechslungsreichen Gestaltung.
- Runde deine Begründung mit einem Schlusssatz ab *(Daher denke ich, Ihr…)*.

→ AH S. 26–29

3 Erstelle mit einem Partner einen Schreibplan für das Anschreiben an die SMV. Orientiert euch an der Gliederung, die der Kasten beschreibt. Notiert Stichworte.

Liebe Schülervertreter,

in der Zeitung habe ich die Ankündigung eines Theaterprojektes gesehen. In einem Ein-Personen-Stück wird die interessante und wichtige Geschichte des pakistanischen Mädchens Malala vorgestellt. Malala ist weltbekannt. Sie hat sogar den Friedensnobelpreis gewonnen. Sie lebte in Pakistan, wo sie unterdrückt wurde und sogar einen Anschlag überlebt hat. In einem Internetblog hat sie von ihrem Leben berichtet, sodass sie viel Aufmerksamkeit bekommen hat. Diese Themen sind doch auch für heutige Schüler wichtig. Ich bitte euch, über meinen Vorschlag einmal nachzudenken.

Liebe Schülervertreter,

wir möchten vorschlagen, das Theaterprojekt „Malala – Mädchen mit Buch“ in die Schule einzuladen und den Gewinn des Schulfestes dafür einzusetzen. Hierfür gibt es aus unserer Sicht einige gute Gründe: Zunächst sind die Themen „Bildung“ und „Schule“, die in dem Stück angesprochen werden, für viele Schülerinnen und Schüler wichtig. Es ist interessant, auch einmal zu sehen, wie andere Kinder leben. Weiterhin glauben wir, dass ein solches Projekt auch eine gute Werbung für unsere Schule sein kann. Vielleicht wird ja in der Zeitung davon berichtet. Außerdem können die Inhalte des Stücks gut im Unterricht aufgegriffen werden, sodass eine intensive Auseinandersetzung erfolgen kann.

Liebe Schülervertreter,

ich habe einen Vorschlag, wie ihr den Gewinn des Schulfestes sinnvoll einsetzen könnt. Eine Theatergruppe, von der ich gelesen habe, besucht Schulen. Sie stellen dort die Erlebnisse des pakistanischen Mädchens Malala vor. Die Geschichte ist sicherlich für viele Kinder berührend, weil Malala sie aus der Sicht eines Schulkindes erzählt. Ihre Erlebnisse, die viel mit Schule und Bildung zu tun haben, können im Unterricht aufgegriffen werden. Es könnte auch in der Zeitung davon berichtet werden.

4 Paulas Klasse hat verschiedene Vorschläge verfasst. Beurteile deren Qualität.

- Trage aus den Beispielen zwei gelungene und zwei nicht so gelungene Sätze zusammen. Notiere, was jeweils gelungen oder nicht gelungen ist.
- Gib jedem der Vorschläge eine Schulnote. Begründe diese schriftlich.
- Führe zu jedem Vorschlag eine Textlupe (→ S. 251) durch. Formuliere Überarbeitungsvorschläge zu drei Stellen, die dir nicht gelungen scheinen.

5 Verfasse nun selbst ein begründetes Schreiben an die SMV. Tausche dein Schreiben mit einem Arbeitspartner und gebt euch eine Rückmeldung zur Qualität.

Was DU schon kannst!

Kompetenztest

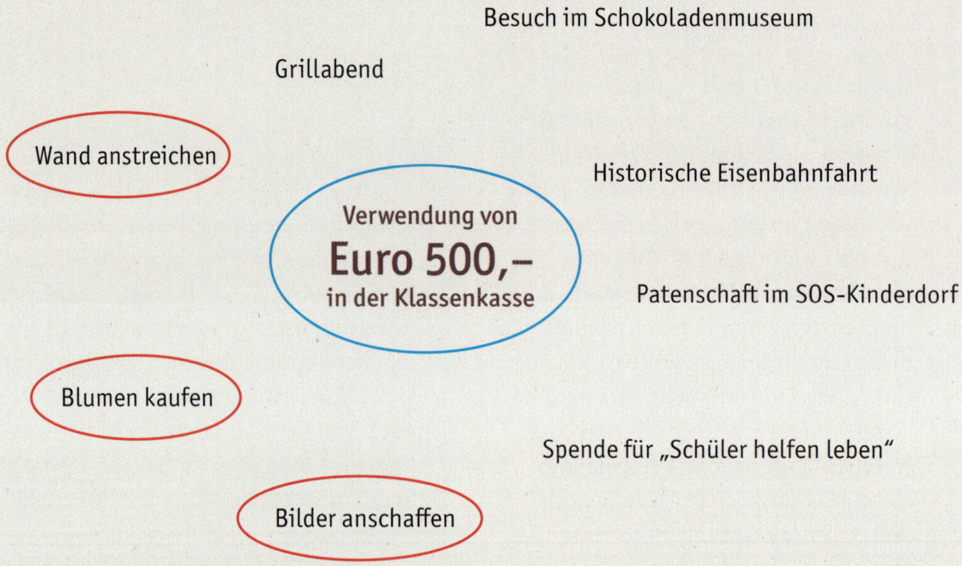

Ideen im Brainstorming sammeln

1 Die Klasse 6c überlegt, wie das übrige Geld der Klassenkasse sinnvoll eingesetzt werden kann. Notiere eine Idee zur Ergänzung ihrer Sammlung.

Ein Brainstorming durch eine andere Perspektive erweitern

2 Ergänze die Ideensammlung, indem du eine andere Perspektive einnimmst. Notiere passende Ergänzungen zu den Satzlücken.

a) Majas Mutter arbeitet im Hallenbad. Sie schlägt vor, dass (1) …
b) Die Klassenlehrerin der 6c kümmert sich in ihrer Freizeit um (2) … Sie schlägt vor, das Geld (3) …
c) Die Schulleiterin wirbt immer wieder für eine Unterstützung des Projektes (4) … Ein Teil des Geldes könnte genutzt werden, um (5) …

Ideen im Cluster sichern und sortieren

3 An welcher Stelle des Clusters sollten die Ideen der Erwachsenen aus Aufgabe 2 notiert werden? Notiere deine Vorschläge in der Form:

Vorschlag von Majas Mutter → zwischen „Grillabend“ und „Schokoladenmuseum“

Vorschläge durch Oberbegriffe zusammenfassen

4 Notiere einen Oberbegriff, der die rot umrandeten Ideen zusammenfasst.

5 Notiere auch Oberbegriffe, anhand derer die anderen Ideen zusammengefasst werden können. Notiere nur die Oberbegriffe.

Für das Abschluss-Grillfest
1) Auch die Eltern können sich noch einmal unterhalten und evtl. voneinander verabschieden.
2) Manche essen nicht gerne Fleisch.
3) Das Geschenk an Frau Kaiser kann übergeben werden.
4) Das Fest führt noch einmal zu einem gemeinsamen Erlebnis.
5) Der Klassentanz kann noch einmal aufgeführt werden.
6) Wenn es regnet?
7) Alles kann ohne großen Aufwand und kurzfristig organisiert werden.

6 Die 6c entscheidet sich für ein gemeinsames Abschlussgrillen. Notiere, welche Aussagen oben nicht als Begründung taugen. Begründe deine Wahl kurz.

Die Brauchbarkeit von Begründungen bewerten

Liebe Frau Kaiser,

wir werden nun doch ein Abschluss-Grillfest durchführen. (1) ... besteht der Wunsch, noch einmal ein gemeinsames Erlebnis zu schaffen. (2) ... hält sich der Aufwand der Vorbereitung in Grenzen. (3) ... hatten wir die Idee, unseren Klassentanz dort auch noch einmal aufzuführen. (4) ... hätten auch die Eltern die Möglichkeit, sich noch einmal miteinander und mit Ihnen zu unterhalten.

7 Weil die Klassenlehrerin dienstags nicht in der Schule ist, schreibt Paula ihr eine E-Mail mit dem Abstimmungsergebnis. Überarbeite den Anfang der Mail, formuliere eine passende Anrede und eine Einleitung des begründenden Textes.

Eine Anrede und den Anlass formulieren

8 Notiere auch passende Überleitungen zu den nummerierten Lücken.

Begründungen sprachlich überzeugend formulieren

9 Setze Paulas Mail fort. Verbessere den Stil der folgenden Sätze, indem du Nebensätze formulierst.

1) Eriks Vater könnte die Grillhütte mieten. Er ist mit dem Bürgermeister befreundet.
2) Paulas Vater ist der Klassenelternsprecher. Er organisiert die Getränke.
3) Unser Geld würde reichen. Bei Schulveranstaltungen muss für die Grillhütte keine Miete gezahlt werden.

10 Notiere einen Schlusssatz für Paulas Mail an die Klassenlehrerin.

Eine Begründung abrunden

11 Überprüfe deine Überarbeitungsvorschläge ab Aufgabe 7 noch einmal. Notiere zu einer Stelle einen weiteren Überarbeitungsvorschlag zur weiteren Verbesserung der begründenden E-Mail. Begründe deine Überarbeitung kurz.

Begründungen überarbeiten

5 Von Meeren, Seen, Flüssen und Inseln

Erzähltexte untersuchen

1 Tragt in einem „Blitzlicht" eure Eindrücke zu den Abbildungen zusammen.

2 Sammelt anschließend in Kleingruppen Ideen für eine Geschichte mit der Überschrift „Das Meer sprang aus der Badewanne".

3 Überredet euren Lehrer zu einer Erzählstunde: Bildet einen Stuhlkreis und erzählt euch einige der Geschichten mündlich.

4 Sprecht anschließend darüber, was euch an den Erzählungen gefallen hat und was euch weniger gefallen hat.

5 Entwerft Ideen für einen begründeten Aufruf in der Schülerzeitung: Wir wollen regelmäßige Erzählstunden.

Es gibt viele tolle Geschichten rund um das Wasser. Hast du Lust, in das Thema einzutauchen? Dann lies die fantastischen Texte in diesem Kapitel und lerne dabei, …

… Textsorten zu unterscheiden,
… Texte zu beschreiben,
… die Sprache für das Textverständnis zu nutzen,
… Texte flüssig und sinnbetont zu lesen,
… Sagen zu erkennen und zu erschließen,
… nach literarischen Mustern zu erzählen.

5

Gedicht, Erzählung, Szene

Textsorten unterscheiden

Joachim Ringelnatz
Kindersand

Das Schönste für Kinder ist Sand.
Ihn gibt's immer reichlich.
Er rinnt unvergleichlich
Zärtlich durch die Hand.
Weil man seine Nase behält,
Wenn man auf ihn fällt,
Ist er so weich.
Kinderfinger fühlen,
Wenn sie in ihm wühlen,
Nichts und das Himmelreich.

Denn kein Kind lacht
Über gemahlene Macht.

„Ich glaube, der Text informiert über die Eigenschaften von Sand."

1 Hat Jakob Recht? Besprecht seine Aussage zu dem Text von Joachim Ringelnatz in der Klasse.

2 Formuliere eine verbesserte Version von Jakobs Aussage. Berücksichtige die Ergebnisse des Gesprächs aus Aufgabe 1.

3 Wähle eine der folgenden Versgruppen und erkläre ihre Aussage in sachlicher Sprache. Notiere dann in Stichworten möglichst viele Unterschiede zwischen der Formulierung im Gedicht und deiner sachlichen Übertragung.

- Weil man seine Nase behält,
  Wenn man auf ihn fällt.
- Kinderfinger fühlen,
  Wenn sie in ihm wühlen,
  Nichts und das Himmelreich.
- Denn kein Kind lacht
  Über gemahlene Macht.

→ AH S. 82, S. 90

Mediencode: 11036-09

Bernhard Hagemann

Leon spricht Dünisch

Das Meer rauscht mit großen Wellen an die Küste. Die Sonne scheint und auf der steilen Meerseite der Düne springt Leon mit einem Riesensatz in den Sand. [...] Springt, rennt auf die Düne und springt. [...] Leon nennt das Düning.

Leon macht mit seinen Eltern Ferien an der französischen Atlantikküste. Wohnwagen, Vorzelt, Sonne, Meer, Wellen, Dünen. [...] Zum ersten Mal ist Leon allein mit seinen Eltern, allein mit Frankreich, allein mit der Düne. Leon treibt sehr viel Düning. Das strengt ziemlich an. Aber wer hat gesagt, dass Düning nicht anstrengend wäre?

„Heute Morgen ist eine nette Familie auf den Campingplatz gekommen!", sagt seine Mutter. „Da drüben, drei Plätze weiter. Die haben drei Kinder. Ich habe sie zu Kaffee und Kuchen eingeladen. Mit Kindern. Dann hast du jemanden zum Spielen!" „Können die auch Düning?", fragt Leon. „Ich glaube schon!", sagt seine Mutter. „Es sind Franzosen. Düning ist, soviel ich weiß, Nationalsport in Frankreich."

Nach dem Kuchenessen rennen Jean, Amélie und Pierre wie die Bekloppten durch den Sand der Düne. Sie werfen Händeweise Sand in die Luft und lassen sich dann schreiend von der Düne herunterrollen. Das ist aber nicht Düning. „Atenn sioh! Scherriehf!", brüllt Amélie und wirft sich die Düne nach unten. „Nein", denkt Leon. „Düning geht anders."

„Na, wie war es?", fragt seine Mutter wenig später. „Habt ihr schön gespielt? Können Jean, Amélie und Pierre auch Düning?" „Können sie nicht", antwortet Leon und verzieht sein Gesicht. „Außerdem reden sie nur rückwärts!" „Sie reden rückwärts?", staunt seine Mutter. „Das glaube ich nicht." „Kein Mensch kann das verstehen, was die reden", sagt Leon. „Das ist Französisch!", antwortet seine Mutter. „So ist das in einem anderen Land. Da spricht man eine fremde Sprache. Vielleicht lernst du ein wenig Französisch. Später in der Schule lernst du es sowieso." „Eine Sprache, die keiner versteht, will ich nicht lernen!", antwortet Leon. „Eine Sprache, die rückwärts geht, so ein Blödsinn." „Ach Leon!", sagt seine Mutter.

Am nächsten Morgen stehen Amélie, Pierre und Jean vor Leons Wohnwagen, als hätte sie ein Paketbote dort hingestellt. „Boschuh!", sagen sie. „Ollah!", antwortet Leon auf Dünisch und gibt sich Mühe. Er spricht sehr konzentriert. Sich in einer fremden Sprache zu unterhalten, erfordert höchste Aufmerksamkeit. „Tü vö schujeh obull aweck nu?", fragt Jean und grinst. „Aj!", antwortet Leon und geht mit ihnen. Keine Ahnung, was die vorhaben. „Tü vö schujeh obull aweck nu" stellt sich sehr schnell als Boccia heraus, das sie am Strand spielen wollen. Die

Regeln kapiert jeder, ob man vorwärts oder rückwärts spricht. Die großen Kugeln müssen so nah wie es geht an die Kleine ran. Wessen Kugel am nächsten ist, hat gewonnen.

Leon schnappt sich die kleine Kugel und wirft sie, so weit er kann. Dann die große hinterher. Sie spielen ein paar Partien. Leon gewinnt kein einziges Mal. Doofes Spiel. Düning ist schöner. Aber immerhin, jetzt können sie sich unterhalten. Dafür war Boccia gut.

„Ohva schujeh otre schoß!“, ruft Amélie. „Nien!“, sagt Leon. Als sie wenig später beim Wohnwagen sind, fragt seine Mutter: „Na, wie war's beim Boccia?“ Und sie fragt auch Amélie, Jean und Pierre: „Setee bjah ala plahsch?“ „Eid neleips Aiccob os eiw eis neder“, sagt Leon. „Was ist denn mit dir?“, staunt seine Mutter. „Wie sprichst du denn?“ Da kommen auch die Eltern von Amélie, Pierre und Jean. „Wus aweh bjia schujeh allor!“, sagen sie. „Sie fragen, wie es war beim Boccia“, übersetzt seine Mutter. „Hci ebah nerolrev!“, sagt Leon. „Leon!“, sagt da seine Mutter. „Was soll denn der Unsinn. Rede doch normal!“ „Hci ehcerps znag selamron Hcsinüd!“, antwortet Leon.

Nach dem Kuchen gehen Leon, Pierre, Amélie und Jean wieder in die Dünen. Leon nimmt einen Kaugummi mit, für Kiefergymnastik. Er will den dreien die Regeln von Düning erklären. Und auf Dünisch ist das ziemlich anstrengend.

4 Erklärt die Überschrift des Textes im Klassengespräch.

5 Bereitet in kleinen Gruppen das Vorlesen des Textes vor. Macht euch Notizen, wie ihr die Wirkung des Textes hervorheben könnt.

6 Lassen sich Abschnitte von Bernhard Hagemanns erzählendem Text in ein Gedicht umschreiben? Wähle eine Textstelle, die dir besonders wirkungsvoll scheint, und gestalte dazu ein Elfchen, indem du Stimmungen und Begriffe aus dem Text aufgreifst.

7 Formuliert in Partnerarbeit ein Interview mit den Autoren Joachim Ringelnatz und Bernhard Hagemann über die beiden Texte in diesem Teilkapitel. Lasst sie jeweils auf die folgenden Fragen antworten.

a) Worum geht es in Ihrem Text inhaltlich?
b) Welche Wirkungen wollten Sie erzielen?
c) Warum haben Sie sich für die Textsorte „Gedicht“ bzw. „Erzähltext“ entschieden?
d) Ist es möglich, das Thema und die Wirkung auch in der jeweils anderen Textsorte auszudrücken?

→ AH S. 82, S. 90

8 Die 6a möchte die Geschichte von Bernhard Hagemann bei einem Klassenfest aufführen. Bereitet mithilfe der Tabelle in Kleingruppen die Spielvorlage vor.

Szene	Textabschnitt	Handelnde Figuren	Ort/Bühnengestaltung	Inhalt (kurz)
1	→ Z. 1 – Z. 6			
2				
...				

9 Übertrage die begonnene Umformulierung der Zeilen 16-26 in dein Heft und ergänze die fehlenden Inhalte und Regieanweisungen.

Mutter: „Heute Morgen ist eine nette Familie auf den Campingplatz gekommen! Da drüben, drei Plätze weiter. Mit Kindern. Dann hast du jemanden zum Spielen!"

Mutter: „Ich glaube schon! Es sind Franzosen. Düning ist, soviel ich weiß, Nationalsport in Frankreich."

10 Erstellt nun die gesamte Spielvorlage für „Leon spricht Dünisch". Verteilt die Szenen auf verschiedene Arbeitsgruppen.

11 Ergänze das Interview aus Aufgabe 7 um die Frage, ob das Thema und die Wirkung der Texte auch in einem szenischen Text darzustellen wären, und lass die Autoren antworten.

12 Formuliere als Ergänzung für den folgenden Kasten die Eigenschaften der genannten literarischen Textsorten. Nutze die Erkenntnisse aus dem Teilkapitel und ...

- ... notiere die Eigenschaften in Stichpunkten.
- ... nenne und beschreibe die typischen Eigenschaften der Textsorten in einem zusammenhängenden Text.
- ... beschreibe und erkläre die typischen Eigenschaften in einem zusammenhängenden Text. Führe Textbeispiele als Belege an.

Das musst du wissen

Textsorten

Die Textsorte eines literarischen Textes lässt sich durch die Beschreibung des **Umfangs**, seiner **Wirkungsabsicht**, der **Sprache** und der **Form** bestimmen.

Typische literarische Textsorten sind **Erzählungen** (epische Texte), **Gedichte** (lyrische Texte), **dialogische Texte** (dramatische Texte).

Achtung: Es gibt auch „Mischformen", also Texte, die sich nicht eindeutig einer einzigen literarischen Textsorte zuordnen lassen (z. B. Balladen).

5

Eine Geschichte unter die Lupe nehmen

Erzählende Texte beschreiben

Text 1

Die ganze Sache war ein Geschenk. Das war so:

Als mich meine Eltern zum ersten Mal ans Meer mitgenommen haben, war ich sechs oder sieben Jahre alt. Gleich am ersten Tag stiegen wir durch steile Felsen zu einem kleinen Strand hinunter.

„Schau, Bub“, plärrte mein Vater, denn die Wellen machten einen Heidenlärm, „das ist der Atlantik. Wunderbar!“ Er grunzte […], legte sich in den Sand neben meine Mutter und schlief sofort unter seiner Zeitung ein.

Text 2

Die ganze Sache war ein Geschenk. Das war so:

Als die Eltern den Jungen zum ersten Mal ans Meer mitgenommen haben, war er sechs oder sieben Jahre alt. Seine Eltern freuten sich sehr, und auch der Junge war aufgeregt. Gleich am ersten Tag stiegen sie durch die Felsen zu einem kleinen Strand hinunter.

„Schau, Bub“, rief der Vater, denn die Wellen machten einen Heidenlärm, „das ist der Atlantik. Wunderbar!“ Er grunzte zufrieden, legte sich in den Sand neben seine Frau und schlief unter seiner Zeitung ein.

1 Ähnlich, aber nicht gleich! – Notiere, worin die Texte übereinstimmen und inwiefern sie voneinander abweichen.

2 Ordne den Textausschnitten mithilfe des Kastens die Begriffe „Innenperspektive“/„Außenperspektive“ und „Ich-Erzähler“/„Er-Erzähler“ zu. Begründe deine Zuordnung schriftlich und belege sie mithilfe von Beispielen aus dem Text.

Das musst du wissen

Erzählperspektive und Erzählform

Die **Erzählperspektive** gibt an, aus welcher Sicht ein Geschehen erzählt wird. In der **Außenperspektive** nimmt der Erzähler nur das wahr, was er als Beobachter des Geschehens sieht oder hört.

In der **Innenperspektive** kennt er Gedanken und Gefühle von mindestens einer der handelnden Personen (→ S. 34).

Die **Erzählform** gibt an, wer die Geschichte erzählt: Ein **Ich-Erzähler** nimmt das Geschehen in der Regel aus der Innenperspektive wahr, beim **Er-Erzähler** sind Außen- und Innenperspektive möglich.

→ AH S. 82, S. 90

3 Wähle eine der folgenden Perspektiven und notiere eine weitere Version des Geschichtenanfangs.

Vater/ Mutter des Jungen

ein anderes Kind, das die Situation beobachtet

ein Erzähler, der die Gedanken und Gefühle aller Beteiligten kennt

4 Begründe anhand der Erzählform, welcher der beiden Textausschnitte aus Aufgabe 1 als Einleitung zu dem folgenden Text passt, und nenne Stellen, an denen aus der Innenperspektive geschildert wird.

Kilian Leypold
Der Atlantiktrinker *(Auszug 1)*

Mediencode: 11036-10

[...] Ich stand allein vor diesem Wunder und war steif vor Schreck. Wasser. Vor mir nur Wasser, ohne irgendeinen Rand. Endlos. Und dieses riesige Wasser war nicht still und ruhig, sondern große Wasserberge schaukelten wild hin und her, kamen auf mich zu und schlugen unter ohrenbetäubendem Gegurgel und Gedonner an Land. Mir kam es vor, als wäre dieses Atlantikmeer lebendig, ein Lebewesen mit einem uralten Zorn auf das Land, das es mit seinen riesigen Wellen überrollen und zerschmettern wollte. Vielleicht weil das Land dem Atlantik im Weg war und einfach nicht zur Seite gehen wollte.

Ich wunderte mich, wie meine Eltern so ruhig im Sand liegen konnten. Vater schnarchte sogar. Bald würden wir fliehen müssen. Aber wohin nur? Das Meer würde immer mehr Land überfluten, und wir säßen irgendwann wie riesige Vögel in einem Baum, auf einem Hügel, und die Wellen schlügen von allen Seiten gegen den Stamm ... Dann ist es aber zu spät, dachte ich, ich muss gleich was unternehmen. Aber was? Meine Eltern brauchte ich nicht zu fragen, die würden überhaupt nicht verstehen, in welcher Gefahr sie schwebten – sonst wären wir nicht hierhergekommen.

Plötzlich hatte ich eine fantastische Idee: Austrinken! Das war doch alles Wasser, ich würde den Atlantik einfach austrinken. Dagegen kann er überhaupt nichts tun. Und das Land und die Häuser und die Menschen sind gerettet, und ich werde ein berühmter Wassertrinker und Weltenretter.

Ich zog meine Schuhe aus, krempelte die Hosen hoch und ging so nah heran, dass das Wasser gerade über meine Füße leckte; als würde mich das Meer beschnuppern. Das Wasser war kalt und schaumig und floss sofort wieder davon. Ich ging ein Stück weiter auf die Wellen

zu, bückte mich, um zu trinken, aber schon wieder floss das Wasser davon. Dieser Atlantik hatte wohl spitzgekriegt, dass es nicht gut für ihn aussah. Er bekam es mit der Angst zu tun und floss immer davon, wenn ich mich bückte.

Ich machte ein paar große Sprünge, stand jetzt bis über die Knie im Wasser, merkte, wie das Wasser schon wieder davonfloss, und tauchte schnell beide Hände hinein. Das würde der erste von Millionen von Schlucken werden … Da riss es mich auf einmal von den Füßen. Um mich herum war nur noch Wasser, Schaum und Wasser. Ich wurde wie in einer Wäschetrommel herumgeschleudert, hatte keine Ahnung mehr, wo oben und wo unten war, und schluckte Unmengen von Atlantikwasser. Es schmeckte scheußlich. […] Ich wollte ausspucken, aber es ging nicht, ich schluckte und schluckte. Das Wasser war jetzt auf einmal voller Sand, den ich zwischen die Zähne, in die Ohren und in die Nase kriegte. Endlich verschwand das Wasser, und ich lag japsend im Sand. Die Welle, die mich überrollt hatte, floss jetzt ganz harmlos unter mir weg. Das war ja klar gewesen: ein hinterhältiges, heimtückisches Biest, dieser Atlantik!

Von dem vielen Wasser, das ich geschluckt hatte, war mir schlecht, und ich verwarf meinen Plan, den Atlantik auszutrinken. Mein Vater kam angewatschelt. „Fantastische Wellen, was? Wunderbar!“, rief er mir zu und stürzte sich in die Brandung. Er begriff nichts, und ich würde ihm auch nichts erzählen.

5 Gestaltet in kleinen Gruppen einen Steckbrief zur Beschreibung der kurzen Erzählung von Kilian Leypold. Nutzt dazu die Beschreibungskriterien im folgenden Kasten.

Das musst du wissen

Beschreibung erzählender Texte

Um erzählende Texte zu verstehen, hilft es, sie zu beschreiben. Dazu bestimmst oder beschreibst du

- das Thema,
- Handlungsort und -zeit,
- die Hauptfiguren,
- den Aufbau des Textes mit Erzählsituation, Ereignis und Ausgang,
- den Handlungsgang mit der Spannungskurve,
- die Erzählform (Ich- oder Er-Erzähler),
- die Erzählperspektive (Innen- oder Außenperspektive),
- innere und äußere Handlung.

6 Die Geschichte ist allerdings noch nicht zu Ende, sie hat noch einen zweiten Teil. Lies ihn und mache dir Notizen zu den Beschreibungskriterien.

→ AH S. 82, S. 90

Medienecode: 11036-11

Kilian Leypold

Der Atlantiktrinker *(Auszug 2)*

Mir war den ganzen Tag über nicht gut. In meinem Bauch schwappte literweise, kiloweise das Salzwasser. Mit meiner Meerwasserwampe ging ich früh ins Bett und hatte einen komischen Traum.

Ich träumte von einer in jede Richtung unendlichen Fläche, die wie eine vergammelte, feucht gewordene Wüste aussah. Nasser Sand, auf dem Pfützen standen, Felsen mit glitschigen dunklen Büschen, ab und zu Tiere in harten Panzern, mit Fühlern oder Scheren, die langsam über den Sand krochen. Dazwischen saß ein Mensch auf dem Sand. Es war ein Mädchen, ungefähr so alt wie ich, aber viel, viel dicker. Sie winkte mir, und ich ging langsam auf sie zu. Ihre Haut war ganz weiß und ihre dicken Haare nass und dunkelgrün. Seltsam waren vor allem ihre Augen, das eine grau und das andere blau, und wenn ich in diese Augen sah, kam ich mir vollkommen verlassen vor. Deswegen sah ich auf ihre Füße, die aus einem silbernen Kleid herausschauten.

„Hallo, Atlantiktrinker!", sagte das Mädchen mit einer tiefen glucksenden Stimme, die überhaupt nicht zu dem Mädchenmund passte, aus dem sie kam.

„Wer bist du?", fragte ich und sah noch immer auf ihre nackten weißen Füße, die mir irgendwie unbenutzt vorkamen.

„Ich bin der, den du austrinken wolltest", sagte das Mädchen. Sie lachte.

Das ärgerte mich. „Du lügst", sagte ich, „der, den ich heute austrinken wollte, ist viel größer als du und ein DER. DER Atlantik heißt er, kapiert?"

„Das macht doch nichts", sagte das Mädchen blubbernd, „der Ozean, die See, das Meer. Ich habe alle Geschlechter und bin mein eigener Vater, meine eigene Mutter und mein eigenes Kind."

Sie lachte und gluckerte wie wild, fiel auf den Rücken und strampelte mit ihren Füßen in der Luft wie ein Kleinkind. Dann setzte sie sich wieder auf, und ich sah nochmal in das graue und das blaue Auge. Aber diesmal bekam ich eine unendliche Sehnsucht nach einem Punkt, den ich nicht sehen konnte, der ganz weit hinten in diesen Augen liegen musste.

„Ich möchte dir etwas schenken", sagte das Mädchen, „zum Dank dafür, dass du mich nicht ausgetrunken hast. Immer wenn du in Zukunft einen Schluck von mir nimmst, werde ich dir eine Geschichte erzählen; Geschichten, die nur das Meer kennt und sonst niemand. Nur du und ich."

Ich sah noch immer in ihre Augen und fing an zu träumen: Seeungeheuer, Piraten, blau schimmernde Tiefe, Schätze. Da fiel mir ein, dass ich mich ja sowieso in einem Traum befand, und dachte mir: Wach auf!

„Du bist übrigens auch schon eine Geschichte", sagte da das Mädchen, „die Geschichte vom Jungen, der nicht wusste, dass nur der Atlantik groß genug ist, den Atlantik auszutrinken und wieder auszuspucken."

Sie lachte und lachte, und auf einmal sprudelte es aus ihrem Mund, ihren Nasenlöchern und Ohren, schäumendes, salziges Wasser, das über ihre Füße sprudelte; bald war die sandige Fläche bedeckt, die kriechenden Krebse versanken, dann das Mädchen. Das Wasser stieg mit enormer Geschwindigkeit, erreichte meine Kehle, mein Kinn … und ich wachte mit einem salzigen Geschmack im Mund auf.

Seit diesem Tag brauche ich nur etwas Atlantikwasser in den Mund zu nehmen, hin und her zu drücken, zu schlucken – und ich weiß eine neue Geschichte. Und egal wie viel Schlucke ich nehme, ich weiß, dass ich den Atlantik nie werde austrinken können, und darüber bin ich verdammt froh.

7 Überarbeitet und ergänzt den Steckbrief zur Textbeschreibung aus Aufgabe 5.

8 Nutze den Steckbrief aus den Aufgaben 5 und 7 für eine Textbeschreibung.

- Bereite eine mündliche Beschreibung des Textes vor.
- Formuliere schriftlich eine kurze Selbstbeschreibung des Textes. Lass ihn in der Ich-Perspektive seine Eigenschaften beschreiben.
- Ein Verlag will verschiedene Texte einkaufen: Bereite einen werbenden und wirkungsvollen Vortrag vor, in dem der Text beschrieben und angeboten wird. Begründe, warum der Verlag sich für diese Geschichte entscheiden soll.

Hermann Schulz

Sein erster Fisch

Großvater Henry hatte beschlossen, in diesem Jahr alleine ans Meer zu fahren. „Ich muss über einiges nachdenken“, sagte er.

Die Familie wunderte sich. Raul, sein Enkel, war traurig. „Aber sonst sind wir doch immer zusammen gefahren!“

„Du kannst mich am Wochenende besuchen. Dann können wir gemeinsam ans Meer gehen. Und ich kann mich jetzt schon darauf freuen.“

Raul nickte, war aber trotzdem ein ganz kleines bisschen enttäuscht.

Henry reiste ab und bezog ein Hotelzimmer mit einem schönen Blick auf das Meer. Er dachte über seine Angelegenheiten nach. Und freute sich auf den Besuch seiner Familie. In der Frühe am Samstag hielt ein Auto vor dem Hotel. Henry hatte gerade ein Bad im Meer genommen. Er war guter Dinge und begrüßte die Ankömmlinge gut gelaunt.

Enkel Raul kramte schon aufgeregt im Gepäck, um ihm ein Geschenk seiner Eltern zu zeigen: eine prachtvolle neue Angel!

„Kommst du heute mit mir, Henry? Ich möchte sie unbedingt ausprobieren.“ „Natürlich gerne“, antwortete der Großvater. „Vom Angeln verstehe ich etwas. Wir müssen nur alles gut vorbereiten.“

Nach dem gemeinsamen Frühstück suchten Raul und der Großvater unter großen Steinen nach Würmern und klei-

→ AH S. 82, S. 90

nen Krebsen. Henry besorgte im Hotel einen Eimer für die Fische, die sie hoffentlich fangen würden. Und ein Messer.

Henry wusste einen guten Angelplatz, denn er hatte sich schon überall gründlich umgesehen. „Am besten, wir gehen auf den großen Holzsteg vor dem Restaurant. Da ist das Wasser tief genug, und wir haben Platz, um gemütlich zu sitzen."

Gemeinsam zogen sie los, nur Henry und Raul. Rauls Eltern wollten lieber am Strand in der Sonne liegen. Den beiden Anglern war das nur recht.

Es war schon gegen Mittag, Henry zeigte Raul, wie man eine Angel auswirft und wieder einholt. Der Junge hatte es schnell begriffen.

„Nun wird es ernst", sagte Henry und half Raul, einen Wurm an den Angelhaken zu stecken. Raul war schrecklich aufgeregt. Der Großvater brachte ihm das Angeln bei, da wollte er doch alles richtig machen. Der Korken an der langen Angelschnur tanzte lange auf dem Wasser. Raul wurde schon ungeduldig. Aber Henry mahnte: „Beim Angeln muss man Geduld haben! Ein guter Angler überlässt dem Fisch den richtigen Zeitpunkt."

„Keine Sorge, ich habe schon Geduld. Ich will ja nur, dass endlich mal einer anbeißt!"

Ganz plötzlich ging der Korken unter Wasser. Raul hielt krampfhaft die Angel fest. Hilfe suchend sah er Henry an.

„Ruhig", sagte Henry, „ganz ruhig. Jetzt musst du den Fisch ganz langsam herausholen."

Raul drehte und drehte an der Kurbel. Und dann erschien der Fisch an der Wasseroberfläche. Er war mindestens dreißig Zentimeter lang und schillerte bunt in der Sonne. Es war ein wunderschöner großer Fisch.

Die Gäste im Restaurant hinter ihnen schauten gespannt zu, wie Henry behutsam den Fang vom Haken löste. Als der Fisch zappelnd zwischen ihnen auf den Brettern lag, rief eine aufgebrachte Dame: „Werft den Fisch zurück ins Wasser! Das kann man ja nicht mit ansehen, diese Tierquälerei!" [...]

9 Welche Sätze gehören nicht in eine sachliche Beschreibung des Textes? Notiere die unpassenden Sätze samt kurzer Begründung.

Der Text „Sein erster Fisch" von Hermann Schulz ...

a) ... wird von einem Er-Erzähler erzählt.
b) ... ist nicht lang, aber auch nicht kurz.
c) ... erzählt von dem Konflikt, in dem sich ein Junge befindet, als man ihm beim Angeln Tierquälerei vorwirft.
d) ... gefällt mir echt gut.

10 Mache dir Notizen zu einer möglichen Fortsetzung der Geschichte und vergleicht sie in der Klasse.

5

Warum „rauscht“ das Wasser?

Die Bedeutung der Sprache für den Inhalt erkennen

Benno Pludra

Die Schwäne auf dem Wasser

Der kleine Junge hatte in diesem Sommer schwimmen gelernt. Er war noch sehr klein, und alle Leute bewunderten ihn. „Seht mal“, sagten die Leute, „der kleine Junge kann schwimmen.“

Zum ersten Mal schwamm er heute ganz allein. Kein Vater war dabei, niemand am Ufer sah ihn. Der See war groß und glatt. Seerosenfelder blühten gelb und weiß. Zwischen den Seerosenfeldern, auf einer kleinen blanken Wassergasse, schwamm der kleine Junge vom Ufer weg und hin zu einem Pfahl. […] Der kleine Junge war glücklich und stolz. Ich habe keine Angst mehr, sagte er zu sich selber, ich könnte sonst wohin und sonst wieweit noch schwimmen.

Nun sah er die Schwäne. Es waren drei, und sie zogen gemächlich heran, zwischen den Seerosenfeldern die blanke Wassergasse herauf, leicht und ruhig wie weiße segelnde Schiffe.

Der kleine Junge blieb am Pfahl. Zwei Lehren hatte ihm sein Vater gegeben: „Den Seerosen weiche aus, und den Schwänen komm nicht zu nahe. Hüte dich, pass auf!“

Die Schwäne begannen zu fressen. Sie beugten die hohen Hälse nieder und schnatterten mit den harten Schnäbeln flach durchs Wasser. Die schweren Schwingen waren aufgestellt und sahen aus, als wären sie federleicht.

Der kleine Junge klebte am Pfahl. Das Holz war glatt, von Algen bewachsen, und die Schwäne ließen sich Zeit. Sie gaben den Weg nicht frei, die blanke Wassergasse blieb versperrt.

Der Junge fror […] und wünschte, dass die Schwäne jetzt verschwinden möchten. Er überlegte auch, ob er die Seerosenfelder nicht umschwimmen sollte; doch war er nun schon lange im Wasser und fühlte sich nicht mehr so stark, seine Muskeln waren kalt. Der kleine Junge wagte nicht, die Seerosenfelder zu umschwimmen.

Die Schwäne indessen glitten langsam näher. […] Er hörte ihre Schnäbel schnattern, und er wusste, dass diese Schnäbel

zuschlagen konnten, heftig wie die Faust eines Mannes.

Noch beachteten sie den kleinen Jungen nicht. Er verhielt sich still. Er fror immer mehr, und die Schwäne lagen drei Schritte entfernt auf dem Wasser. Sie fraßen nicht mehr und rührten sich nicht. Ihre großen Körper schaukelten sanft.

Der kleine Junge musste schwimmen. Es gab keine Wahl, er musste schwimmen – oder er würde versinken, hier am Pfahl, von keinem bemerkt.

Warum rief er nicht nach Hilfe?

Es gab keine Hilfe. Kein Vater. Niemand am Ufer sah ihn. Der kleine Junge musste schwimmen.

Er sammelte all seinen Mut und zog die Füße an den Leib und stieß sich ab vom Pfahl. Das Wasser rauschte auf, eine Welle schoss voran, den Schwänen unter den weißen Bug. Sie äugten scheel, die Schnäbel aufrecht und abgewandt, und wichen lautlos zur Seite.

Der kleine Junge aber schwamm; sein Kopf war steil erhoben und hinten am Wirbel sprießten die kurzen blonden Haare hoch.

1 Zeichnet in Partnerarbeit die Spannungskurve zur Geschichte. Tragt mit senkrechten Strichen die drei markierten Teile in den Bogen ein und notiert je eine Teil-Überschrift.

2 Beschreibe die Gefühlslage und das Verhalten des Jungen in den drei Teilen jeweils mit einem Adjektiv aus der Wortliste. Trage die Adjektive in die Spannungskurve ein.

Wortspeicher

ängstlich – beherzt – besorgt – furchtlos – furchtsam – mutig – tapfer – vorsichtig

3 Überprüfe die Wahl der Adjektive, indem du aus jedem Textteil einen Textbeleg angibst. Notiere, wie die sprachliche Gestaltung zur Wirkung und zur Anschaulichkeit der Textstelle beiträgt.

4 Wähle einen der markierten Textteile und bearbeite eine der folgenden Aufgaben.

- Markiere die Formulierungen, die Stimmung und Anschaulichkeit erzeugen.
- Schreibe die Textstelle in eine „langweilige" Sprache um.
- Schreibe die Textstelle in eine noch spannendere Sprache um. Übertreibe ruhig.

So nutzt du die Sprache für das Verständnis von Texten

Das musst du können

Für das Verständnis eines Textes spielt die Sprache eine wichtige Rolle. Mithilfe der Wortwahl kann Spannung aufgebaut und Gefühlslage und Verhalten der Figuren deutlich werden. Auch die anschauliche Beschreibung von Handlungsorten hilft beim Textverständnis.

5 Nicht nur Adjektive tragen dazu bei, dass ein Text anschaulich wird. Notiere, durch welche weiteren sprachlichen Elemente der zweite Abschnitt (→ Z. 6–17) anschaulich gestaltet wird.

Eine Geschichte zum Klingen bringen

Erzählende Texte flüssig und sinnbetont lesen

Anglerglück

Jan brauchte viel Überredungskunst und Geduld, um seinen Freund Marlin für das neue Hobby zu begeistern. Doch tatsächlich ist es ihm gelungen, den Skeptischen zu einem Angelausflug zu überreden. Am Ufer eines beschaulichen Sees platzieren sie ihre Angelstühle und ihre Ausrüstung samt Kescher und Köder. Sie werfen ihre Angeln aus und starren eine Stunde lang auf das stille Wasser. Die Schwimmer der Angelschnur wippen ruhig auf der Oberfläche. Einmal kratzt sich Marlin am Kopf und schlägt die Beine übereinander, um es sich etwas bequemer zu machen. Darauf antwortet Jan genervt: „Sind wir hier beim Angeln oder beim Tanzen?“

1 Sprich mit einem Partner über den Witz. Klärt Begriffe, die ihr eventuell nicht versteht, und erklärt euch gegenseitig die Pointe des Witzes.

2 Lest euch den Witz gegenseitig vor. Achtet darauf, dass ihr flüssig lest und gebt euch eine Rückmeldung zur Qualität des Vortrags.

3 Wähle einen Partner und bildet ein Lese-Tandem, wie im Kasten beschrieben. Lies den Text viermal gemeinsam mit deinem Partner.

Das musst du können

So liest du Texte flüssig vor

- Mache dir zunächst den Inhalt des Textes klar.
- Kläre die Bedeutung und die Aussprache schwieriger Begriffe.
- Bilde mit einem guten Schüler (deinem „Trainer“) ein Lese-Tandem: Hierbei lest ihr den Text gleichzeitig laut vor. Wenn du einen Fehler liest, unterbricht dein Trainer das Lesen und wartet vier Sekunden lang, bis du ihn verbessert hast. Merkst du den Fehler nicht, deutet er mit dem Finger darauf und du wiederholst den gesamten Satz. Lest dann weiter und wiederholt das Lesen viermal.

4 Lest euch in Partnerarbeit die drei ersten Sätze des Textes „Die Schwäne auf dem Wasser“ gegenseitig vor. Testet dabei verschiedene Betonungen, Lautstärken, Pausen, Geschwindigkeiten und Stimmungen. Wählt jeweils die passendste Version aus und probt diese für den Vortrag in der Klasse.

Der kleine Junge hatte in diesem Sommer schwimmen gelernt. Er war noch sehr klein, und alle Leute bewunderten ihn. „Seht mal“, sagten die Leute, „der kleine Junge kann schwimmen.“

→ AH S. 83

5 Höre dir verschiedene Lese-Versionen an. Tausche dich in der Klasse über deren Qualität und Wirkung aus. Sprecht auch über Unterschiede beim Vorlesen des ersten und des zweiten Satzes.

6 Bereite das Vorlesen des grünen Abschnitts des Textes „Die Schwäne auf dem Wasser" (→ S. 88 f.) vor. Nutze die Hinweise im Kasten. Arbeite mit einer Kopie des Textes.

Das musst du können

So liest du Texte sinnbetont vor

Um einen Text sinnbetont vorzulesen, kannst du in diesen entsprechende Markierungen einfügen, z. B.

- **Betonungen:** Unterstreiche Wörter und Wortgruppen, die besonders betont werden sollen.
- **Pausen:** Füge einen senkrechten Strich ein, wenn eine Pause sinnvoll ist.
- **Verändern der Lautstärke:** Füge einen Pfeil nach oben (für lauter) oder einen Pfeil nach unten (für leiser) ein.
- **Verändern der Geschwindigkeit:** Füge große Unterstriche (für langsames Sprechen) oder kleine Unterstriche (für schnelles Sprechen) ein.
- **Lesen über die Zeile hinaus:** Füge einen Verbindungspfeil zwischen den Zeilen ein.

7 Höre dir mindestens zwei Versionen zum Vorlesen des Textes „Die Schwäne auf dem Wasser" an. Sprecht in der Klasse darüber, ob der Vortrag zum Inhalt der Textstelle gepasst hat.

8 Übe in einer kleinen Arbeitsgruppe weiterhin das flüssige und sinnbetonte Vorlesen eines literarischen Textes. Arbeite wiederum mit Textkopien.

- Übe das Markieren und Lesen des Textes „Sein erster Fisch" (→ S. 86 f.).
- Übe das Markieren und Lesen des Textes „Die Schwäne auf dem Wasser" (→ S. 88 f.).
- Übe das Markieren und Lesen eines Textes, den du selbst ausgewählt hast. Vielleicht nimmst du eine Seite aus deinem aktuellen Lieblingsbuch.

9 Führt einen Vorlese-Wettbewerb durch. Lest euch die Texte aus Aufgabe 8 vor. Nutzt den Zuhörbogen für die Rückmeldung.

Zubehörbogen					
Leser	Text	Betonungen	Pausen	Lautstärke	Geschwindigkeit

5

Diese Geschichte ist sagenhaft

Heldensagen kennen und das Handeln literarischer Figuren untersuchen und bewerten

1 Welche der Sagenkreise kennt ihr? Erzählt euch in der Klasse einzelne Sagen aus den Sagenkreisen. Geht vor allem auf die handelnden Figuren und ihre Eigenschaften ein.

„Ilias" und „Odyssee"

In den Verserzählungen „Ilias" und „Odyssee" hält der griechische Dichter Homer im 8. Jahrhundert vor Christus die Erzählungen zur Eroberung der Stadt Troja und zu den Irrfahrten des Odysseus fest.

Schon in der „Ilias" spielt Odysseus, der kluge und einfallsreiche König von Ithaka, eine herausragende Rolle. Eine der Erzählungen handelt von der Eroberung der Stadt Troja mithilfe des „Trojanischen Pferds": Zehn Jahre lang versuchten die griechischen Belagerer erfolglos, die Stadt einzunehmen. Kalchas, einer ihrer Priester, riet den griechischen Anführern daher, sich einer List zu bedienen. Odysseus schmiedete daraufhin den Plan, die Stadt mithilfe eines riesigen Holzpferds zu erobern. Man täuschte die Abreise der gesamten Armee vor und übergab den Trojanern das Pferd als Geschenk. Im Inneren des „trojanischen Pferds" waren allerdings Soldaten versteckt.

Die „Odyssee" erzählt von der Heimreise Odysseus´ und seiner Gefährten nach der Eroberung Trojas. Die Männer erleben eine lange und abenteuerreiche Irrfahrt, bevor sie die Insel Ithaka, ihre Heimat, erreichen.

→ AH S. 84 f.

2 Nun weißt du, wie die von Odysseus ausgedachte List abgelaufen ist. Gestalte eine Filmleiste (→ S. 115) zu den Handlungsschritten der List, indem du die einzelnen Schritte knapp notierst oder zeichnest. Du kannst dir auch weitere Schritte überlegen, die in dem Text zur „Ilias" und „Odyssee" nicht genannt werden.

3 Vergleiche die Eigenschaften Odysseus', die im Text auf Seite 92 deutlich werden, mit denen, die die Abbildung aufgreift. Formuliere eine kurze Stellungnahme, ob das Bild zu den Textaussagen passt.

So beschreibst, begründest und bewertest du das Handeln und Verhalten literarischer Figuren

Das musst du können

Wenn du dich mit dem Handeln und Verhalten einer literarischen Figur beschäftigst, ist es wichtig, dass du ...

- ... dir klar machst, dass es sich bei der Figur nicht um einen echten Menschen, sondern um eine bewusst gestaltete Figur handelt.
- ... die Eigenschaften der Figuren aus dem Text herausarbeitest und am Text belegst.
- ... die Ursachen und Ziele für das Handeln der dargestellten Figuren untersuchst.
- ... die Beziehungen der Figur und ihren Umgang mit anderen Handelnden klärst.
- ... die Rolle der Figur innerhalb der gesamten Handlungsentwicklung bestimmst.

4 Erstellt in Gruppen zu den Texten der Seiten 94-97 ein passendes Plakat. Übernehmt dafür das folgende Schema und wählt in der Gruppe aus, welche Überschriften von welchem Gruppenmitglied bearbeitet werden.

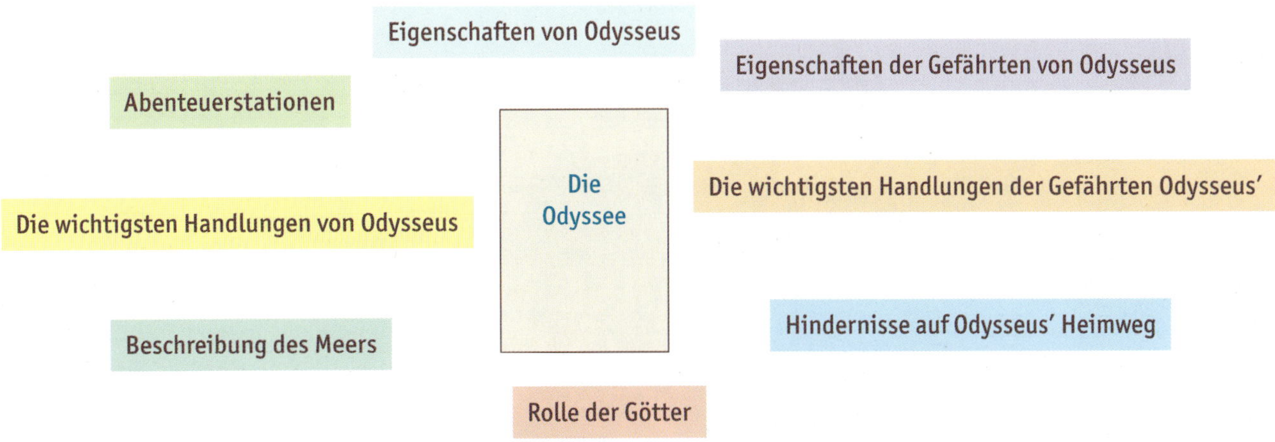

5

Auszüge aus der Odyssee
nacherzählt von Walter Jens

Das Paradies der Lotosesser

Viele griechische Männer hatten Troja schon verlassen, Diomedes und Agamemnon, Menelaos und der uralte Nestor; als einer der letzten bestieg Odysseus sein Schiff. Er war nicht mehr jung, und als er davonfuhr, gedachte er der bitteren Jahre des Krieges, die er viel lieber zu Hause, an Penelopes Seite, verbracht hätte. Nun endlich war es so weit, und die Winde führten ihn schnell ins Land der Kikonen: Das waren Bundesgenossen der Troer; Ismaros hieß ihre Hauptstadt. Durch einen Handstreich eroberte Odysseus das Land; aber da die Kikonen mächtige Freunde besaßen, musste er schnell wieder fliehen. Doch seine Soldaten wollten nicht hören, sie zechten am Strand und zogen plündernd umher. Ganz mit Recht ereilte da viele das verderbliche Schicksal, weil sie dem Rat des klugen Odysseus nicht folgten.

Traurig fuhren die anderen weiter und riefen die lieben Gefährten beim Namen. Dann wurden sie selber bedroht, denn ein gewaltiger Sturm peitschte die Wogen, Meer und Land versanken im Dunkel, und ein Orkan zerfetzte die Segel. Erst am dritten Tag schien wieder die Sonne, und da erkannte Odysseus, dass ihn der Wind weit nach Süden von Ithaka fortgetrieben hatte, als er, auf der Höhe der Insel Kythere, die Straße vom Kap Malea zu durchqueren versuchte. So landete er schließlich auf afrikanischem Boden, im Land der Lotophagen. Das sind Menschen, die die liebliche Frucht der Lotosblüte genießen und dabei die Zeit zu verdämmern beginnen, ins Träumen geraten und die Heimkehr für immer vergessen. Als die Gefährten des klugen Odysseus von der Lotosfrucht aßen, verklärten sich ihre Gesichter und sie wollten nicht mehr zurück zu ihren Schiffen, sondern immer in Afrika bleiben: So sehr hatte der liebliche Lotos sie verzaubert. Aber Odysseus trieb die Berauschten gewaltsam an Deck, band sie mit Riemen fest an den Mast und zwang sie zur Fahrt. Klatschend fuhren die Ruder ins Wasser, es schäumte die Brandung, und die Gefährten verließen mit sehnenden Blicken die paradiesische Küste des afrikanischen Landes.

→ AH S. 84 f.

Aiolos, der König der Winde

Von Sizilien aus, dem Reich der Kyklopen, erreichte Odysseus mit seinen Gefährten schnell die aiolische Insel, in der Mitte des Meeres, wo König Aiolos in glücklichem Frieden regierte. Sechs blühende Töchter, sechs tapfere Söhne waren sein eigen, und sein Haus stand voll von Speisen und Schätzen. Freundlich bewirtete Aiolos einen jeden an seinem Hofe, am freundlichsten aber den Sohn des Laertes mit seinen Gefährten: Denn er wollte gar vieles von Troja erfahren, von Agamemnon und Hektor, dem hölzernen Pferd und der Heimkehr der Helden. Endlich entließ er die griechischen Männer nach Hause, schenkte dem Gastfreund zum Abschied noch einen ledernen Schlauch, verschnürte ihn sorgsam mit einem silbernen Band und verbarg ihn im Schiffsraum.

In diesem Schlauche waren die Winde verschlossen; denn Aiolos war der Herr über Stille und Sturm. Mit sanftem Wehen trieb er Odysseus auf Ithaka zu, und siehe, am zehnten Tage erblickten die Freunde ganz in der Nähe die Feuer der Wächter und sahen die Ufer der Heimat. Doch da überfiel den Herrn des Schiffes ein Schlummer. Tag und Nacht hatte er ja das Steuer selber geführt, um schneller nach Hause zu kommen, jetzt aber, nahe am Ziel, ergriff ihn der Schlaf, und der spürte nicht mehr, wie die Gefährten den Schlauch von den Schnüren befreiten; die Toren glaubten, es wären Gold und Silber darin. Doch stattdessen entfuhren gewaltige Winde dem geöffneten Beutel, und ein Sturm trieb die Jammernden fort von der Heimat, wieder hinaus ins Meer.

Als Odysseus das sah, war er nahe daran, ins Wasser zu springen und seinem Leben ein Ende zu machen. Doch bezwang er sich und blieb mit verhüllten Augen unten im Schiffsraum, bis das Boot wieder an Aiolos' Insel gelangte. Jammernd warf sich der Sohn des Laertes dem König zu Füßen und beklagte die Torheit seiner Gefährten. Aber der Herrscher trieb ihn hinaus; denn er fürchtete sich, einem Manne zu helfen, der den Göttern so sehr im Herzen verhasst war wie dieser Odysseus.

Die Rinder des Sonnengotts

Aus den gurgelnden Strudeln gelangten sie wieder in sanfte Gewässer und segelten auf Thrinakia zu, die herrliche Insel, auf der die Rinder des Sonnengottes weiden. Aber Odysseus gedachte der Worte der göttlichen Kirke, und der Ratschlag, den ihm Teiresias drunten im Reich der Toten gegeben, lag ihm am Herzen: „Hüte dich vor der Insel und meide Helios' Rinder!"

Sobald sie sich deshalb in der Nähe des Eilands befanden – schon sah man die Schafe und Rinder, vierzehn Herden, die sich niemals vermehrten, aber auch niemals schwanden an Zahl – , hob der Sohn des Laertes die Stimme und bat seine Freunde, die heilige Insel mit rüstigem Schlag zu umrudern. Doch die Unseligen murrten, denn sie waren erschöpft und verlangten nach Ruhe und süßer Erquickung. „Schrecklich bist du, Odysseus“, sagte Eurylochos finster, „wir aber sind müde und fürchten die Nacht. Wenn sich ein Sturm am Himmel erhebt, hat niemand mehr Kraft, ihm zu wehren. Nein, wir wollen dem Dunkel uns beugen und ein Mahl zubereiten. Dann wird uns der morgige Tag wieder mutiger sehen.“ Alle jubelten laut und klatschten Eurylochos Beifall. Odysseus jedoch hatte Angst, denn er hörte Teiresias’ warnende Stimme im Herzen. Aber er kannte die Menschen, und da er bedachte, wie vieles die treuen Gefährten an diesem Tage erduldet, folgte er ihnen; doch ließ er sie schwören, die heiligen Rinder zu schonen.

Dann richteten alle gemeinsam das Mahl, gedachten weinend der Toten, und die rinnenden Tränen brachten den Schlaf. Nachts, als die Sterne schon sanken und der erste Schimmer des Morgens erschien, sandte Zeus einen mächtigen Sturm, die Gefährten bargen das Schiff in der Höhle, und Odysseus fürchtete Unheil. Denn von nun an schwiegen die Winde. Woche um Woche verging, die Vorräte schrumpften zusammen, die Freunde jagten nach Vögeln und Fischen – kein Lufthauch berührte den Spiegel des Meeres. Schlimmer und schlimmer wurde der Hunger, schon flehte Odysseus die Götter um Gnade, denn er ahnte, dass die Stunde herankam, in der die Griechen sich nicht mehr zu beherrschen vermochten und Helios’ heilige Rinder erlegten. Voll Argwohn belauschte er seine Gefährten und folgte ihnen, wohin sie auch gingen. Doch einmal, als ihn der Schlummer befiel, verführte Eurylochos alle mit schmeichelnden Worten: „Kommt, Freunde“, sagte der törichte Mann, „wir wollen den Göttern ein Opfer bereiten: Ihnen gehören die Eingeweide und Schenkel, wir aber essen die Lenden der Rinder. Doch wenn Helios zürnt, bauen wir ihm in Ithaka einen gewaltigen Tempel und mildern den göttlichen Groll. Vielleicht, ich weiß, ist es dazu zu spät – doch erscheint es mir besser, im Meer zu ertrinken und Wasser zu saufen als hier vor Hunger zu sterben. Denn das ist das Schlimmste.“

Laut jubelten alle, und niemand bemerkte das nahe Verhängnis. Mit Zweigen und Stöcken trieben die Toren die Rinder zusammen, schlachteten sie und ergötzten sich opfernd an der verderblichen Speise. Als Odysseus erwachte, spürte er schon von weitem die warme Süße des Blutes, klagte und schrie und bedeckte sein Haupt mit dem Mantel. Helios aber, der Sonnengott, bat den himmlischen Zeus, den Frevel[1] zu rächen. Morgens und abends, wenn er zum sternigen Himmel emporstieg und zur Erde zurückfuhr, waren die Rinder ihm Freude und Trost. Nun aber lagen sie tot, und wenn die Frevler nicht starben, würde der freundliche Helios die Erde verlassen, um drunten im Hades den Schatten zu leuchten.

[1] **Frevel**, der: Verstoß gegen eine göttliche Anordnung

→ AH S. 84 f.

Die Menschen ahnten von alledem nichts, jauchzend begrüßten sie den sich plötzlich erhebenden Fahrtwind und setzten die Segel. Aber Zeus verfolgte sie wachsam, ließ eine schwarze Wolke erscheinen und verdunkelte Himmel und Meer. Dann schleuderte er seinen Blitz; glühend lohte das Holz, und die Dämpfe nahmen den Freunden den Atem. Jammernd stürzten sie da über Bord, niemand kam mit dem Leben davon ... so furchtbar hatte der himmlische Gott den Frevel an Helios' Rindern gerächt.

Odysseus aber trieb mit dem Kielbaum dahin auf den Wogen. Neun Tage lang hetzten ihn Zeus und der ergrimmte Poseidon über die Meere; erst am zehnten spülten sie ihn an das Ufer. Klappernd und fröstelnd, erschöpft und ermattet, mit Seetang im Mund und blutenden Zähnen brach er am Strand von Ogygia kraftlos zusammen. [...]

5 Präsentiert und besprecht eure Arbeitsergebnisse in der Klasse. Gebt euch Rückmeldungen zur Qualität der Plakate und der Präsentationen.

6 Odysseus gilt als Held der Troja-Sagen. Diskutiert in Partnerarbeit aufgrund eurer vielfältigen Arbeitsergebnisse und mithilfe des Lexikontextes, ob diese Auszeichnung zutrifft, und ...

- ... notiert Für- und Gegenargumente.
- ... bereitet einen begründeten Kurzvortrag vor.
- ... verfasst eine kurze schriftliche Stellungnahme: Wir halten Odysseus für einen/keinen Helden, denn ...

Held der; *Nomen, maskulin*
Ein Held ist eine reale Person oder eine Figur in der Literatur, die dank ihrer positiven Eigenschaften oder ihrer ausgezeichneten Fähigkeiten großartige Taten vollbringt. Er setzt zum Beispiel seine Kraft, seinen Mut oder seinen Verstand ein, um etwa andere Personen zu schützen. Seine Heldentaten gegenüber Schurken oder in schwierigen Situationen führen meist zu hoher Anerkennung unter den Mitmenschen.

Das musst du wissen

Sagen

Sagen sind überlieferte Erzählungen, in denen die Welt der Fantasie mit realistischen und wahren Ereignissen vermischt wird. In der Regel wurden Sagen zunächst mündlich weitergegeben und später aufgeschrieben. Dabei entstanden auch verschiedene Versionen desselben Sagenstoffs in unterschiedlichen Gegenden.

Anders als bei einem Märchen spielt die Handlung einer Sage an einem konkreten Ort und zu einer bestimmten Zeit.

Heldensagen blicken häufig darauf, wie sich Menschen angesichts besonderer Herausforderungen verhalten. In Göttersagen wird von der Entstehung der Welt und vom Verhältnis zwischen Menschen und Göttern erzählt. Viele Sagen versuchen auch, Ereignisse zu erklären, deren Erklärung ansonsten schwerfällt.

Unerklärliches erklären

Den Hintergrund von Lokalsagen zur Deutung nutzen

Die treue Ose

Mediencode: 11036-12

So rau wie das Klima waren auch die Sitten auf der Nordseeinsel Sylt.

Ein tragischer Fall ereignete sich damals auch auf einem Hof in Wenningstedt, dessen Besitzer den Namen Frödde trug. Immer, wenn die Heuernte vorüber war, lud er alle Helfer zum fröhlichen Ernteschmaus. Doch einmal gerieten zwei seiner Gäste in heftigen Streit, da kam Frödde hinzu und erschlug in seinem Zorn einen der beiden. Bestürzt über seine Missetat floh der Bauer aus dem Haus und war nicht mehr gesehen. Seine Frau Ose aber hatte fortan ein schweres Leben zu tragen. Vom Grundbesitz musste sie das meiste verkaufen, um die Geldbuße für das schändliche Vergehen ihres Mannes zu tilgen. Auch arbeitete sie nun vom Morgengrauen bis in den späten Abend hinein, um ihre Kinder ernähren zu können. Die Dorfbewohner bemitleideten die brave Frau, die sich solchermaßen abplagen musste.

Eines Tages, die Flucht des Totschlägers war schon fast in Vergangenheit geraten, nahmen die Ereignisse eine unerwartete Wende: Ose hatte nämlich ein Kind geboren, und jedermann rätselte, wer denn wohl der Vater sei. Schließlich entdeckte man in einer Höhle inmitten der Dünen den Bauern Frödde. Er war gar nicht von der Insel geflohen, sondern hatte sich zehn Jahre lang in dem abgeschiedenen Dünental verborgen gehalten. Da wurde ihm seine sträfliche Tat großmütig verziehen und die Sylter führten ihn zu seinem Haus zurück. Ose aber, die den Liebsten all die Jahre heimlich mit Nahrung und Kleidung versorgt hatte, wurde ob ihrer aufopfernden Treue überall gerühmt. Zu ihrem Andenken trägt das nördlich von Wenningstedt gelegene Dünental, in dem Frödde Unterschlupf gefunden hatte, bis heute den Namen Osetal.

1 Erzähle einem Partner die Geschichte mit eigenen Worten.

2 Erstellt in kleinen Gruppen eine kurze Spielvorlage für eine Gerichtsverhandlung. Verteilt dazu die Aufgaben an die Gruppenmitglieder und spielt die Szene anschließend.

- Verfasse die Anklageschrift. Erkläre ausführlich, was Frödde vorgeworfen wird.
- Schreibe die Schlussrede des Verteidigers. Gehe auch darauf ein, was sich möglicherweise strafmildernd für Frödde auswirken könnte.
- Formuliere Oses Befragung als Zeugin durch den Richter. Bedenke dabei, welche Fragen für den Richter wichtig sind.

→ AH S. 84 f.

3 Formuliere dein persönliches Schlussplädoyer: Hältst du das Verzeihen der Sylter nach zehn Jahren für gerechtfertigt?

4 Bereite einen kurzen Vortrag vor, in welchem du erklärst, dass es sich bei der Sage um eine typische Lokalsage handelt. Nutze die Informationen aus dem Kasten.

Das musst du wissen

Lokalsagen

Auch **Lokalsagen** sind zunächst mündlich überliefert und wurden erst später aufgeschrieben. Sie erinnern an **bedeutende Ereignisse**, an **besondere Menschen** oder **deuten Naturereignisse**, die sich die Menschen früher nicht erklären konnten. Häufig enthalten sie dabei auch Anspielungen auf **typische Kennzeichen der jeweiligen Gegend** und der dort lebenden Menschen.

Die Strafe

Heute gibt es zwischen der Insel Föhr und der Hallig[1] Langeneß einen breiten, tiefen Wattenpriel[2]: die Norderaue.

Noch vor wenigen hundert Jahren lagen Föhr und Langeneß sehr nah beisammen, nur durch einen kleinen Wasserlauf getrennt. In der Mitte des Wassers lag ein Pferdeschädel, über den man während der Ebbezeit von Ufer zu Ufer treten konnte.

Einmal kam ein Mädchen von Langeneß mit einem Korb voller Brote von Föhr zurück. Es konnte den Pferdekopf nicht gleich finden und warf deshalb kurzerhand einen Brotlaib in den Priel, um trockenen Fußes hinüberzukommen.

Da erzürnte sich der Himmel. Es fing an zu stürmen, und …

[1] **Hallig**, die: kleine Insel im Wattenmeer, die bei Flut überschwemmt werden kann

[2] **Priel**, der: Rinne im Watt, die auch bei Ebbe mit Wasser gefüllt ist

5 Entwirf ein mögliches Ende für diesen Sagenanfang. Tauscht euch im Klassengespräch über eure Entwürfe aus.

6 „Sagen vermischen die Phantasie mit wahren Ereignissen." Erkläre diesen Satz an der Sage „Die Strafe".

7 Kennst du eine Sage zu deiner Heimatstadt? Tauscht euch in der Klasse darüber aus.

5

Von Wundern, Helden und der Moral

Erzählende Texte und ihre Merkmale unterscheiden

1 Notiere, bei welchem der folgenden Texte es sich nicht um einen erzählenden Text handelt, und begründe deine Wahl.

Peter Hacks

Geschichte von der Nixe im Bade

Onkel Titus verstand das Basteln besser als irgendein anderer Onkel, den es gab, aber die neue Wasserleitung war sein Meisterstück. Sie führte direkt aus dem Fluss zum Badezimmer.

Henriette durfte als erste mit dem neuen Wasser baden, weil es in dieser Frage nicht nach dem Alter geht, sondern danach, wer es am nötigsten hat. Sie ließ die Dusche laufen, und nicht lange, da steckte eine Nixe den Kopf aus der Brause und floß immer weiter heraus. Henriette drehte ganz erschrocken den Hahn ab, aber die Nixe sagte: „Du kannst mich doch nicht so steckenlassen, es ist furchtbar unbequem so mit dem Kopf nach unten." Da drehte Henriette den Hahn wieder anders herum.

Die Nixe plumpste in die Wanne, und da war sie. Sie war eine entzückende Nixe, oben rosa und unten silbergrün und mit hübschen braunen kurzen Locken. Um den Hals trug sie eine Schnur von sanftweißen Perlen, wie sich das so schickte. „Aber!", rief Henriette. „Wie ist denn das möglich? Durch die Brause?" „Das kommt", sagte die Nixe und wedelte freundlich mit dem Schwanze, „weil die Leitung direkt zum Fluss geht."

Henriette rannte zu Onkel Titus, der eben dabei war, einen Regenschirm mit Guckloch zu basteln, damit man, ohne naß zu werden, nach dem Wetter sehen könnte, und rief: „Schau nur einmal ins Badezimmer hinein, du wirst dich wundern!"

„Ich mich wundern?", fragte Onkel Titus. Er ging ins Badezimmer, wo die Nixe in der Wanne saß und laut sang. Der Onkel war sehr erstaunt. „Tatsächlich!", rief er. „Das ist kaum zu glauben: Der Hahn tropft. Ich muß ihn zu locker angeschraubt haben." „Nein", sagte Henriette, „ich meine, daß eine Nixe da ist." „Ach so", sagte der Onkel, „aber das kommt, weil die Leitung direkt zum Fluß geht."

„Sie haben eine wunderschöne Akustik hier", sagte die Nixe. Das sollte heißen, daß ihr Singen hier viel lieblicher klänge als irgendwo anders in der Welt. „Ich fühle mich hier sehr wohl."

So blieb die Nixe, die Gisellis hieß, bei Henriette und Onkel Titus, und am Abend gab sie ein Konzert, bei dem der Mond in die Badewanne schien, während der Onkel auf dem Waschbecken hockte und sie auf der Geige begleitete. […]

→ AH S. 82, S. 90

Äsop

Der Hirsch

Ein einäugiger Hirsch weidete gewöhnlich auf Wiesen neben dem Meer, und zwar so, dass er immer das gesunde Auge landwärts hielt und wähnte, von der Seeseite her habe er keine Gefahr zu fürchten. Das Schicksal hatte es anders beschlossen.

Eines Tages segelte ein Schiff bei ihm vorbei, und da sein gesundes Auge dem Lande zugekehrt war, so bemerkte er es nicht und weidete nichts ahnend fort.

Kaum hatten die Schiffer aber die köstliche Beute erblickt, als sie auch schon Pfeile nach ihm abschossen. Ein Pfeil traf ihn gerade ins Herz, und zusammenstürzend rief er aus: „Wie sehr habe ich mich getäuscht, dass ich nur vom Lande her Gefahr erwartete."

Nur zu oft weicht man vorsorglich einer Gefahr aus und gerät dabei unvorsichtig in eine andere.

Die Rungholter auf Nordstrand

Husum gegenüber – in der Nordsee – liegt die Insel Nordstrand. Auf dieser Insel lag einst ein reicher Ort; dessen Bewohner bauten große feste Dämme, um ihre Häuser gegen das Meer zu schützen.

Sie waren übermütig und stolz [...]. Einmal haben sie in ihrem Übermut eine Sau im Wirtshaus betrunken gemacht, ihr eine Schlafmütze aufgesetzt und sie ins Bett gelegt. Danach sind sie zum Pfarrer gelaufen und haben ihm gesagt, er müsse kommen und einem Todkranken den letzten Segen sprechen. Als er sah, wer im Bette lag, wollte er nicht tun, was sie von ihm verlangten. Die Rungholter aber ließen nicht ab von ihrem schändlichen Unfug, bedrohten ihn und balgten sich mit ihm.

In der darauffolgenden Nacht erging an den Pfarrer ein Zeichen, er hörte eine Stimme: „Gürte dein Gewand und ziehe deine Schuhe an und wandere!" – Da wanderte der Pfarrer fort mit den Seinen, so eilends er konnte.

Darauf erhob sich ein Wind, und es schwoll das Wasser und wuchs und wuchs an den Dämmen hinan, die dort Deiche heißen, und ging über die Dämme und stand über ihnen vier Ellen hoch, und den Flecken Rungholt auf Nordstrand und sieben andere Kirchspiele verschlang das Meer.

Einst soll es wieder auferstehen. Bei heller See erblicken die Schiffer manchmal den Ort und das Land auf dem Grund des Wassers. Sie sehen seine Häuser, seine Türme und Windmühlen; manche wollen auch die Glocken der versunkenen Kirchtürme gehört haben. [...]

5

Kathleen Hildenbrand

Halb Mensch, halb Fisch

Wer heute von Nixen und Meerjungfrauen hört, hat ein klares Bild vor Augen: oben junge Frau, unten Fisch. So wie die kleine Meerjungfrau aus dem Märchen von Hans Christian Andersen, deren Statue in Kopenhagen traurig aufs Meer blickt. Und so wie die Arielle aus dem Walt-Disney-Film. Dass jeder sich Meerjungfrauen mit einem Fischschwanz vorstellt, liegt daran, dass Andersens trauriges Märchen aus dem Jahr 1837 so beliebt ist. Zwar gibt es schon im Mittelalter Zeichnungen von Frauen, die zur Hälfte Fisch waren. Aber Geschichten über Mischwesen, die das Meer, Seen und Flüsse bewohnen, gibt es noch viel länger – und sie sehen ganz verschieden aus. […]

Brüder Grimm

Der süße Brei

Es war einmal ein armes frommes Mädchen, das lebte mit seiner Mutter allein, und sie hatten nichts mehr zu essen. Da ging das Kind hinaus in den Wald. Dort begegnete ihm eine alte Frau, die kannte seinen Jammer schon und schenkte ihm ein Töpfchen, zu dem sollte es sagen: „Töpfchen, koche." So kochte es guten süßen Hirsebrei, und wenn es sagte: „Töpfchen, steh.", so hörte es wieder auf zu kochen. Das Mädchen brachte den Topf seiner Mutter heim, und nun waren sie ihrer Armut und ihres Hungers ledig und aßen süßen Brei so oft sie wollten.

Einmal war das Mädchen ausgegangen, da sprach die Mutter: „Töpfchen, koche.". Da kochte es, und sie aß sich satt; nun wollte sie, dass das Töpfchen wieder aufhören sollte, aber sie wusste das Wort nicht. Also kochte es weiter und der Brei stieg über den Rand hinaus. Es kochte die Küche und das ganze Haus voll, und das zweite Haus und dann die Straße, als wollte es die ganze Welt satt machen.

Endlich, wie nur noch ein einziges Haus übrig war, da kam das Kind heim, und sprach nur: „Töpfchen, steh." Da hörte es auf zu kochen; und wer wieder in die Stadt wollte, der musste sich durchessen.

 → AH S. 82, S. 90

Die Argonauten

König Pelias bittet seinen Neffen Iason, für ihn das berühmte Goldene Vlies, das Fell eines goldenen Widders, zu holen. Dafür verspricht er ihm den Thron, hofft aber insgeheim, dass Iason dabei ums Leben kommt.

Iason ahnte nicht die bösen Absichten des Onkels. Zwar wusste er von den gefährlichen Abenteuern, die drohend am Weg zum Goldenen Vlies lauerten, doch es reizte den jugendlichen Helden sie tapfer zu bestehen.

So sagte Iason zugleich zu und rüstete zur Fahrt. Er rief die kühnsten Helden Griechenlands zu dem Unternehmen auf. Am Fuß des Berges Pelion ließ er ein Schiff bauen. Athene selbst half ihm dabei und die „Argo“, die nach den Weisungen der Göttin entstand, wurde ein Wunderschiff, wie man es bisher noch nicht gesehen hatte; es war leicht und pfeilschnell, dazu mit dem schönsten Schmuck versehen. Die Helden, die unter Iasons Führung auszogen, nannten sich nach dem herrlichen Schiff Argonauten, die Argoschiffer. […]

2 Bestimmt in Kleingruppen die Textsorten der verschiedenen Texte. Notiert Gründe für die jeweilige Zuordnung.

3 Erstellt dann in den Kleingruppen Übersichtsplakate zu den Merkmalen der unterschiedlichen erzählenden Textsorten. Plant und gestaltet eure Arbeit in Form der Stamm-Experten-Methode: Jeder Schüler spezialisiert sich zunächst auf einen Text, tauscht sich mit anderen Experten aus und stellt die Ergebnisse wieder in der Stammgruppe vor.

Das musst du können

So erarbeitest du Material mit der Stamm-Experten-Methode (Gruppenpuzzle)

In der Stamm-Experten-Methode erarbeiten Kleingruppen möglichst viele Seiten eines Themas. Jedes Mitglied einer „Stammgruppe“ spezialisiert sich zunächst auf einen Gesichtspunkt oder ein Teilthema. Die jeweiligen Spezialisten aller Gruppen erarbeiten ihr Teilthema dann gemeinsam in den „Expertengruppen“. Anschließend berichten alle Experten über die Ergebnisse in ihren „Stammgruppen“. Dort wird die gestellte Aufgabe gemeinsam zu Ende geführt.

4 Wählt in eurer Gruppe das Plakat einer anderen Gruppe aus und bereitet ein konstruktives Feedback vor. Notiert auf einem Kommentarzettel …

- … diejenigen Elemente, die verbessert werden sollten.
- … diejenigen Elemente, die verbessert werden sollten samt konkreter Hinweise.
- … grundsätzliche Hinweise, was beim nächsten Plakat beachtet werden sollte. Veranschaulicht das Grundsätzliche an Beispielen.

5

Charlys Sprachcheck

Schlauberger-Mike: An alle Deutschexperten. Wir haben im Deutschunterricht die Geschichte „Der Floh" von K. Tucholsky gelesen und sollen morgen erklären, warum die lustig ist. Wer kann mir helfen? Es ist wirklich dringend. Hier die Geschichte:

Kurt Tucholsky: Der Floh

Im Departement du Gard – ganz richtig, da, wo Nîmes liegt und der Pont du Gard: im südlichen Frankreich. – Da saß in einem Postbüro ein älteres Fräulein als Beamtin, die hatte eine böse Angewohnheit: Sie machte ein bisschen die Briefe auf und las sie. Das wusste alle Welt. Aber wie das so in Frankreich geht: Concierge[1], Telefon und Post, das sind geheiligte Institutionen, und daran kann man schon rühren, aber daran darf man nicht rühren, und so tut es denn auch keiner. Das Fräulein also las die Briefe und bereitete mit ihren Indiskretionen[2] den Leuten manchen Kummer.

Im Departement wohnte auf einem schönen Schlosse ein kluger Graf. Grafen sind manchmal klug, in Frankreich. Und dieser Graf tat eines Tages folgendes: Er bestellte sich einen Gerichtsvollzieher auf das Schloss und schrieb in seiner Gegenwart an einen Freund:

Lieber Freund!

Da ich weiß, dass das Postfräulein Emilie Dupont dauernd unsre Briefe öffnet und sie liest, weil sie vor lauter Neugier platzt, so sende ich Dir inliegend, um ihr einmal das Handwerk zu legen, einen lebendigen Floh.

Mit vielen schönen Grüßen

Graf Koks

Und diesen Brief verschloss er in Gegenwart des Gerichtsvollziehers. Er legte aber keinen Floh hinein.

Als der Brief ankam, war einer drin.

[1] **Concierge**, der/die: Pförtner eines Hauses

[2] **Indiskretion**, die: hier die fehlende Verschwiegenheit

Tarek und Charly beschließen, „Schlauberger-Mike" zu helfen. Zunächst sprechen die beiden über die Wirkung der Geschichte.

1 Hilf den beiden: Prüfe, welches der folgenden Adjektive die Geschichte am besten charakterisiert. Begründe deine Auswahl.

Wortspeicher

unterhaltsam – belehrend – informierend – poetisch – überzeugend – wissenschaftlich – begeisternd – anschaulich – begründend

2 Tarek wird schnell klar, dass es nicht genügt, nur das Ende der Geschichte zu untersuchen. Also nimmt er sich die Absätze eins und zwei vor. Er ist sich aber nicht ganz sicher, wie er die Abschnitte einschätzen soll. Entscheide, welche Aussagen die Funktion der Absätze am besten wiedergeben. Notiere in Stichworten, wie du Tarek deine Auswahl erklären würdest.

Absatz eins (→ Z. 1–8) ...

a) erzählt die Vorgeschichte.
b) charakterisiert die Postbeamtin.
c) kritisiert übermäßige Neugier.

Absatz zwei (→ Z. 9–20) ...

a) erläutert, wie der Graf eine Falle stellt.
b) handelt vom Briefwechsel des Grafen mit seinem Freund.
c) berichtet von der Klugheit des Grafen.

Absatz drei (→ Z. 21) ...

a) stellt ein Rätsel.
b) entlarvt die Postbeamtin.
c) ist in Umgangssprache verfasst.

3 Was macht diese Geschichte eigentlich so lustig? Im Chatverlauf findet Tarek verschiedene Antworten auf diese Frage. Überprüfe, welche dieser Aussagen auch aus deiner Sicht zur Wirkung der Geschichte beitragen. Notiere eine kurze Begründung für deine Wahl.

a) Die lustigsten Stellen der Handlung werden gar nicht erzählt.
b) Das Handeln des Grafen macht die Geschichte lustig.
c) Das Handeln der Postbeamtin macht die Geschichte lustig.
d) Der Schlusssatz regt die Phantasie des Lesers an und wirkt deshalb lustig.

Tipp von Charly

Unterscheide bei Figuren in literarischen Texten zwischen grundsätzlichen Charakterzügen und einzelnen Handlungen, aus denen sich diese ableiten lassen.

Einzelne Handlung des Grafen	→ Grundsätzliche Charakterzüge
Er überlistet die Postbeamtin.	*Er hat eine gute Menschenkenntnis.*

4 Unterscheide, welche der Notizen in Tareks Brainstorming grundsätzli-che Charakterzüge spiegeln und welche einzelne Handlungen beschreiben. Setze die Tabelle fort. Beachte, dass unterschiedliche Zuordnungen möglich sind.

Der Graf ist einfallsreich. Er hat eine gute Menschenkenntnis. Er spielt einen Streich. Er überlistet die Postbeamtin. Er entlarvt die Neugier. Er hat Humor. Korrektes und ehrliches Verhalten sind ihm wichtig.

5 Schreibe in dein Heft einen kurzen Chateintrag, in dem du „Schlaumeier-Mike" antwortest und deine Einschätzung mithilfe der oben erarbeiteten Ergebnisse begründest.

5

Was DU schon kannst!

Kompetenztest

Der Gesang der Sirenen
nacherzählt von Walter Jens

Dann kehrten sie zurück ins Reich der Sonne, zu den Lebendigen, gingen ein zweites Mal in Aiaia vor Anker. Kirke begrüßte sie gastlich, pries ihren Mut und warnte Odysseus vor den Sirenen und den schrecklichen Ungeheuern, der grausigen Skylla und der dunklen Charybdis.

Als sich das Schiff nun der Insel der beiden Sirenen zu nähern begann, befahl Odysseus seinen Gefährten, ihn fest an den Mastbaum zu binden; ihnen selbst aber stopfte er Scheiben aus Wachs in die Ohren, damit sie nichts mehr zu hören vermochten. Denn die Sirenen singen so (1) , dass niemand ihrem Gesang widersteht: Kinder und Frauen vergisst da ein jeder und wünscht sein Lebtag nichts mehr, als den süßen Gesang zu vernehmen.

(2) wurde das Meer, die Wogen glätteten sich, und die Sirenen sangen ihr Lied: „Komm zu uns, Odysseus, noch niemand ist hier vorübergefahren. Halte auch du und lerne die Freude und die verzaubernde Wohltat seligen Vergessens."

Als der Held diese Stimme vernahm, klopfte sein Herz vor Sehnsucht und Bangen, und er winkte den Freunden, ihm die Fesseln zu lösen. Doch die Gefährten gedachten der Warnung der göttlichen Kirke, banden den Fürsten noch einmal so fest und ruderten (3). –

Erst als die Stimmen in der Ferne verhallten und das Antlitz des klugen Odysseus ruhiger wurde und wieder die gewohnten Züge gewann, lösten sich alle das Wachs aus den Ohren und befreiten den König von seinen Fesseln.

Dann verließen sie schnell die windstillen, seligen Felder, verließen die Bezirke des trügerisch-sanften Lufthauchs und tauschten die Heiterkeit der geglätteten Wogen mit dem Tosen der (4) Flut.

Textsorten erkennen

1 Notiere drei Merkmale der Textsorte Sage und schreibe zu jedem Merkmal ein passendes Beispiel aus dem Text.

2 Formuliere eine andere passende Überschrift.

3 Welche Begriffe passen zum Textauszug? Notiere die richtigen Begriffe.

Erzählperspektive und Erzählform zuordnen

Wortspeicher
Ich-Erzähler – Er-Erzähler – Innenperspektive – Außenperspektive

4 Ergänze den Satz: Ich halte … für die Hauptfigur, denn …

5 Notiere aus dem Textauszug zwei Beispiele der Innenperspektive.

6 Ersetze die Lücken 1 und 2 mit jeweils einem möglichst treffenden Begriff aus der Wortliste.

Sprache für das Textverständnis nutzen

Wortspeicher
dröhnend – sanft – leise – laut – lohnend – lustig – schön – salzig – sauer – süß

7 Ersetze die Lücken 3 und 4 mit jeweils einem möglichst treffenden Begriff.

8 Gib ein Adjektiv an, mit dem du die Vorgehensweise von Odysseus in diesem Textauszug beschreibst. Begründe deine Wahl in höchstens drei Sätzen.

Es ist acht Uhr abends. Jan schleicht sich in die Wohnung, doch sein Vater wartet schon auf dem Flur. „Jan“ sagt der Vater zornig, „du hast mir versprochen, pünktlich um sieben vom Angeln zu Hause zu sein.“ „Ja, Papa“, erwidert Jan kleinlaut und starrt auf seine Schuhe. „Und ich habe dir eine Woche Fernsehverbot versprochen, wenn du später heimkommen solltest!“ Jans Vater blickt seinen Sohn streng an. Da huscht ein Schmunzeln über Jans Gesicht. „Aber Papa, wenn ich mein Versprechen nicht gehalten habe, dann brauchst du deines ja auch nicht zu halten.“

9 Setze jeweils eine passende Charaktereigenschaft aus dem Wortspeicher ein und beziehe sie auf den Text.

Das Handeln literarischer Figuren untersuchen

Jan ist … Man sieht es an der Stelle, als er …
Der Vater ist … Man sieht es an der Stelle, als er …

Wortspeicher
einfallsreich – faul – fleißig – frech – gerissen – humorlos – klug – konsequent – leichtgläubig – mutig – schwach – spontan – streng – unerwachsen – ungeduldig – unterwürfig

10 Wähle zwei Sätze aus dem Witz und übertrage sie in dein Heft. Nimm Markierungen für ein sinnbetontes Vorlesen vor und begründe diese kurz.

Erzählende Texte sinnbetont vorlesen

6 Schokolade

Sachtexte lesen, verstehen und beurteilen

1 Sprecht miteinander über die Aussagen zu Schokolade auf dieser Seite: Was wird jeweils mit Schokolade in Verbindung gebracht?

2 Erzählt euch von Situationen, in denen ihr Schokolade esst, und von den Gründen dafür. Überlegt dabei auch, welche negativen Folgen dieser Schokoladenkonsum möglicherweise haben könnte.

3 Stellt eine Liste von Festen und Feiern auf und gebt an, welche Schokoladenprodukte man in der Regel mit ihnen in Verbindung bringt und woran das liegen könnte.

Schokolade …

… ist Gottes Entschuldigung für Brokkoli.

… ist eine Droge, die dick macht.

… ist Liebe, die man sich selbst schenkt.

… ist die Antwort – egal, was die Frage war.

… ist Flucht in die falsche Richtung.

… mögen laut Statistik 14 von 10 Menschen.

Isst du gern Schokolade? In diesem Kapitel erfährst du mehr über diese beliebte Süßigkeit, auch über ihre „Risiken und Nebenwirkungen“, wenn du lernst und übst, …

… Sachtexte, Illustrationen und Grafiken zu lesen und auszuwerten,
… Textinformationen gezielt aufzufinden und strukturiert darzustellen,
… Fachwissen in Texten zu erkennen und mit Vorwissen zu verknüpfen,
… Textwirkungen zu erfassen und die Sachlichkeit zu bewerten,
… mit Material einen Prospekttext zu verfassen.

6

Sieht doch lecker aus. Oder?

Sachtexte, Illustrationen und Grafiken lesen und auswerten

Dunkles Schokoladenfondue

Arbeitszeit:	*ca. 5 Min.*
Koch-/Backzeit:	*ca. 20 Min.*
Schwierigkeitsgrad:	*simpel*
Kalorien p. P.:	*keine Angabe*

Die Sahne auf mittlerer Stufe erhitzen, die gehackte Schokolade darin schmelzen. Wenn sich die Schokolade aufgelöst hat, die restlichen Zutaten hinzugeben. Alles noch einmal gut durchrühren. Das in mundgerechte Stücke geschnittene Obst mit der Fonduegabel eintunken und genießen.

Achtung: Durch die Sahne und die Schokolade ist diese Nascherei sehr kalorienhaltig und daher nicht für jeden Tag geeignet!

Zutaten
100 ml süße Sahne
200 g Schokolade, zartbitter
100 ml Orangensaft ohne Fruchtfleisch
1 TL Orangenschale, unbehandelt, abgerieben
frisches Obst nach Wahl

1 Tauscht euch in der Klasse darüber aus, was jeder von euch an diesem Fonduerezept als Erstes wahrgenommen hat. Besprecht eure Wahrnehmungen und die möglichen Ursachen.

2 Legt in Partnerarbeit eine Liste der in diesem Rezept verwendeten Abkürzungen an und schreibt dahinter, was sie bedeuten.

3 Gestalte ein Gespräch zwischen den verschiedenen Teilen des Rezepts über deren Funktion und Wichtigkeit.

Überschrift: „Ich bin wichtig, damit …"
Vorinformation: „Ich bin aber auch von Bedeutung. Schließlich zeige ich …"

4 Ergänze den folgenden Satz: Das Bild hat die Aufgaben …

→ AH S. 92–94

Das musst du können

So beschreibst du einen Text

Um die äußere Form eines Textes zu beschreiben, kannst du auf die folgenden Einzelheiten der **Textdarstellung**, der **Ausdrucksweise** und der **Absicht** eingehen.

- **Textdarstellung:** einheitliche Schrift/verschiedene Schriften, nur Text/Text-Bild-Grafik-Kombination, ein Textblock/mehrere Abschnitte
- **Ausdrucksweise:** lange Sätze/kurze Sätze, Alltagssprache/Fachbegriffe
- **Textabsicht:** Information/Unterhaltung/Überzeugung

Häufig werden Sachtexte durch **Fotos**, **Tabellen**, **Karten**, **Schaubilder** oder **Zeichnungen** ergänzt. Dabei können ...

- ... die **Informationen** von Text und Abbildung **übereinstimmen**, d. h. ein Textabschnitt sagt das Gleiche, was das Bild zu diesem Textabschnitt zeigt.
- ... **sich Text** und **Abbildung ergänzen**, indem sie jeweils noch zusätzliche Informationen enthalten.
- ... **Text** und **Abbildung** in ihrem Informationsgehalt deutlich über das jeweils andere hinausgehen und **völlig neue Aussagen enthalten**.

5 Sammle in einer Mind-Map Informationen zur Textdarstellung, zur Ausdrucksweise und zur Absicht des Rezepttextes „Dunkles Schokoladenfondue".

Schokolade [von mexikan. Chocolatl „Kakaotrank"], Nahrungs- und Genussmittel, das aus Kakaomasse unterschiedlicher Herkunft und Qualität (→ Kakaobaum), Zucker, Kakaobutter, Milchprodukten wie Kondensmilch und Milchpulver sowie Aromastoffen wie Vanille und Zimt besteht (bei **weißer** S. ohne Zugabe von Kakaomasse) und z. T. auch Zusätze wie Nüsse, Rosinen, Alkohol u. a. enthält. S. kommt meist in Tafelform, daneben auch geraspelt und als S.-Pulver in den Handel. Als Getränk wird S. geschmolzen, mit Milch aufgekocht und mit Schlagsahne serviert.

Bei der Herstellung der S. werden die Bestandteile in einer Art Zerkleinerungsmaschine gemischt und danach in Walzwerken fein zerrieben. Anschließend lässt man die noch trockene, ungebundene Masse etwa 24 Stunden bei 25 – 50 °C reifen, wobei sie zu einer Art Teig wird; sie lässt sich danach direkt für einfache S.-Erzeugnisse verwenden. Die für **Schmelz-S.** vorgesehenen Massen dagegen werden in Reibmaschinen mit steinernen oder gusseisernen Rollen einen Tag oder noch länger bei 60 – 85 °C weiter verrieben, wodurch die geschmacklich unterschiedl. Teilchen intensiv vermischt werden. Zuletzt wird die S.-Masse auf eine Temperatur von 27 – 29 °C gebracht und in vorgewärmten Formen zu Tafeln vergossen.

6 Stelle mit einem Partner die Informationen des Lexikonartikels übersichtlich zusammen.

7 Gestalte auch für diesen Text eine Mind-Map zur Darstellungsform, zur Ausdrucksweise und zur Absicht.

8 Entwirf zum Lexikonartikel eine Abbildung (Beispiele im Kasten auf → S. 111), die …

- … die Informationen eines Textabschnitts deiner Wahl textnah abbildet.
- … ergänzende Informationen zu einem Textabschnitt deiner Wahl enthält.
- … einen Textteil deiner Wahl ersetzen kann, ohne dass Informationen verloren gehen.

Nährwerttabelle

100 g dieser Vollmilchschokolade enthalten im Durchschnitt:	
Energiewert KJ/kcal	2360/564
Zucker g	53,2
Fett g	34,8

Informationstext

Lieber Kunde,
im Durchschnitt enthalten 100 g unserer Vollmilchschokolade 53,2 g Zucker und 34,8 g Fett. Der Energiewert von 100 g unserer Schokolade beträgt 2360 KJ. Das entspricht 564 kcal. Bei durchschnittlicher körperlicher Aktivität benötigen 10- bis 12-jährige Schulkinder eine tägliche Energiezufuhr von 8500 KJ (Mädchen) bzw. 9600 KJ (Jungen).

Nährwertampel

- **Fett** 34,8 g pro 100 g
- **Zucker** 53,2 g pro 100 g
- **Kochsalz (Natrium)** 0,12 g pro 100 g

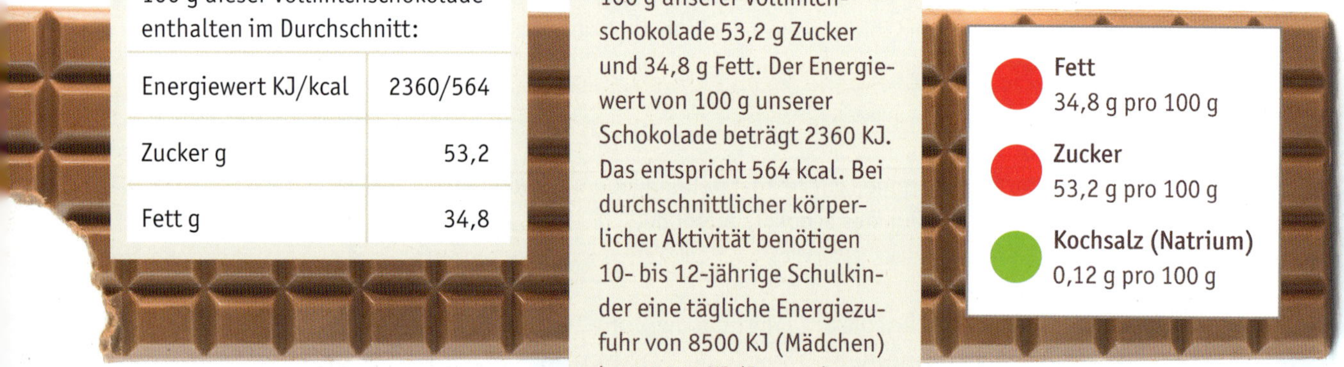

9 Setze die richtigen Satzelemente zusammen und erkläre die Aussagen.

a) Nährwerttabellen finden sich auf fast allen Lebensmitteln, weil …
b) Die Zahlenangaben sind auf jeweils 100 g bezogen, damit …
c) Die reinen Zahlenangaben in Nährwerttabellen sind nicht besonders aussagekräftig, weil …
d) Der Informationstext enthält zwar alle Informationen, aber …
e) Die roten Punkte bei der Nährwertampel signalisieren mir, dass …

1) … die vorhandene Menge des Stoffs problematisch ist.
2) … ein einfacher Vergleich mit anderen Produkten möglich ist.
3) … er ist zu unauffällig und zu unübersichtlich.
4) … eine Zahl wenig über den Bedarf und die richtigen Mengen aussagt.
5) … Verbraucher über die Werte informiert sein wollen und müssen.

10 Informationstext, Nährwerttabelle oder Nährwertampel? – Diskutiert in kleinen Arbeitsgruppen, welche Darstellung auf den Schokoladenprodukten die sinnvollste ist. Notiert eure Entscheidung und die Begründungen.

11 Gestalte auch für die Nährwerttabelle, die Nährwertampel und den Informationstext jeweils eine Mind-Map zu deren Ausdrucksweise, Darstellungsform und Absicht.

 → AH S. 92–94

12 Vergleiche die Mind-Maps aus der Aufgabe 11 und die Mind-Maps aus den Aufgaben 5 und 7 und wähle eine der folgenden Aufgaben.

- Formuliere für jede Mind-Map den Satz: Dass dieser Text den Leser ... möchte, sieht man daran, dass ...
- Gestalte eine Unterhaltung der verschiedenen Texte, in denen sie sich einander vorstellen: Ich bin ... In mir geht es um ... Ich möchte ... Daher ...
- Entwirf ein Plakat zum Thema Schokolade für den Schulgesundheitstag. Vermittle die Informationen und die Absichten, die in den Mind-Maps deutlich werden.

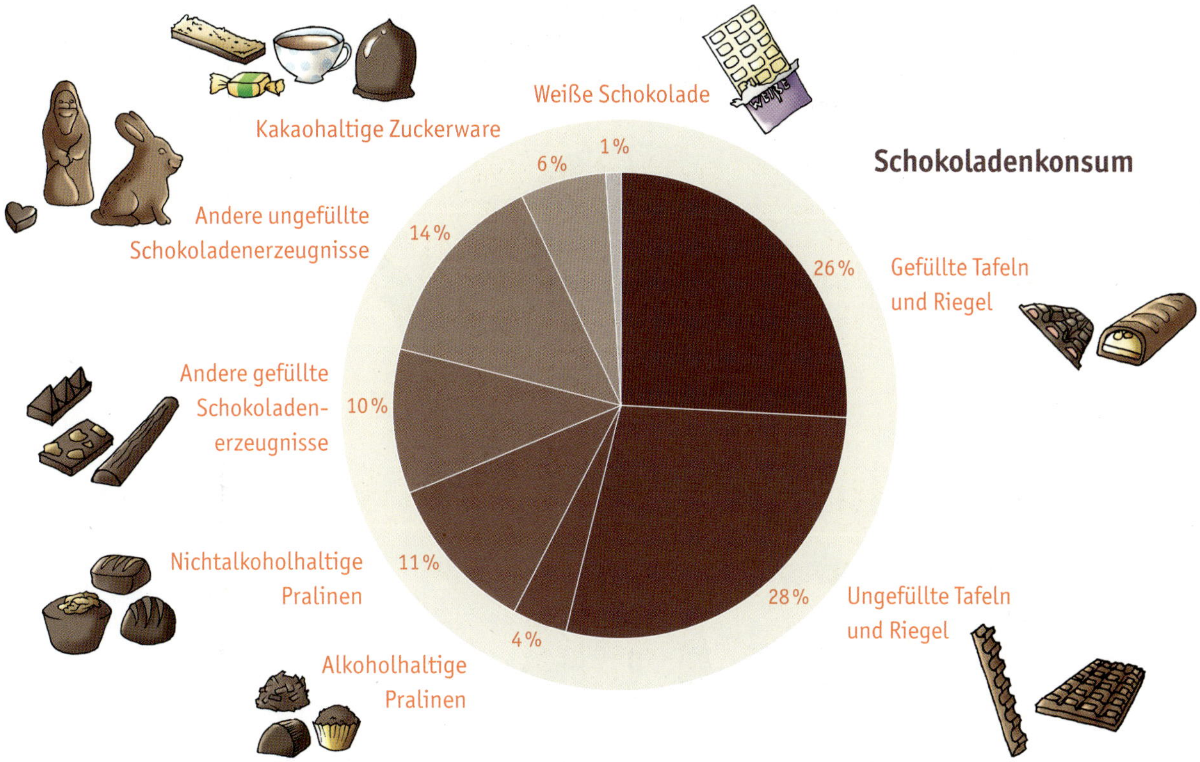

13 Notiere den Satz, der am besten zur Aussageabsicht der Grafik passt. Begründe deine Auswahl schriftlich.

a) Die Grafik macht Werbung für den abwechslungsreichen Genuss von Schokoladenprodukten.
b) Die Grafik informiert darüber, wie groß der Anteil verschiedener Schokoladenprodukte am Gesamtverbrauch von Schokolade ist.
c) Die Grafik warnt vor dem Verzehr von ungefüllten Schokoladentafeln und -riegeln.

14 Notiere, zu welchen Texten die Grafik passen könnte. Begründe auch hier die Zuordnung.

a) Text in einem Schulbuch zur Ausbildung von Ernährungsberatern
b) Rezept zur Herstellung von Pralinen
c) Beratungstext für Schokoladenhersteller, in dem Tipps zur Planung der kommenden Produktion formuliert werden
d) Werbetext, der auf den guten Geschmack von Schokolade hinweist

6

Schokoladenfabriken: Groß und wundersam oder klein, aber fein

Textinformationen gezielt auffinden und strukturiert darstellen

Nach Roald Dahl

Charlie und die Schokoladenfabrik

Charlie ist ein armer Junge, der aber zu den fünf Kindern gehört, die jeweils eine goldene Eintrittskarte für eine Schokoladenfabrik gefunden haben, die der Besitzer Willy Wonka in seinen Schokoladentafeln versteckt hatte. Die Fabrik ist seit Jahren nicht mehr für Besucher geöffnet, doch die Eintrittskarten ermöglichen den Kindern eine Führung durch diese sagenumwobenen Hallen. Zudem soll eines der Kinder am Ende einen Preis gewinnen: die lebenslange Versorgung mit Schokolade.

Der sonderbare Schokoladenfabrikant führt Charlie und die vier anderen Kinder durch seine Welt, in der sie Dinge sehen, von denen Kinder nur träumen können: Räume gefüllt mit Süßigkeiten und Flüsse und Wasserfälle aus Schokolade.

Beim Rundgang fallen vier der Kinder ihren Charakterschwächen zum Opfer. Einer der Jungen ist so gefräßig, dass er vor lauter Gier in einen Schokoladenfluss stürzt. Weil ein Mädchen unbedingt eines der Eichhörnchen haben will, die Nüsse bearbeiten, wird es von den Eichhörnchen in den Müllschlucker geworfen. Das zweite Mädchen ist so hochmütig und überehrgeizig, dass es auch die dümmsten Wettbewerbe wie z.B. im Dauerkaugummikauen gewinnen will. Als es sich an einem Versuchskaugummi vergreift, verwandelt dieser es in eine Riesenblaubeere. Ein weiterer Junge ist faul und fernsehsüchtig; er wird bei einem Experiment in ein Fernsehgerät gesaugt. Es werden zwar alle vier gerettet, sie müssen aber die Fabrik verlassen.

So bleibt schließlich nur Charlie übrig, der im Gegensatz zu den anderen Kindern die guten Eigenschaften der Bescheidenheit, Tapferkeit, Gerechtigkeit und Weisheit verkörpert. Wonka ist von diesem anständigen Jungen so begeistert, dass er ihm seine Schokoladenfabrik vererbt und ihn zu seinem Nachfolger macht.

1 Die Verfilmung des Buchs von Roald Dahl wurde als Märchen- und Fantasiefilm geplant. Notiere alle märchenhaften und fantastischen Elemente der Handlung, die in der Inhaltsangabe deutlich werden.

 → AH S. 95

2 Entwerft in Arbeitsgruppen eine Filmleiste für die Verfilmung des Buchinhalts. Orientiert euch dabei an dem vorgegebenen Beispiel und verwendet Skizzen, kurze Texte oder eine Text-Skizzen-Kombination.

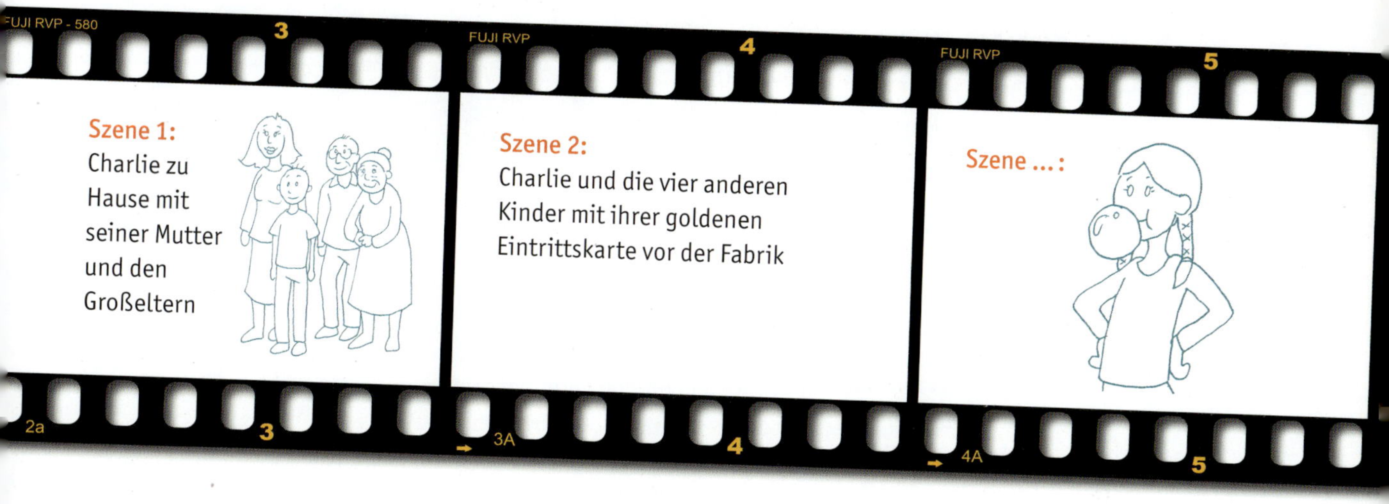

Interview mit einem Schokoladenfabrikanten *(Teil 1)*

Mediencode: 11036-13

(1) *Herr Obermeier, ...*

Fabrik klingt lustig im Zusammenhang mit meinem kleinen Familienbetrieb. Bei uns spielt sich alles in drei Räumen ab: dem 32 m² großen Arbeitsraum in der Mitte und dem jeweils etwa halb so großen Verkaufs- und Kühlraum.

(2) *Wie ...*

Im Arbeitsraum hängen an drei von den vier Seiten Regale an der Wand, auf denen die Kartons mit Verpackungsmaterial wie Klarsichttüten, Folien und Geschenkbänder und alle Formen für die verschiedenen Schokoladenprodukte gelagert werden. Darunter stehen halbhohe, offene Schränke mit allen benötigten Arbeitsgeräten. Die Schränke haben edelstahlbeschichtete Arbeitsflächen, auf denen auch die drei beheizten Kessel mit der flüssigen Schokolade stehen: ein großer für die Vollmilch- und je ein kleiner für die weiße und die dunkle Schokolade. An einer der Längsseiten steht mein großer Arbeitstisch, über dem ein großer Spiegel leicht gekippt hängt, sodass die Zuschauer bei den Vorführungen auch alles genau sehen können.

Im Verkaufsraum sind dann an jeder Wand Regale und es gibt eine große Theke, auf der alle Pralinen angeboten werden. Hier kann man sich seine Tütchen selbst zusammenstellen. Angeboten werden außerdem die verschiedenen Hohlfiguren, Pralinenschachteln, Schokoladentafeln, eben alles, was wir herstellen.

(3) *Und ...*

Bei der Verarbeitung von Schokolade spielt die Raumtemperatur die entscheidende Rolle. Im Arbeitsraum gibt es eine Klimaanlage, die immer für die optimale Temperatur von 22 Grad sorgen muss, und im Kühlraum sind es sogar nur 17 Grad. Hier sollen die produzierten Pralinen oder Hohlfiguren aushärten bzw. werden sie gelagert. Auch der Schokoladenvorrat wird hier frisch gehalten.

3 Beim Interview mit dem Schokoladenfabrikanten Obermeier sind die Fragen verschwunden. Notiere zu den Antworten jeweils eine passende Frage.

4 Zeichne als Ergänzung zu dem Interview eine Skizze der drei Firmenräume und ihrer Ausstattung und beschrifte die Zeichnung mit Informationen aus dem Text.

5 Wählt in Gruppen eine der folgenden Aufgaben. Stellt die Informationen des Interviewtextes dar, und zwar in …

- … einer Mind-Map.
- … einer Filmleiste.
- … einem Flussdiagramm.

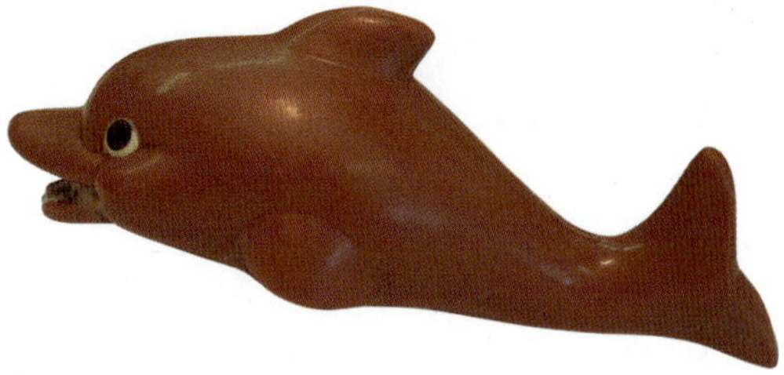

6 Vergleicht in einem Gruppenpuzzle (→ S. 279) die Darstellungen aus den Aufgaben 4 und 5. Notiert und begründet, welche Darstellungen zu welcher Veröffentlichung passen.

a) Wenn das Interview in der Schülerzeitung veröffentlicht wird, passen dazu die Darstellungen als … So kann …
b) Im Flyer für die Besucher der Fabrik sollten … verwendet werden, damit …
c) Wird das gesamte Interview in einem Filmbeitrag gesendet, könnte es unterstützt werden durch die Darstellung in Form … So kann …

Das musst du können

So stellst du Informationen aus einem Text anschaulich dar

Um Sachtexte leichter und gezielter auswerten und so besser verstehen zu können, sollten die zentralen Informationen herausgearbeitet und anschaulich und übersichtlich dargestellt werden.

- Du kannst die einzelnen Aussagen des Textes in einer Mind-Map darstellen.
- Bei einer Filmleiste stellst du die Aussagen eines Textes als aufeinanderfolgende Szenen dar. Die einzelnen Felder enthalten Skizzen, kurze Texte oder Text-Bild-Verbindungen.
- In einem Flussdiagramm werden Sinnabschnitte, Argumente o. Ä. in einem Text in einer einfachen waagerechten oder senkrechten Abfolge mit Pfeilen dargestellt.
- In einem Schaubild werden die Informationen und inhaltlichen Zusammenhänge eines Textes grafisch dargestellt. So werden durch Kombination unterschiedlicher Diagramme und Bilder wichtige Informationen eines Textes herausgestellt, in eine Abfolge gebracht und mit Symbolen (z. B. Pfeilen und Linien) einander zugeordnet.

Eine schriftliche Darstellung der Gliederung kannst du folgendermaßen aufbauen:

- Notiere zunächst die Gesamtaussage und das grundsätzliche Anliegen des Textes. Benutze bei der Beschreibung des Anliegens Verben *(er beschreibt, er gibt an …)*.
- Fasse die einzelnen Abschnitte schrittweise zusammen. Nutze auch hier die passenden Verben zur Bezeichnung der Absicht.

7 Setze die nebenstehende Aussage zur Bearbeitung der Aufgabe 5 fort, indem du eine Begründung formulierst.

„Zur Darstellung des ersten Textabschnitts ist ein Flussdiagramm nicht sehr geeignet, weil …"

8 Bewerte die Beschreibung mit einer Textlupe (→ S. 251). Überarbeite die Ausführungen anschließend entsprechend.

> In dem Text beschreibt ein Mann das Aussehen seiner kleinen Schokoladenfabrik. Er gliedert seinen Text in mehrere Abschnitte: Im ersten Abschnitt beschreibt er die räumliche Situation seiner Fabrik. Danach beschreibt er den Verkaufsraum. Im Verkaufsraum beschreibt er eine Theke. Im Arbeitsraum sind Schränke. Danach beschreibt er noch, wie wichtig die richtige Temperatur im Arbeitsraum ist.

Interview mit einem Schokoladenfabrikanten *(Teil 2)*

Was ist denn eine Hohlfigur und wie wird sie hergestellt?

Ihr kennt doch alle Schokoladennikoläuse oder -osterhasen, die sind eben innen hohl. Bei mir werden auch Fahrzeuge, Fußbälle, verschiedene Tiere oder Musikinstrumente nach diesem Prinzip hergestellt. Wir arbeiten dabei hauptsächlich mit Vollmilchschokolade. Für die Dekoration wie zum Beispiel Augen verwenden wir weiße und dunkle Schokolade. Für jede Hohlfigur gibt es die entsprechende Form aus klarem Lebensmittelkunststoff, die aus zwei Hälften besteht, damit die Dekorationen gut angebracht werden können. Es wird sozusagen von außen nach innen gearbeitet: Das, was bei der fertigen Hohlfigur am weitesten außen ist, muss zuerst aufgetragen werden. Zwischen den einzelnen Arbeitsschritten wandert die Figur dann in den Kühlraum. Wenn alle Dekorationen aufgetragen sind, werden die beiden Hälften der Form zusammengeklammert und Vollmilchschokolade hineingegossen. Dabei müssen viele Aspekte beachtet werden: Die Temperatur der Schokolade muss stimmen, sie muss auch wirklich alle Stellen der Form erreichen, das ist bei Ohren gar nicht so einfach, und schließlich muss die überflüssige Schokolade zügig wieder in den großen Topf gegossen werden, denn es soll ja ein Hohlkörper entstehen. In jede Form wird zweimal Schokolade gefüllt, sonst fehlt es der fertigen Hohlfigur an Stabilität. Erst wenn die Schokolade richtig ausgehärtet ist, kann man die Klammern wieder lösen und die beiden Formhälften vom fertigen Flugzeug oder Marienkäfer entfernen.

9 Du sollst ein Referat über die Herstellung einer Schokoladenfigur vorbereiten. Stelle die Informationen des Textes in einer anschaulichen Form dar. Entscheide dich für eine der Darstellungsformen aus dem Kasten und begründe deine Wahl.

10 Formuliere mögliche Antworten von Herrn Obermeier auf die folgenden Interviewfragen.

1) Herr Obermeier, die Darstellung der Schokoladenfabrik im Buch von Roald Dahl ist doch sehr unrealistisch. Welche Gemeinsamkeiten sehen Sie trotzdem zu Ihrer Fabrik?
2) Welche großen Unterschiede fallen Ihnen auf?
3) Wie gefällt Ihnen die unrealistische Darstellung in der Geschichte?

6

Woher kommt denn nun die Schokolade?

Fachwissen in Texten erkennen und mit Vorwissen verknüpfen

1 *Kakao* – Tragt im Unterrichtsgespräch zusammen, was ihr schon über Kakao wisst.

2 Setzt das Gespräch auf Grundlage der Bilder dieser Doppelseite fort: Welche Informationen zum Kakaoanbau könnt ihr den Bildern entnehmen? Welche Fragen zum Kakaoanbau ergeben sich für euch? Notiert eure Ergebnisse.

Mediencode: 11036-14

Stefanie Goldscheider

Wie entsteht Schokolade?

Schokolade wächst natürlich nicht an Bäumen, wohl aber der Kakao, die wichtigste Zutat der Schokolade. Allerdings nicht hier bei uns, sondern im Tropischen Regenwald, z.B. in Südamerika und Afrika. Bis der Kakao bei uns in einer Schokoladentafel landet, ist es ein weiter Weg. Die Früchte des Kakaobaumes sind je nach Sorte gelb, orange oder violett und sehen aus wie Rugby-Bälle. Sie wachsen direkt am Stamm und an den großen Ästen des Baumes, der ungefähr so groß wie ein Apfelbaum ist. Wenn sie reif sind, werden sie mit einem Messer vom Baum abgeschlagen. Im Inneren der Früchte sind 20 bis 60 Samen, die Kakaobohnen genannt werden. Diese Bohnen sind eingebettet in eine weiche Masse, die Fruchtpulpe, die sehr süß und lecker schmeckt. In den Ländern, in denen der Kakaobaum wächst, lutschen die Kinder die Bohnen mit der Fruchtpulpe wie eine Süßigkeit.

Nach der Ernte werden die Kakaofrüchte aufgeschlagen und die Bohnen zusammen mit der Pulpe von Hand herausgelöst, in Kästen gegeben und abgedeckt. Nun beginnt die sogenannte Fermentation [...]. Dabei steigt die Temperatur auf 40 bis 50 °C. Damit die Kakaobohnen nach der Fermentation nicht anfangen zu schimmeln, werden sie ausgebreitet und in der Sonne getrocknet. Schließlich werden sie mit dem Schiff nach Deutschland oder in andere Länder gebracht, wo sie dann weiter verarbeitet werden. [...]

3 Überprüft anhand der Informationen aus dem Text in kleinen Gruppen eure Ergebnisse aus Aufgabe 2. Setzt einen Haken hinter richtige Vermutungen und beantwortete Fragen.

4 Was ist die *Fermentation* (→ Z. 33)? Begründe aus dem Kontext, also dem Textzusammenhang, welche der folgenden Erklärungsmöglichkeiten zutrifft:

a) Die Kakaobohnen beginnen zu faulen und entwickeln bei der Zersetzung einen bitter-scharfen Geschmack.
b) Die Blätter an den Kakaobäumen werden nach der Ernte zurückgeschnitten.
c) Der Zucker beginnt zu gären und es laufen verschiedene Umwandlungen in der Kakaobohne ab, die den guten Geschmack erzeugen.

5 Stelle die Informationen des Textes auf einem DIN-A4-Blatt anschaulich und übersichtlich dar. Nutze wahlweise die Darstellungsformen der Mind-Map, der Filmleiste oder des Flussdiagramms.

6 Der Text auf → Seite 118 blickt unter verschiedenen Gesichtspunkten auf das Thema *Schokolade*. In welchem deiner Schulfächer könnten Teile des Textes vorkommen?

- Notiere ein mögliches Schulfach und die entsprechenden Textstellen.
- Ergänze die Tabelle.

Teile des Textes könnten vorkommen im Fach ...	Diese Teile liefern nämlich Informationen über ...

- Skizziere das Layout des Textes für ein Schulbuch in einem passenden Fach. Gehe dabei auf Anordnung und Gliederung des Textes ein, formuliere Zwischenüberschriften und schlage Informationskästen vor. Nimm auch die Bilder dieser Doppelseite auf.

So entnimmst du einem Text Fachwissen

Das musst du können

Fachtexte enthalten Wissen und Informationen aus bestimmten Fachgebieten. Einige Strategien können das Lesen unterstützen.

- Versuche zunächst, den Fachbereich, das Thema und die Absicht des Textes zu erfassen. Achte auf die Überschrift, auf Hervorhebungen und auf Bilder.
- Mache dir dein Vorwissen zum Thema bewusst: Was weißt du schon darüber? Wozu hast du eventuell noch Fragen?
- Lies den Text nun gründlich. Kläre unbekannte Begriffe aus dem Kontext oder mithilfe eines Lexikons oder des Internets.
- Überprüfe, ob dein Vorwissen zum Thema richtig war und welche deiner Fragen durch den Text beantwortet wurden.

Stefanie Goldscheider
Fair geht vor!

Kakao wächst in Ländern, in denen die Menschen oft sehr arm sind. […] Viele dieser Länder liegen in den Tropen, das sind die Länder nördlich und südlich des Äquators, wo es das ganze Jahr über gleichmäßig warm ist. […]

Kakaobohnen gehören zu den wertvollsten landwirtschaftlichen Produkten. Der Preis, den die Bauern für ihren Kakao bekommen, reicht aber für immer weniger. […]

Weil die Preise stark schwanken und die Bauern für die gleiche Arbeit relativ gesehen immer weniger Geld bekommen, können viele Familien kaum noch von dem Erlös leben. Eine Möglichkeit, ihre Situation zu verbessern, ist der Faire Handel. Dabei werden für den Kakao feste und angemessene Preise bezahlt. So können die Menschen ihren Lebensunterhalt decken.

Maria erzählt

[…]„Hallo, ich bin Maria, 12 Jahre alt und komme aus Bolivien. Mein Vater ist Kakao-Bauer und ich möchte euch etwas über unser Leben erzählen. Unsere Familie, also meine Eltern, meine drei Geschwister und ich leben vom Kakao-Anbau. Wir Kinder müssen natürlich mitarbeiten. In der Erntezeit helfen wir beim Aufspalten der Früchte und beim Fermentieren und Trocknen der Bohnen. Zum Glück können wir auch eine Schule besuchen. Viele Kinder von Kakao-Bauern haben keine Möglichkeit zur Schule zu gehen, weil ihre Eltern zu wenig verdienen. Wir haben mehr Glück, denn mein Vater ist Mitglied in der Kooperative EL CEIBO, in der sich 1.200 Kleinbauern zusammengeschlossen haben. Mein Vater sagt oft, wie froh er ist, bei EL CEIBO zu sein, nicht nur, weil er für seinen Kakao einen fairen Preis erhält. Die Berater der Kooperative haben ihm zum Beispiel gezeigt, wie man Bio-Kakao anbaut. Das ist viel gesünder, weil er die Pflanzen nicht mit chemischen Mitteln spritzen muss. Außerdem bekommt er für sein wertvolles Bio-Produkt mehr Geld als für anderen Kakao. Wenn du Produkte, die mit EL CEIBO-Kakao hergestellt wurden, einmal probieren möchtest, dann hast du Glück. Du kannst sie auch in Deutschland kaufen."

Wir als Schokoladekäufer

Natürlich kann nicht jeder einem Bauern in Südamerika oder Afrika den Kakao direkt abkaufen, aber bei uns werden Produkte verkauft, die aus Fairem Handel stammen […]

7 Schaue dir den Text auf → Seite 120 nur 30 Sekunden lang an. Notiere eine Vermutung zum Thema und zur Absicht des Textes. Tauscht euch anschließend im Klassengespräch über eure Vermutungen aus und haltet diese schriftlich fest.

8 Überprüfe nun eure Vermutungen: Fasse, auch unter Berücksichtigung der Überschriften, das Thema, den Inhalt und die Absicht jedes Absatzes in ein bis zwei Sätzen knapp zusammen.

9 Wurden hier sinnvolle „Schlüsselbegriffe" unterstrichen? Notiere, welche Unterstreichungen du für sinnvoll hältst und welche nicht. Notiere auch weitere mögliche Unterstreichungen.

Fair geht vor!

Kakao wächst in Ländern, in denen die Menschen oft sehr arm sind. Viele dieser Länder liegen in den Tropen, das sind die Länder nördlich und südlich des Äquators, wo es das ganze Jahr über gleichmäßig warm ist.
Kakaobohnen gehören zu den wertvollsten landwirtschaftlichen Produkten. Der Preis, den die Bauern für ihren Kakao bekommen, reicht aber für immer weniger. Weil die Preise stark schwanken und die Bauern für die gleiche Arbeit relativ gesehen immer weniger Geld bekommen, können viele Familien kaum noch von dem Erlös leben.

Schlüsselbegriffe

Das musst du wissen

Damit du dich beim erneuten Lesen oder bei der Weiterarbeit mit einem Text schnell orientieren kannst, ist es hilfreich, **Schlüsselbegriffe** zu unterstreichen. Das sind solche Begriffe, die **wesentliche Inhalte und Aussagen** des Textes enthalten. Wenn du dann auf die unterstrichenen Begriffe blickst, fällt dir der Inhalt des Abschnitts wieder ein.
Achte aber darauf, dass du **nicht zu viele Begriffe** markierst.
Schlüsselbegriffe können auch Gruppen aus **mehreren Wörtern** sein.

10 Notiere die Fachbegriffe, die im Text auf → Seite 120 vorkommen, und erkläre sie schriftlich mit eigenen Worten. Vergleiche deine Ergebnisse dann mit denen deines Banknachbarn.

11 Bereitet in kleinen Arbeitsgruppen ein informierendes Referat zum Thema *Woher kommt denn nun die Schokolade?* vor. Nutzt alle Fachinformationen, die in den Texten vermittelt werden. Gestaltet ein Plakat, ein Thesenpapier oder eine Overhead-Folie zur Unterstützung eures Referats.

6

Gesund, natürlich, qualitätsgeprüft

Textwirkungen erfassen und die Sachlichkeit bewerten

1 Vervollständige in Partnerarbeit die Tabelle der Werbeagentur.

Element	Beabsichtigte Wirkung
Milch	*verweist auf den hohen Milchanteil der Schokolade und Milch gilt als gesund*

2 Fasse die Werbebotschaft der Verpackung zusammen und vervollständige den folgenden Satz: Kaufen Sie diese Schokolade, damit/weil …

A Acht kleine einzeln verpackte Riegelchen für den perfekten Genuss ohne Brechen und Bröseln. Natürliche Zutaten wie wertvoller Kakao und viel gesunde Milch sowie der völlige Verzicht auf künstliche Farb- und Konservierungsstoffe oder Geschmacksverstärker ergeben den leckeren, unverfälschten Geschmack.

B Hervorragende Qualität – dafür wird *Meine Schoki!* von Groß und Klein heiß geliebt! Unsere Schokolade unterliegt schärfsten Prüfkriterien durch das Kakao-Institut.

C **Unsere Garantie:** Mit größter Sorgfalt und Verantwortung kaufen wir unsere Rohstoffe ein. Wir verpflichten uns, bis 2030 unsere Produkte ausschließlich mit Kakao aus nachhaltigem Anbau zu produzieren.

3 „Nachhaltiger Anbau" – „Ständige Kontrollen" – „Perfekter Genuss" – Notiere, in welcher Reihenfolge die Überschriften zu den Textblöcken passen.

→ AH S. 96

4 Die drei Textblöcke sind der Entwurf einer Werbeagentur. Untersuche und beschreibe ihre Werbewirksamkeit. Schreibe dazu mindestens fünf Adjektive heraus, die eine besondere Wirkung haben, und bearbeite eine der folgenden Aufgaben.

- Notiere die mögliche Wirkung der Adjektive.
- Notiere in Gedankenblasen jeweils zwei Gedanken, die beim Kunden ausgelöst werden sollen.
- Formuliere mithilfe der Satzanfänge einen Teil des Präsentationsvortrags, mit dem die Agentur die Schokoladenfirma überzeugen möchte: „Unser Text ist sehr wirksam. Wir haben uns bemüht … So nutzen wir … Das soll dazu führen, dass …“

5 Dem Chef der Schokoladenfabrik erscheint der Stempel neben Text B überflüssig, die Werbefachleute halten ihn aber für eine wichtige Ergänzung. Notiert in Gruppen Gründe für und gegen den Stempel und führt die Diskussion mit verteilten Rollen.

6 Ein Ernährungsberater durchschaut die beabsichtigte Wirkung der Packung und des Werbetextes. Formuliere seine kritische Antwort auf den Werbesatz aus Aufgabe 2.

Das musst du können

So unterscheidest du informierende und werbende Texte

Viele Texte haben die Absicht, ihre Leser von etwas zu überzeugen. Vor allem werbende Texte arbeiten sehr intensiv mit unterschiedlichen „Tricks“ und Strategien, um dieses Ziel zu erreichen. Beachte Folgendes, damit du nicht „auf einen Text hereinfällst“:

- Berücksichtige, von wem oder in wessen Auftrag ein Text verfasst wurde.
- Versuche, dir bewusst zu machen, welche Absicht ein Text verfolgt.
- Achte auf die Wortwahl des Textes.
- Überprüfe die Glaubwürdigkeit einzelner Aussagen. Überlege zum Beispiel, wie andere Personen und Experten die Aussagen des Textes bewerten würden.
- Mache dir bewusst, welche Wirkung die Bilder und Illustrationen haben. Überprüfe dabei auch, ob die Bilder sachlich sind oder Gefühle wecken.

7 Übertrage diese alten Schokoladen-Werbesprüche in dein Heft. Zeichne zu jedem Satz eine Sprechblase und notiere darin seine Werbebotschaft: „Wenn du mich isst, …“

8 Vergleicht eure Ergebnisse in Partnerarbeit. Besprecht, ob die Werbesprüche auch heute noch wirksam wären, und begründet eure Meinung.

A Größter Nährwert – feinster Wohlgeschmack

B BELIEBTESTE MARKE DER GEGENWART!

C Beste, billigste Schmelzschokolade!

GLÜCKSGARANTIE – SCHOKOLADE SEI DANK!

Keine Frage: Sich einer Tafel Schokolade hinzugeben, kann Verzückung auslösen […]. Das ist der Moment, in dem sich die Augen schließen und ein tiefer, befreiender Seufzer alles ausdrückt. Dann spielen Zeit und Raum keine Rolle mehr. UND ALLES IST GUT!

Warum das so ist? Dafür gibt es zahllose Gründe, aber nicht alles lässt sich erklären. Da ist beispielsweise die äußere Erscheinung der Tafeln. Manche glänzen verführerisch wie ein Mahagoni-Möbel, andere schillern haselnussfarben, wiederum andere scheinen aus Ebenholz. Und dann ihr Duft! Er erregt und lässt das Wasser im Mund zusammenlaufen […]

Ist die Schokolade endlich auf der Zunge angekommen, spürt alles im Körper, dass etwas ganz Besonderes auf ihn zukommt. In der Kakaobohne ist unter anderem ein Stoff enthalten, den eben dieser Körper beim VERLIEBEN freisetzt: Phenylethylamin. Was für ein Glück! So können wir uns bei jedem Schokoladengenuss wie frisch verliebt und deshalb so glücklich fühlen. […]

Was will man denn mehr? Deshalb: Auf zum nächsten Supermarkt … und **RIESENvorräte an Glücksgarantie besorgen!**

MACHT SCHOKOLADE GLÜCKLICH?

Dass Schokolade glücklich macht, ist ein sehr weit verbreiteter Ernährungsmythos. Doch wissenschaftlich betrachtet ist an dieser Behauptung nichts dran. […] Verantwortlich für die Schoko-Glücksgefühle soll der Stoff Phenylethylamin sein. Der ist auch tatsächlich in Schokolade enthalten und wirkt auf das Gehirn, sodass dort das Glückshormon Serotonin freigesetzt wird. Leider gibt es aber einen Haken: Zum einen ist die Konzentration von Phenylethylamin in Schokolade sehr gering, in etwa so hoch wie in Käse. Zum anderen ist inzwischen selbst die glücksfördernde Wirkung des durch diesen Stoff möglicherweise freigesetzten Hormons Serotonin umstritten. Streng wissenschaftlich betrachtet ist also die Behauptung, Schokolade mache glücklich, unhaltbar.

Dennoch kann sie als Seelentröster wirken, wenn wir wollen, dass sie wirkt. […] Wer seit Jahren Schokoladengenuss mit positiven Gefühlen verbindet, kann durch ein Stück Schokolade also gute Laune bekommen. Nicht, weil Schokolade ein Wundermittel ist, sondern schlicht nur, weil man gelernt hat, Glücksgefühle mit dem süßen Genuss zu verbinden.

9 Notiere die Frage, mit der sich die beiden Texte befassen. Notiere auch die Antworten, die auf diese Frage gegeben werden.

10 Sammelt in Partnerarbeit Fachbegriffe und Fremdwörter, die in den beiden Texten vorkommen, und erklärt sie aufgrund des Textzusammenhangs schriftlich.

11 Sammle die Gemeinsamkeiten und die Unterschiede der beiden Texte und stelle sie wie in der Vorlage grafisch dar.

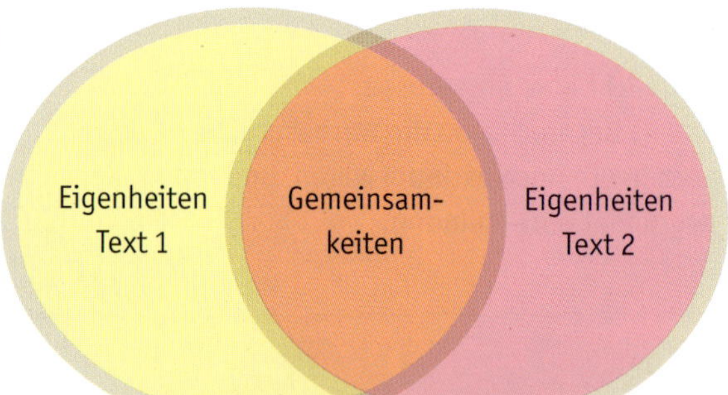

→ AH S. 96

12 Führe einen gründlichen Vergleich der Textqualitäten durch. Übertrage dazu die folgende Tabelle in dein Heft, notiere Schulnoten für die einzelnen Bewertungsbereiche und begründe die Noten.

	Text 1	Text 2
Lesbarkeit		
Wirkung		
Glaubwürdigkeit		
Einprägsamkeit		

13 Überprüfe und präzisiere deine Einschätzung zur Glaubwürdigkeit der Texte mithilfe der Informationen aus dem Kasten. Wähle eine der folgenden Aufgaben.

- Ergänze für beide Texte die Satzvorgabe: Ich halte Text 1/Text 2 für einen vertrauenswürdigen Text/für einen fragwürdigen Text, denn ...
- Wähle je drei Kriterien aus beiden Listen und notiere Textstellen, die belegen, dass der jeweilige Text das Kriterium erfüllt.
- Bereite eine ausführliche mündliche Stellungnahme zur Glaubwürdigkeit der Texte vor.

Das musst du können

So überprüfst du die Sachlichkeit von Texten

Viele Texte verbinden Sachlichkeit mit der Absicht, dich von einer bestimmten Sache überzeugen zu wollen. Folgende Kriterien können bei der Bewertung eines Textes helfen:

vertrauenswürdiger Sachtext
- neutrale Darstellung von Sachverhalten
- nachprüfbare Belege
- Fachbegriffe werden in Argumentation eingebunden
- längere Sätze, Satzgefüge
- gleichmäßiges Schriftbild
- Ergänzung um Schaubilder, Statistiken etc.

fragwürdiger Sachtext
- beeinflussende, gefühlsbetonte Darstellung
- unbelegte Behauptungen
- Umgangs- und Alltagssprache; Fachbegriffe täuschen Sachkenntnis vor
- überwiegend kurze Hauptsätze, unvollständige Sätze, Ausrufe
- Auffälligkeiten im Druck
- Beigabe von Fotos ohne zusätzlichen Informationswert

14 Wähle einen anderen Text aus dem Schokoladen-Kapitel und überprüfe dessen Sachlichkeit wie in den Aufgaben 12 und 13.

6

Vom Luxusgetränk zur alltäglichen Köstlichkeit

Materialgestützt einen Text für einen Prospekt verfassen

A *„Solange Kakaobohnen an Bäumen wachsen, ist Schokolade Obst."*

B **Geschichte der Schokolade:** Schon die Mayas haben Kakaobäume um 600 n. Chr. angebaut und Kakao in schaumigen Getränken mit Chili oder Pfeffer oder als Brei zu sich genommen. Weil die Bohnen sehr wertvoll waren, gab es Kakao nur bei reichen Familien zu besonderen Anlässen. Die Azteken nannten das Getränk aus kaltem Wasser und Kakao *xocoatl,* was man mit „würziges Wasser" übersetzen kann. Auch zu ihrer Zeit waren die Bohnen kostbar, sie wurden sogar als Zahlungsmittel genutzt. Schokolade war ein Luxus und nur für Reiche und als „Kräftigungsmittel" für Soldaten gedacht. Mit der Eroberung des aztekischen Reichs durch die Spanier gelangten die Bohnen 1528 nach Europa, wo die unverarbeitete Schokolade aber niemandem schmecken wollte. Erst als das Getränk mit Rohrzucker oder Honig und mit Gewürzen wie Zimt heiß zubereitet wurde, wurde es am Königshof beliebt und eroberte im 17. und 18. Jahrhundert Europa. Da die Zutaten immer noch sehr teuer waren, konnten nur Wohlhabende Schokolade genießen.

Im 19. Jahrhundert wird Schokolade schließlich ein Lebensmittel für alle: Nachdem der Holländer van Houten ein Verfahren zur maschinellen Trennung von Kakao und Kakaobutter entwickelt hat, erfindet 1847 die englische Firma „J. S. Fry and Sons" die Tafelschokolade. Heute ist Schokolade die beliebteste Süßigkeit.

C **Kakao** nennt man die Trockenmasse, die bei der Verarbeitung der Kakaobohne, dem Samen des Kakaobaums, neben der Kakaobutter entsteht. Kakaobutter wird auch zur Herstellung von Seifen, Cremes und Lippenstiften verwendet.

D **Vollmilchschokolade**

G **Eine Wohltat für dich!**

Die Schokomaske
- spendet Feuchtigkeit
- macht die Haut weich und geschmeidig
- lässt sie lecker duften
- schmeckt sogar gut

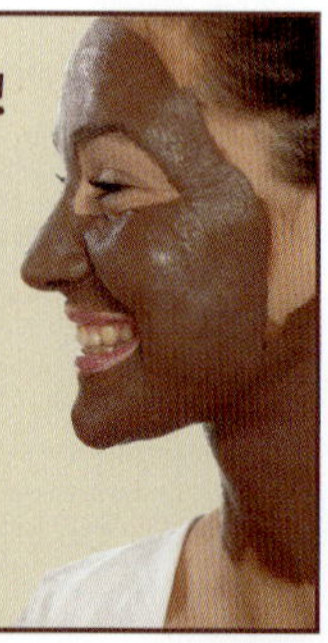

E → S. 113, Grafik zum Schokoladenkonsum

F Mediencode: 11036-15

1 Notiere zwei Informationen aus den Materialien, die du besonders interessant findest, und tausche dich mit einem Nachbarn darüber aus.

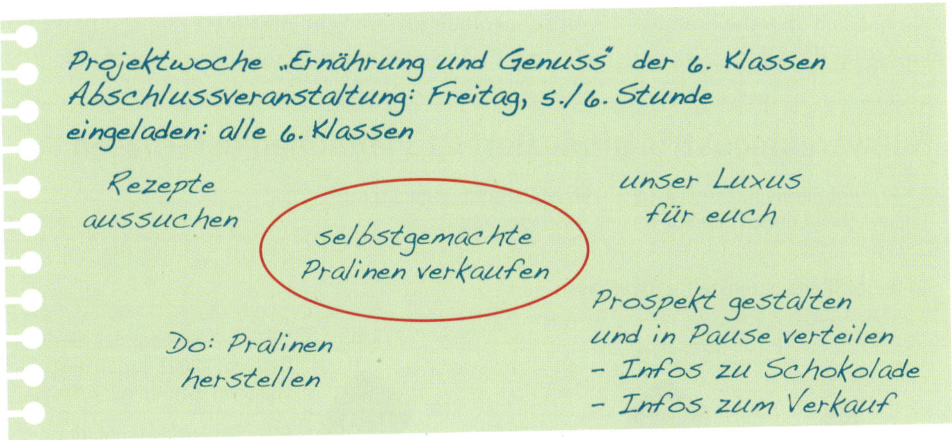

2 Für den Präsentationstag der Projektwoche soll auch ein Prospekt gestaltet werden. Überlege dir, welche Informationen für den Prospekt-Text passen würden, und sammle und ordne diese in Stichpunkten in einer Mind-Map. Folgende Fragen können dir dabei helfen:
- Was erregt die Aufmerksamkeit meiner Leser?
- Was könnten meine Mitschüler wissenswert finden?
- Welche Informationen dürfen nicht fehlen?

3 Diskutiert eure Notizen in Kleingruppen. Ergänzt oder streicht Stichpunkte.

Das musst du können

So verfasst du einen Text für einen Prospekt

Prospekt-Texte informieren und dienen auch gleichzeitig der Werbung, d. h. sie wollen den Leser auch von etwas überzeugen (→ S. 123). Um einen solchen Text zu verfassen, musst du dich **in deinen Leser hineinversetzen**, **recherchieren**, die **Materialien auswerten** und die **Informationen** für deinen Text sinnvoll **auswählen** und **ordnen** (z. B. in Form einer Mindmap → S. 251).

Sprich deinen Leser an, informiere ihn sachlich, aber versuche auch, ihn zu überzeugen. Mit einem besonderen Element kannst du die Aufmerksamkeit des Lesers wecken, z. B. mit einer interessanten Überschrift oder einem grafischen Element.

4 Verfasse nun mithilfe der Mind-Map aus Aufgabe 2/3 einen Text für den Prospekt.

5 Überarbeitet eure Texte in Vierergruppen und orientiert euch dabei am Kasten. Jeder liest reihum alle Texte der anderen Gruppenmitglieder und notiert seine Rückmeldung an den Verfasser in Form einer Frage-/Kommentarlawine (→ S. 251).

6 Überarbeite mithilfe der Rückmeldungen deinen Text und gestalte deinen Vorschlag für den Prospekt mit einem Textverarbeitungsprogramm.

6

Charlys Sprachcheck

Paula hat sich über die Produktion von Schokoladenosterhasen informiert und soll ihre Ergebnisse für die Klasse zusammenzufassen. Im Internet hat sie folgende Grafik gefunden.

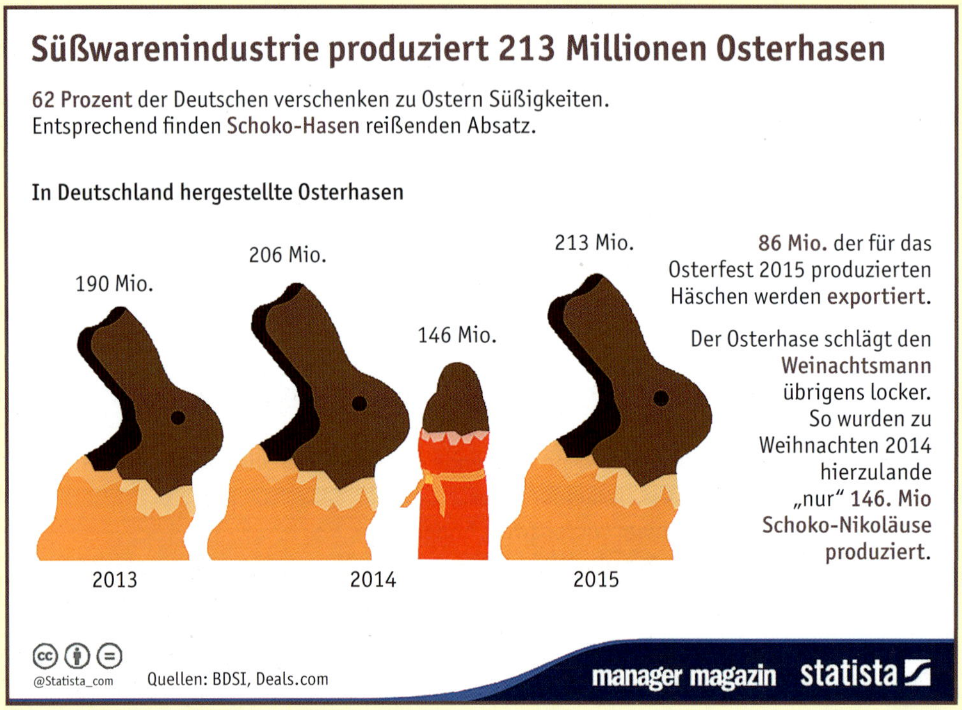

reißender Absatz: hohe Verkaufszahlen; **exportieren:** ins Ausland verkaufen

Tipp von Charly

Wenn du eine Grafik oder ein Schaubild beschreiben möchtest, solltest du deine Zuhörer immer erst über das Thema und die Quelle des Informationsmaterials informieren.

1 Hilf Paula und formuliere eine kurze Einleitung, in der du Auskunft über das Thema und die Quelle deiner Informationen gibst. Verwende dazu folgende Satzanfänge:

- Thema des Schaubildes / der Grafik ist …
- Die Tabelle / das Schaubild / die Statistik / die Grafik / das Diagramm gibt Auskunft über …
- Dem Schaubild ist zu entnehmen, dass / wie …
- Aus dem Diagramm geht hervor, dass / wie …
- Die Daten stammen vom / von der …
- Das Schaubild wurde vom … erstellt / herausgegeben.
- Die Grafik wurde dem / der … entnommen.

„In den letzten drei Jahren gab es immer mehr Schokohasen. Ich habe mir drei Jahre angeschaut. Im ersten Jahr waren es 190 Millionen, im zweiten Jahr 206 Millionen und 2015 213 Millionen Hasen. Man kann also sagen, dass es immer mehr Schokohasen geworden sind, weil Hasen nämlich einfach viel beliebter sind als Schokonikoläuse."

2 Charly erkennt sofort drei Fehler in Paulas erstem Entwurf für ihren Vortrag: a) Angabe eines falschen Grundes, b) zu ungenaue Aussagen, c) reine Beschreibung statt Auswertung. Finde die Stellen, an denen Paula diese Fehler unterlaufen sind. Notiere die Textzeile und ein Stichwort.

3 Mit nachfolgenden Formulierungshilfen überarbeitet Paula ihren Entwurf und achtet darauf, die Entwicklung der Verkaufszahlen besonders herauszuarbeiten. Schreibe einen neuen Text in dein Heft, folgende Formulierungen können dir dabei helfen.

- sich erhöhen, erhöhte sich, hat sich erhöht *(Nomen: die Erhöhung)*
- sich steigern, steigerte sich, hat sich gesteigert *(Nomen: das Steigen)*
- (an)steigen, stieg (an), ist (an)gestiegen *(Nomen: der Anstieg)*
- zunehmen, nahm zu, hat zugenommen *(Nomen: die Zunahme)*
- zulegen, legte zu, hat zugelegt
- wachsen, wuchs, ist gewachsen *(Nomen: der Zuwachs)*
- sich verringern, verringerte sich, hat sich verringert *(Nomen: die Verringerung)*
- sich vermindern, verminderte sich, hat sich vermindert *(Nomen: die Verminderung)*
- abnehmen, nahm ab, hat abgenommen *(Nomen: die Abnahme)*
- fallen, fiel, ist gefallen *(Nomen: das Fallen)*
- schrumpfen, schrumpfte, ist geschrumpft *(Nomen: das Schrumpfen)*
- sinken, sank, ist gesunken *(Nomen: das Sinken)*

4 Paula hat nicht alle Aussagen der Grafik erfasst. Ergänze deine Ausführungen im Heft noch um folgende Informationen:
- Wie beliebt sind Schokohasen bei den deutschen Verbrauchern?
- Wie viele Schokohasen wurden von deutschen Verbrauchern konsumiert?

5 Irgendwie weiß Paula nicht, wie sie ihre Ausführungen beenden soll. Charly empfiehlt ihr, sie mit einem knappen Fazit abzuschließen und schlägt auch hier wieder Satzanfänge vor. Formuliere für deinen Vortrag ebenfalls einen Schlusssatz, der die zentrale Aussage zusammenfasst.

- Es ist festzustellen, dass … in den Jahren … tendenziell steigt / sinkt.
- Das Schaubild zeigt deutlich den kontinuierlichen (anhaltenden / beständigen) Rückgang / Anstieg des / der …
- Bezüglich des erfassten Zeitraums kann gesagt werden, dass …
- Es fällt auf / Es ist unverkennbar / Überraschend ist, dass …

Was DU schon kannst!

Kompetenztest

Sachtexte und Illustrationen lesen und bewerten

1 Welche Aussagen zu der Abbildung oben stimmen, welche nicht?

a) Der Leser soll neutral über einen Sachverhalt informiert werden.
b) Es handelt sich insgesamt um einen Sachtext.
c) Es soll Fachwissen über Schokolade vermittelt werden.
d) Der Leser soll beeinflusst und zu einer Handlung angeregt werden.
e) Die Tafel Schokolade hat die übliche Größe (100 g).
f) Die Schokoladentafeln können in jeder beliebigen Menge bestellt werden.

Die Wirkungsabsicht erfassen

2 Fasse die Wirkungsabsicht der Anzeige möglichst treffend zusammen.

Zusammenhänge zwischen Text und Abbildung erschließen

3 In welchem Verhältnis steht dieses Bildelement zum Text? Notiere den Buchstaben.

a) Es stimmt exakt mit einem Teil des Textes überein.
b) Es ergänzt den Text und enthält zusätzliche Informationen.
c) Es enthält Aussagen, die in keinem Textabschnitt erwähnt werden.

Einem Text gezielt Informationen entnehmen

4 Beantworte die Fragen zum folgenden Text. Gib die Textzeile an, in der du die Antwort gefunden hast.

a) Arbeitet Herr Obermeier gern kreativ?
b) Wie werden die Schokoladengeschenke verpackt?
c) Worum handelt es sich bei den Pralinengeschenken, die die Firma anbietet?
d) Eine ganze Schulklasse wurde aus Schokolade gestaltet: Welche Texte mussten mit weißer Schokolade geschrieben werden?

Interview mit einem Schokoladenfabrikanten *(Teil 3)*

Herr Obermeier, vielleicht erzählen Sie uns zum Abschluss noch, was es mit den Pralinengeschenken auf sich hat.
Ja, gern. Da kommen Kunden zu uns, die ganz individuelle Schokoladenszenen verschenken möchten. Zunächst führen wir ein Gespräch über den Menschen, der es bekommen soll, und über den Anlass. Ist es z. B. eine Schulklasse, die sich bei ihrer Lehrerin am Schuljahresende bedanken möchte? Dazu habe ich schon aus Schokolade ein Pult gebaut, eine Marzipanlehrerin modelliert und daraufgesetzt, hinter das Pult eine Schultafel aus Vollmilchschokolade gestellt und mit weißer Schokolade „Herzlichen Dank!“ geschrieben. Das Ganze kam auf eine große Schokoladenplatte, auf der, ebenfalls mit weißer Schokolade, die Vornamen aller Schülerinnen und Schüler dieser Klasse geschrieben standen. Zur Stabilisierung habe ich das Pralinengeschenk auf eine Pappe gestellt und dann in Folie kunstvoll verpackt und mit Schleifen und Bändern verziert. Abschließend wurde noch unser goldenes Firmenlogo aufgeklebt. Ich stelle auch Sportszenen nach oder setze Menschen in ein Auto. Das ist meine liebste Beschäftigung, denn sie ist niemals langweilig und ich kann künstlerisch tätig sein. Und diese Pralinengeschenke verkaufen sich wirklich gut.

5 Stelle die Arbeitsschritte zwischen der Planung und dem Verkauf der besonderen Pralinengeschenke in einem Flussdiagramm dar.

Informationen aus einem Text anschaulich darstellen

6 Gestalte auch eine Mind-Map zu den Informationen des Textes.

Darstellungsformen vergleichen

7 Begründe, welche der Darstellungsformen besser zu dem Text passt.

8 Welche der Aussagen scheinen dir sachlich, welche nicht? Notiere die Buchstaben der sachlichen Aussagen.

Die Sachlichkeit von Textaussagen bewerten

- **a)** Unsere Pralinen zaubern den Kunden garantiert ein Lächeln ins Gesicht.
- **b)** Josef Obermeier besitzt seit 1997 seine eigene Confiserie.
- **c)** Marzipan eignet sich gut zur Gestaltung. Es ist recht weich und kann unterschiedlich eingefärbt werden.
- **d)** Im gesamten Umkreis finden Sie keine so tollen und kreativen Geschenkideen.
- **e)** Haben Sie's gemerkt? Das Wasser läuft Ihnen im Mund zusammen!

9 Wähle eine der Aussagen, die dir unsachlich erscheinen, und begründe deine Einschätzung kurz.

10 Wähle auch eine der Aussagen, die dir sachlich erscheinen, und begründe dies.

7

Wir werden Medienprofis

Sich als Jugendlicher mit Medien auseinandersetzen

1 Wie tauschst du dich mit Freunden nach der Schule aus? Sprich mit deinem Banknachbarn darüber. Bezieht auch die Bilder in euer Gespräch ein.

2 Wo würdest du suchen, wenn du Informationen zu einem bestimmten Thema, z. B. für ein Referat, benötigst? Sammle verschiedene Möglichkeiten und vergleicht eure Ergebnisse anschließend in der Klasse.

3 „Kinder von heute lesen doch nicht mehr. Sie hocken den ganzen Tag nur vor dem Fernseher oder schauen auf ihr Handy!“ Was hältst du von dieser Aussage? Formuliere eine Erwiderung.

Was genau sind denn eigentlich Medien? Fragst du dich das auch? Viele Medien benutzt du jeden Tag, ohne über den Gebrauch nachzudenken. Damit du Medien sinnvoll und gefahrlos nutzen kannst, lernst du in diesem Kapitel, ...

... Medienangebote zur Information, Kommunikation und Unterhaltung zu nutzen,

... Bibliotheken und Internet für Recherchen zu nutzen,

... die eigene Mediennutzung zu reflektieren und mögliche Gefahren richtig einzuschätzen,

... eigene Beiträge für verschiedene Medien zu gestalten.

Ich bin dabei!

Medienangebote zur Information, Kommunikation und Unterhaltung nutzen

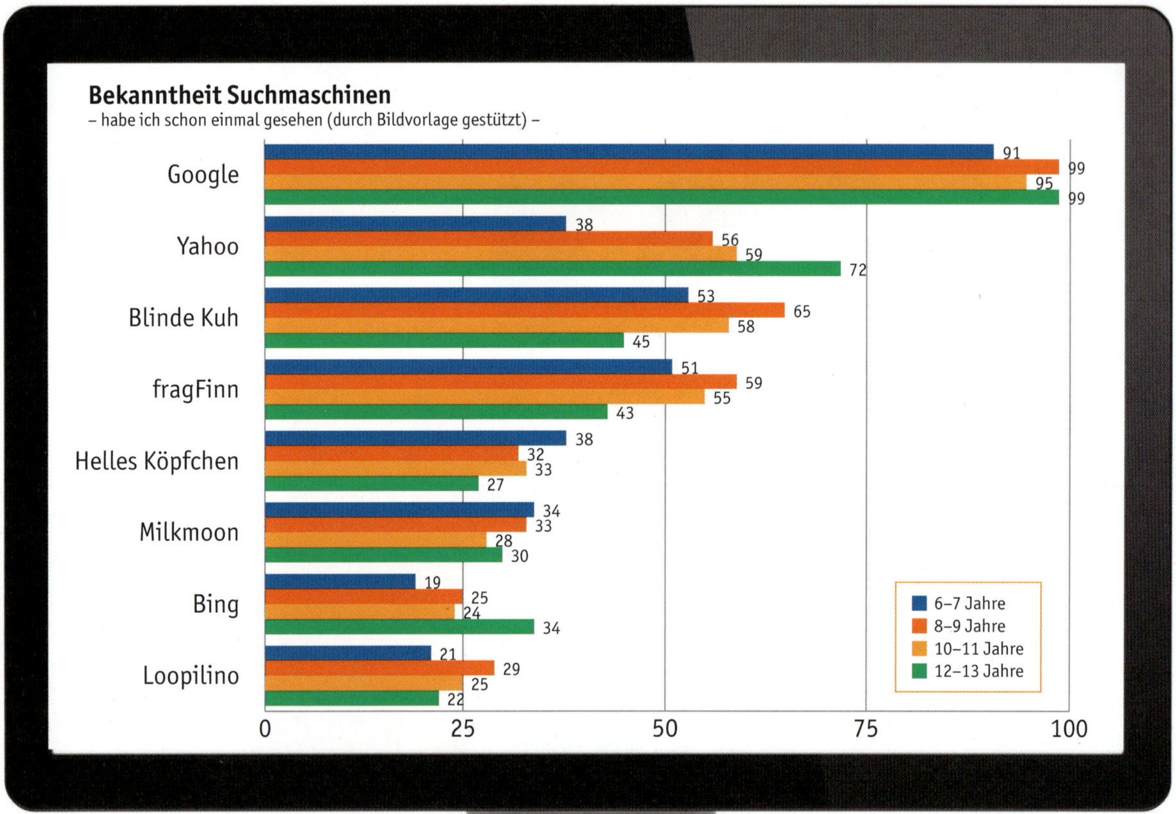

Quelle: KIM-Studie 2012; Angaben in Prozent
Basis: Nutzer von Suchmaschinen, n = 678

1 Überprüfe anhand der Grafik, ob die folgenden Aussagen zutreffen:

a) Die Suchmaschine „fragFINN" ist eher für jüngere Internetnutzer geeignet.
b) Fast 100 % der Jugendlichen aller Altersklassen kennen Google.
c) Die Bekanntheit der Suchmaschine „Blinde Kuh" ist bei den 10- bis 11-Jährigen am größten.

2 Wozu nutzt ihr Suchmaschinen im Internet? Tauscht euch in Kleingruppen aus und sammelt die Ergebnisse in einer Mind-Map, einer Tabelle oder einer Liste. Fasst die einzelnen Antworten unter passenden Oberbegriffen zusammen.

3 Gestaltet in Partnerarbeit einen Umfragebogen, der nach der Häufigkeit der Nutzung von Suchmaschinen fragt und verschiedene Angaben zwischen „häufig" und „nie" erlaubt. Führt die Umfrage in der Klasse durch und tauscht euch über die Ergebnisse aus.

4 Jakob soll einen kurzen Vortrag in seiner Klasse zum Thema *Mediengewohnheiten Jugendlicher* halten. Notiere drei sinnvolle Stichworte für eine Suchmaschine, die weniger Ergebnisse erzielen als Jakobs Suchbegriff.

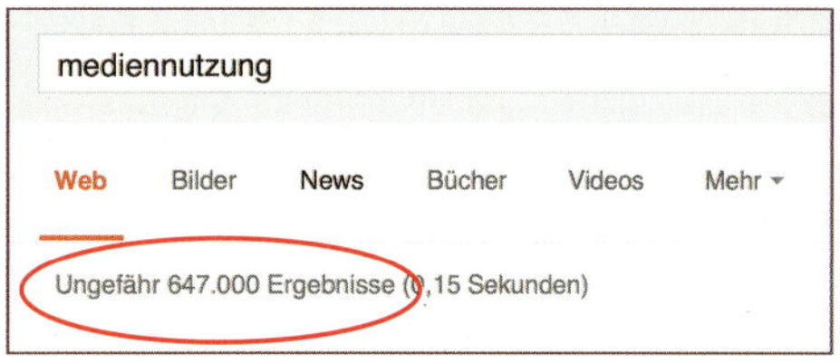

5 Finde für die Alltagssituationen aus dem Wortspeicher verschiedene Kommunikationsmöglichkeiten und begründe deine Zuordnung, indem du …

- … die Situationen in eine Tabelle überträgst und geeignete Medien zuordnest.
- … die Situationen notierst und begründend ergänzt, welches Medium du in diesem Fall nutzen würdest.
- … einen Dialog zwischen Paula und Enya verfasst, in dem sich die Kinder über die verschiedenen Situationen und die jeweils sinnvolle Mediennutzung unterhalten.

Wortspeicher

Verabredung zum Kino treffen – über Fußball reden – zu Hause Bescheid sagen – Kontakt mit Schwester im Ausland aufnehmen – Oma und Opa schreiben – Liebeskummer besprechen

Das musst du wissen

Medien

Das Wort **Medien** leitet sich von dem lateinischen Begriff ***medium*** ab und bedeutet so viel wie **„Vermittler"**. Mit Medien werden zum Beispiel **Informationen**, **Bilder** und **Nachrichten** verbreitet. Je nach Nutzung unterscheidet man:

- **Informationsmedien:** Mithilfe einer Zeitung oder einer Internetsuchmaschine wird man über ein Thema **informiert**.
- **Unterhaltungsmedien:** In der Freizeit wird man z. B. durch Fernseh- oder Radiosendungen **unterhalten**.
- **Kommunikationsmedien:** Um miteinander in Kontakt zu treten und zu **kommunizieren**, dienen z. B. das Festnetztelefon oder das Handy. Foren und Chaträume bieten Kommunikationsmöglichkeiten im Internet.

6 Ordne die Medien aus dem Wortspeicher den drei Gruppen, die im Kasten genannt werden, zu. Diskutiert in der Klasse, weshalb manche nicht eindeutig zuzuordnen sind.

Wortspeicher

Fernseher – Internet – Zeitung – Roman – Handy – Sachbuch – Radio – Lexikon – Zeitschrift – (Video-)Blog – Chatraum

7

Ich schaue nach!

Bibliothek und Internet für die Recherche nutzen

Enya: „Ob das Buch ‚Wunder' von Raquel J. Palacio schon in unserer Schulbibliothek steht?"

Paula: „Die Graphic Novel ‚Ein neues Land' von Shaun Tan hat mir sehr gut gefallen. Ich würde gerne noch einen anderen Comicroman von ihm lesen."

Tarek: „Ich möchte ein Referat über ‚Indien – in Buch und Film' halten."

1 Tauscht euch in Partnerarbeit darüber aus, wo und wie Enya und ihre Freunde nach passenden Büchern bzw. Informationen suchen können.

2 In der Schulbibliothek stehen Enya, Paula und Tarek vor diesem Regal. Erkläre, wie die drei in diesem passende Bücher für sich finden können.

3 In den einzelnen Reihen des Bücherregals sind die Bücher unterschiedlich angeordnet. Ermittle mithilfe des Wortspeichers die Art der Sortierung der Bücher und ergänze die nachfolgenden Sätze.

Signatur = eine aus Buchstaben und Zahlen bestehende Zeichenfolge, die den Standort eines Buchs/Mediums in der Bibliothek angibt

Wortspeicher

Themengebiet – Sortierung – Anfangsbuchstaben des Autors – Jugendbücher – Textsorte – in alphabetischer Reihenfolge – Namen des Autors – Signatur

In der obersten Reihe sind die Bücher nach der ___, einer ___ und dem ___, aber nicht ___ eingeordnet.

In der mittleren Reihe stehen nur ___, wobei diese ___ nach dem ___ sortiert sind.

In der untersten Reihe stehen Bücher und Medien zu einem bestimmten ___, ansonsten ist keine andere ___ erkennbar.

4 Enya hat ihr Buch nicht gefunden, deswegen will sie am Computer den Bibliothekskatalog nutzen. Seht euch das Suchfeld an und entscheidet in Partnerarbeit, ob die „Suchtipps" hilfreich sind oder nicht. Begründet eure Einschätzung.

Sucheingabe

	Autor ▼	
und ▼	Titel ▼	
und ▼	Schlagwort ▼	
und ▼	Jahr ▼	

- Enya muss nur den Namen der Autorin eingeben.
- Enya muss lediglich das Schlagwort „Wunder" eingeben.
- Enya sollte den Namen der Autorin und den Titel des Buches eingeben.

Das musst du können

So recherchierst du in einer Bibliothek und im Internet

- Erkunde die Bibliothek, in der du ein Buch etc. suchen möchtest. Oft findest du so Hinweise zur Einsortierung, z. B. alphabetische Reihenfolge.
- Nutze einen **Katalog**, um gezielt nach Büchern/Medien zu suchen. Du kannst über den **Autorennamen**, genaue **Buchtitel** oder ein **Schlagwort** (meist Begriff im Titel des Buches) deine Suche vereinfachen.
- Eine **Signatur** gibt dir an, wo das Gesuchte in der Bibliothek steht.
- Nutze im Internet **mehrere Suchbegriffe**, um die Suche einzugrenzen.
- Verlässliche Informationen findest du auf Seiten von seriösen **Institutionen**.

5 Bei der Suche im Internet findet Tarek die folgenden Seiten über die Suchmaschine. Formuliere jeweils eine kurze Begründung, ob Tarek diese Seite nutzen sollte oder nicht.

Kick it like Beckham – Kinofenster – Online-Portal für Filmbildung
Filmheft und Begleitmaterialien für die Schule zum Film

Das kickt! – Blog von Filmfreak007
Ich stelle euch den echt coolen Film „Kick it like Beckham" vor.

6 Bearbeitet in Kleingruppen eine der folgenden Aufgaben.

- Notiert drei Tipps für die Recherche in Bibliothek und Internet.
- Erstellt eine ⊕/⊖-Liste für die Recherche in Bibliothek und Internet. Gebt zwei Punkte an, die man bei der Suche berücksichtigen bzw. vermeiden sollte.
- Erstellt ein Lernplakat zur Recherche in Bibliothek und Internet.

7

Ich passe auf!

Die eigene Mediennutzung reflektieren und mögliche Gefahren richtig einschätzen

1 Sammelt in der Klasse Medien, die ihr nutzt, in einer Liste an der Tafel. Jeder notiert drei Medien, die er am meisten nutzt, auf einem Zettel. Sammelt die Zettel ein und wertet sie aus. Diskutiert, ob euch das Ergebnis überrascht.

Medienscouts in der Schule

„Wie oft habt ihr gestern euer Handy genutzt?“, fragt Esther. Sie steht im Klassenraum der 6b des Elsa-Brändström-Gymnasiums in Oberhausen. Die Finger der Schüler schnellen in die Höhe. „Sechsmal“, sagt ein Junge. „Nur? Ich habe es 37-mal gebraucht!“, sagt ein anderer. „Ich habe sogar 86-mal gezählt“, verrät ein Mädchen. [...] Esther schreibt alle Zahlen an die Tafel und zählt sie zusammen. Die Summe teilt sie durch die Anzahl der Kinder. So erhält sie den Durchschnitt: Etwa 30-mal greifen die Schüler der 6b täglich zum Handy.

Esther ist keine Lehrerin, sie ist 14 Jahre alt und geht in die neunte Klasse derselben Schule. [...] Esther gehört zu den Medienscouts. Das sind Schüler, die sich super mit dem Internet auskennen. In einem eigenen Unterrichtsfach haben sie gelernt, welche Gefahren dort lauern können und wie man sie umgeht. [...]

Medienscouts gibt es nicht nur am Elsa-Brändström-Gymnasium in Oberhausen, sondern auch an anderen Schulen in Deutschland.

2 Gestaltet in kleinen Gruppen für das Schwarze Brett eurer Schule ein Plakat, auf dem Situationen genannt sind, in denen Medienscouts an eurem Gymnasium jüngeren Schülern Hilfe anbieten können.

3 Ihr wollt in eurer Schule zusammen mit einem Lehrer eine Medienscout-Gruppe aufbauen. Erstelle mit einem Partner eine Profilbeschreibung eines Medienscouts für eure Schulhomepage. Nenne dabei die Fähigkeiten, die für diese Tätigkeit benötigt werden, und wirb dafür, in der Gruppe mitzuarbeiten.

Die eigene Mediennutzung reflektieren und mögliche Gefahren richtig einschätzen

→ AH S. 101

Esther von den Medienscouts beantwortet im Interview mit einer Jugendzeitschrift Fragen rund um ein soziales Netzwerk:

ZEIT LEO: **Ab 13 Jahren darf man bei Facebook ein Profil anlegen. Sollte man sich unter seinem richtigen Namen anmelden?**
ESTHER: Ja, der Name ist okay. Aber Adresse und Telefonnummer sollte man nicht verraten. Die haben die eigenen Freunde ja sowieso, und Fremde gehen sie nichts an.

ZEIT LEO: **Sollte man Fotos von sich posten?**
ESTHER: Bei jedem einzelnen Foto sollte man sich überlegen, ob es nur für die eigenen Freunde bestimmt ist oder für alle Facebook-Nutzer. In den Einstellungen kann man vorgeben, wem die Bilder angezeigt werden sollen. Was man aber wissen muss: Facebook darf mit allen Fotos, die dort hochgeladen werden, machen, was es will. Die Firma könnte sogar ein Bild von mir nehmen und damit auf Bussen werben. Das steht auch in den Nutzungsbedingungen, aber die liest ja keiner.

ZEIT LEO: **Was kann man machen, wenn man bei Facebook beschimpft wird?**
ESTHER: Wenn mich eine Person ärgert, kann ich sie in den Einstellungen blockieren. Das heißt, dass sie mir dann keine Nachrichten mehr schicken kann. Wenn es ganz schlimm ist, kann man die Person auch bei Facebook melden. Wichtig ist, dass man mit jemandem darüber spricht und sich Hilfe holt.

4 Deine Eltern sind in Sorge, dass du dich aus Unwissenheit im Internet zu unvorsichtig bewegen könntest. Beruhige sie und zeige ihnen, dass du dich mit den Gefahren auskennst. Wähle eine der folgenden Aufgaben.

- Notiere aufgrund des Interviews mit Esther fünf verschiedene Verhaltensregeln, an die du dich später halten willst, wenn du alt genug bist, um ein eigenes Profil in einem sozialen Netzwerk zu erstellen.
- Verfasse als angehender Medienscout eine kurze Rede (max. 1–2 min), in der du Mitschüler zum Schutz ihrer Privatsphäre im Internet aufrufst.
- Gestalte mit einem Partner ein kurzes Rollenspiel, in dem zwei Schüler den Zuschauern mögliche Gefahren im Internet anschaulich vermitteln.

Das musst du wissen

Datenschutz im Internet

Das Internet bietet vielfältige Möglichkeiten sich zu informieren und sich mit anderen Menschen auszutauschen. Die Gefahr, dass deine **Daten gestohlen** oder **missbraucht** werden können, musst du aber ernst nehmen.

Grundsätzlich ist immer Vorsicht geboten, bevor du Persönliches von dir preisgibst, z. B. in Form von Namen, Fotos, Adresse oder Telefonnummer, da hiermit Missbrauch getrieben werden kann. **Achte darauf, deine Privatsphäre zu schützen.** Besprich dich im Zweifel immer mit Fachleuten oder erwachsenen Mediennutzern.

7

Ich rede mit!

Eigene Meinungsbeiträge für verschiedene Medien gestalten

Andrea Jeska

Lernen im Dunkeln

Saroj ist neun Jahre alt und lebt mit ihrer Familie in einem kleinen Dorf in Rajasthan, einer Region im Nordwesten Indiens. Ihre Eltern sind sehr arm, deshalb muss Saroj, genau wie ihre vier Geschwister, zu Hause mit anpacken: Essen kochen, Tiere hüten, Wasser holen. Sie hat keine Zeit, tagsüber auf eine normale Schule zu gehen. Aber lernen will sie trotzdem. Zusammen mit den anderen Mädchen aus ihrem Dorf geht Saroj deshalb in eine sogenannte „Nightschool". Auf Deutsch heißt das „Nachtschule". Die Kinder lernen nicht wirklich nachts, sondern am späten Abend, von 19 bis 22 Uhr. Nicht nur die Uhrzeit ist besonders, auch der Unterricht unterscheidet sich von dem in einer normalen Schule. Saroj und ihre Mitschüler lernen zum Beispiel, welche Krankheiten eine Kuh bekommen kann und wie man sie behandelt. Sachen also, die sie in ihrem Leben brauchen können. […]

Noch vor ein paar Jahren wäre es normal gewesen, dass Saroj gar nicht zur Schule geht. Immer noch denken viele Menschen, die in Indien auf dem Land leben, dass Mädchen keine Bildung brauchen. Sie sollen früh heiraten und Mutter werden – wozu sollten sie also lesen, schreiben oder rechnen lernen? Aber ohne Schulausbildung können sie keinen Beruf erlernen, und ohne einen Beruf können sie nie eigenes Geld verdienen. Sie würden also immer arm bleiben.

Die „Nightschools" waren die Idee von Bunker Roy, einem Mann aus einer sehr reichen indischen Familie. Er wollte etwas gegen die Armut auf dem Land tun. Jedes Kind sollte zur Schule gehen können. Und als Bunker Roy sah, dass die Eltern tagsüber die Hilfe ihrer Kinder brauchen, verlegte er den Unterricht eben auf den Abend. Inzwischen gibt es in Indien 700 „Nightschools". Fast 700 000 Kinder aus armen Familien können so zur Schule gehen. Die meisten sind Mädchen.

1 Herr Becker, der betreuende Lehrer der Eine-Welt-AG, hat Kontakt mit einem indischen Lehrer aufgenommen und bittet dich um Hilfe. Verfasse einen Text für eine E-Mail, in welcher du deinen Tagesablauf mit dem beschriebenen der indischen Kinder vergleichst.

2 „Als größten Unterschied zwischen den Tagesabläufen empfinde ich persönlich, dass … Denn … Wenn zum Beispiel …" – Beende deine Mail mit einer persönlichen Bewertung.

Kinderarbeit statt Schulbesuch

Indische Kinder brauchen unsere Hilfe

Wir müssen etwas tun

3 Wähle ein Bild und eine der Überschriften für ein Informations- und Diskussionsforum (→ S. 143) auf der AG-Seite in eurem Schulnetzwerk. Gestalte die Seite als handschriftlichen Entwurf und begründe deine Auswahl. Besprecht die Wirkung eurer Entwürfe anschließend in der Klasse.

A Gut, dass die Situation in Deutschland längst anders ist. Auch wegen der Schule geht es uns so gut. **Bernie7c**

B Wie kann man nur so scharf auf Schule sein. Is' doch gut, wenn es keine gibt. Schule ist Mist … **sleepy**

C Warum guckt ihr auf die Probleme in Indien? Ich kenne einen Jungen an unserer Schule, der kann nicht mit auf Klassenfahrt, weil es zu teuer ist. **Bianca**

Gefällt mir! Gefällt mir nicht! Kommentieren

4 Notiere 👍 oder 👎 zur Bewertung der drei Posts in deinem Themen-Forum. Vergib einen oder zwei Daumen sowohl für die inhaltliche Position als auch für die Qualität der Begründung.

5 Formuliere zu einem der Posts einen Antwortkommentar. Gehe auf die Position und die Qualität der Begründung ein. Nutze dabei die Informationen des folgenden Kastens.

Das musst du wissen

Verhalten im Internet

Viele Seiten im Internet geben dir die Möglichkeit, deine Meinung zu einem Thema zu formulieren und zu veröffentlichen. Hierbei musst du besondere Anforderungen beachten:

- Beachte, dass deine Einträge **von anderen gelesen** und nur **schwer wieder gelöscht** werden können.
- Formuliere immer in einem **angemessenen** Stil.
- Stütze deine Stellungnahmen durch **Argumente** und **Beispiele**.
- Überlege, ob du deinen richtigen Namen oder einen **Spitznamen** angeben möchtest.
- Achte die **Persönlichkeitsrechte** deiner Mitmenschen: Veröffentliche keine Informationen, die jemandem schaden oder ihn beleidigen.

Anmeldung:
Name:

Passwort:

Jetzt anwesend:
- jakob
- paula
- liam

jakob: Ja sicher gibt es auch in Deutschland Kinder mit Problemen. Aber wir sollten trotzdem was für die indischen Kinder tun, schließlich … (1)

paula: Was können wir schon tun??? Wir sind doch … (2)

liam: Is echt schwer, was tun wär aber gut

jakob: Hm, in der Grundschule haben wir mal so nen Spendenlauf durchgeführt

paula: Hört sich gut an ☺, wie genau?

jakob: Du suchst Sponsoren, die für eine bestimmte Strecke, die ein Schüler läuft, einen bestimmten Betrag spenden. So verbindest du … (3)

paula: Findet man da echt Sponsoren?

liam: Mann, ich befürchte, … (4) Bis wir da genug Sponsoren finden

jakob: Gar nicht, die Sponsoren werden öffentlich genannt und können dadurch … (5)

paula: Ich find die Idee gut. Wir schlagen es dem Becker mal vor

jakob: Super!!! Habt ihr eigentlich schon die Deutsch-HA gemacht?

6 Im Chatroom der AG-Seite wird die Frage nach einem Spendenlauf diskutiert. Ergänze die Lücken durch passende Einträge.

7 Bereite dich auf das Gespräch mit Herrn Becker vor. Notiere die genannten Argumente für den Spendenlauf.

8 Herr Becker hat die Chat-Diskussion verfolgt, und ihm fallen einige Besonderheiten des Sprachstils auf. Notiere diese Besonderheiten und Beispiele dafür.

Das musst du wissen

Internetkommunikation

Die Möglichkeiten, im Internet an einer Kommunikation teilzunehmen und deine Meinung zu äußern, sind vielfältig.

- Viele Äußerungen ermöglichen einen **direkten Kommentar**, der in einem Feld unter dem Internetbeitrag eingetragen werden kann.
- Diese Kommentare sind häufig so angelegt, dass sie selbst wiederum kommentiert werden können. So können ganze Diskussionen online geführt werden. Der Ort, an dem diese Kommentar-Diskussion geführt wird, wird als **Internet-Forum** bezeichnet. Foren-Einträge bleiben in der Regel sehr lang erhalten, sodass die Diskussion auch nach längeren Zeiträumen aufgegriffen und weitergeführt werden kann.
- Ein Gespräch in einem **Chat-Raum** findet demgegenüber in Echtzeit statt. Das heißt, dass sich die Teilnehmer während ihrer Kommunikation gleichzeitig am Computer befinden und in ihren Beiträge sofort auf die Äußerungen der anderen reagieren.
- Einzelne oder mehrere dieser Kommunikationsmöglichkeiten finden sich auf **Homepages** oder in **Blogs**. Ein Blog (abgekürzt und zusammengesetzt aus „Web" für Internet und „Log" für Logbuch) ist eine Art Online-Tagebuch, auf welchem regelmäßige Informationen und Materialien ergänzt und zur Diskussion angeboten werden.

9 Tauscht euch in der Klasse über eure Erfahrungen in der Internetkommunikation aus. Wer hat schon einmal in einem Forum bzw. Chat-Raum mitdiskutiert oder einen Blog gelesen?

10 Die Schüler der AG haben die Idee, das Thema *Ist die Schulpflicht sinnvoll?* auch auf ihrer Internetseite diskutieren zu lassen. Unterstütze die AG, indem du mit einem Partner einen der folgenden Aufträge bearbeitest.

- Formuliert eine Mail an Herrn Becker, in welcher ihr für das Thema werbt und seine Bedeutung erklärt.
- Formuliert mindestens drei Forumseinträge zur Frage nach dem Sinn der Schulpflicht.
- Gestaltet eine anspruchsvolle Chat-Diskussion von drei Schülern, die verschiedene Positionen zur Schulpflicht vertreten und begründen.

7

Was DU schon kannst!

Kompetenztest

Den Begriff Medien definieren

1 Erkläre den Begriff *Medien* in einem Satz und nenne drei Beispiele.

Die verschiedenen Funktionen von Medien kennen

2 Ordne folgende Medien bzw. Dienste den drei Kategorien *Information (I)*, *Unterhaltung (U)* und *Kommunikation (K)* zu. Mehrfachzuordnungen können möglich sein.

Wortspeicher

Telefon – Tablet – Suchmaschine im Internet – Tageszeitung – Internet – Spielfilm – E-Mail – Nachrichtensendung – DVD – Musik-CD – Radio – Handy – Dokumentarfilm – Soziales Netzwerk – SMS

Gefahren im Internet benennen

3 Nenne drei Handlungen, die man im Internet nicht unüberlegt tun sollte.

Verhaltensregeln im Internet kennen

4 Folgende Einträge finden sich in einem Internetforum zum Thema *Schulpflicht*. Notiere, gegen welche Verhaltensregeln die Einträge jeweils verstoßen.

JulieMeiers8a: Wenn der Unterricht immer so langweilig ist wie bei Herrn Zimmer, ist die Schulpflicht wirklich nicht sinnvoll.

Benni05: Ich bin gegen Schulpflicht, denn Schulpflicht ist Schwachsinn!

Draculaura: Dein Eintrag zeigt, wie blöd du bist! Hast du kein Hirn? Poste nicht jeden Müll, der dir in den Kopf kommt. Du bist voll peinlich.

5 Du sollst einen Kurzvortrag zum Thema *Umgang mit Beleidigungen im Internet* halten. Bring die Stichworte in eine mögliche sinnvolle Reihenfolge. Lass vom Thema abschweifende Informationen weg.

a) Strafbarkeit von Beleidigungen
b) eigene Erfahrungen mit Beschimpfung in einem sozialen Netzwerk
c) Definition von Cybermobbing
d) Jugendliche durchschnittlich drei Stunden am Tag online
e) zu viel Zeit im Internet verbringen schädlich
f) Aufruf: sich gegen digitale Beleidigungen wehren
g) Einsatz von Medienscouts

Sich als Jugendlicher mit Medien auseinandersetzen

6 Ordne die beiden Texte sinnvoll in das Regal ein. Gib dazu die genaue Position an.

Ordnungsprinzipien in Bibliotheken kennen

A Katrin Barth und Christoph Clasen: *Alles über Fußball und American Football/ All About Soccer and American Football*

B Lieneke Dijkzeul: *Ein Traum vom Fußball*

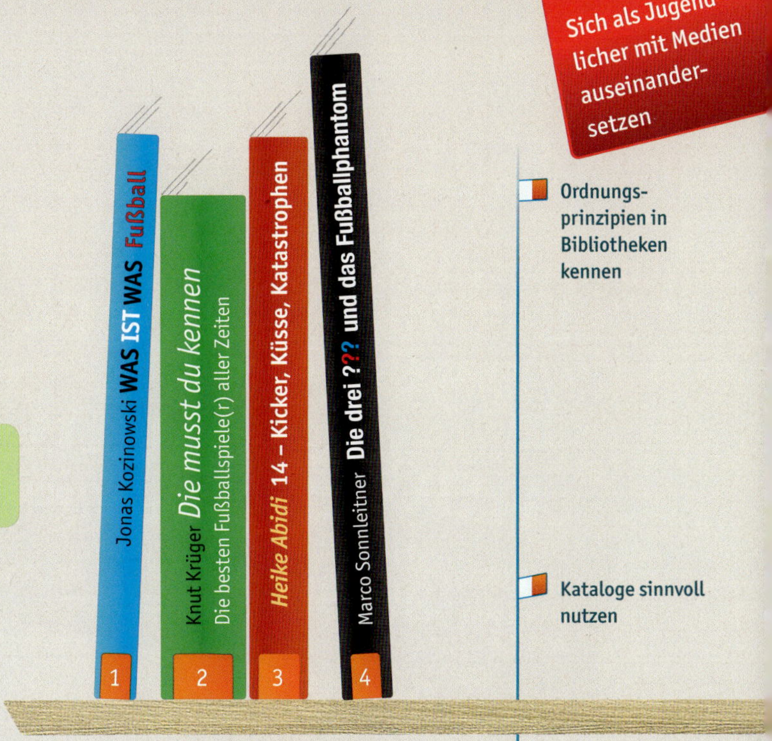

7 Formuliere für Enya und ihre Freunde jeweils einen passenden Recherchetipp für den Onlinekatalog. Beziehe dich dabei auf die Suchmaske, in der die Freunde etwas eingeben können.

Kataloge sinnvoll nutzen

Enya: „Wie finde ich heraus, welche Bücher Andreas Steinhöfel 2011 und 2014 geschrieben hat?"
Liam: „Wie suche ich nach aktuellen Medien zum Thema ‚Umweltschutz'?"
Tarek: „Was muss ich eingeben, wenn ich wissen will, ob das Buch „Sieben Minuten nach Mitternacht" von Patrick Ness und Siobhan Dowd in der Bibliothek steht?"

8 *„Ein Suchbegriff eingetippt, ein Klick und schon hat man, was man sucht."* Stimmst du dieser Aussage bezüglich der Recherche im Internet zu oder nicht? Formuliere eine kurze Begründung.

Im Internet recherchieren

8 Hier wird gequakt, geschnattert und gemuht!

Tiergedichte beschreiben, verstehen und selbst gestalten

1 Ein Windstoß hat die Blätter mit den Gedichtstrophen durcheinander gewirbelt. Notiere in deinem Heft einen Vorschlag zur Reihenfolge, in der die Textteile sortiert werden müssen.

2 Besprecht eure Sortierungen in der Klasse. Begründet eure Entscheidungen, indem ihr sowohl auf den Inhalt des Gedichts als auch auf seine äußere Form eingeht.

3 „Ich glaube, der Dichter hat sich ziemlich geirrt. Enten können doch niemals Schlittschuhlaufen!" – Der Schüler der 6a hat das Gedicht anscheinend nicht richtig verstanden. Sprecht in der Klasse darüber, was in dem Gedicht eigentlich gemeint ist.

4 Zur Verschönerung des Klassenzimmers wollt ihr das Gedicht gestalten und auf einer Pinnwand aufhängen. Diskutiert, welche Bilder sich zur Illustration des Gedichts eignen.

A Wo haben sie denn die Schlittschuh her?
Woher? Vom Schlittschuhschmied!

B *Christian Morgenstern*

Die Enten laufen Schlittschuh
auf ihrem kleinen Teich.

C Der hat sie ihnen geschenkt, weißt du,
für ein Entenschnatterlied.

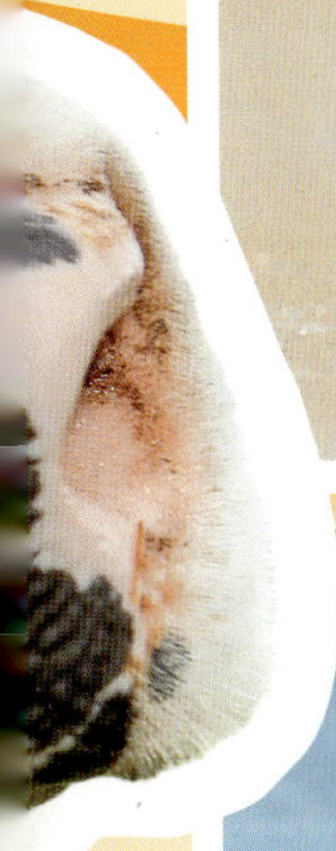

D Wo haben sie denn die Schlittschuh her –
sie sind doch gar nicht reich?

Viele Dichter haben Texte über Tiere geschrieben – über lustige Enten, tanzende Schmetterlinge oder freundliche Frösche. Hier lernst du an einigen dieser Gedichte, ...

... Bilder zu Gedichten zu finden und miteinander zu vergleichen,
... sprachliche Bilder in Gedichten zu erkennen und zu verstehen,
... den Sprecher des Gedichts zu erkennen,
... den Rhythmus und das Metrum eines Gedichts zu beschreiben,
... eigene Tiergedichte zu schreiben.

8

Ich sehe es direkt vor mir

Bilder zu Gedichten finden und miteinander vergleichen

Ernst Jandl

auf dem land

rininininininininDER
brüllüllüllüllüllüllüllEN

schweineineineineineineineinE
grununununununununZEN

hunununununununDE
bellellellellellellellEN

katatatatatatatZEN
miauiauiauiauiauiauiauEN

katatatatatatatER
schnurrurrurrurrurrurrurrEN

gänänänänänänänSE
schnattattattattattattattERN

ziegiegiegiegiegiegiegEN
meckeckeckeckeckeckeckERN

bienienienienienienienEN
summummummummummum-
mummummEN

grillillillillillillillEN
zirirririririrPEN

fröschöschöschöschöschö-
schöschE
quakakakakakakakEN

hummummummummummum-
mummummELN
brummummummummummum-
mummummEN

vögögögögögögögEL
zwitschitschitschitschitschit-
schitschERN

Mediencode: 11036-16

1 Schließt die Augen und hört euch das Gedicht an. Tauscht euch dann in der Klasse über eure Wahrnehmungen aus und sprecht darüber, was ihr in eurer Fantasie „gesehen" und „gehört" habt.

→ AH S. 86 f.

2 Welches der Bilder passt zu dem Gedicht von Ernst Jandl?
Führt in Arbeitsgruppen ein Schreibgespräch zu dieser Frage durch.
Nutzt Sätze wie: „Ich, Paula, finde, dass das Bild links/rechts am besten passt, denn …"/„Ich, Jakob, stimme dir zu/stimme dir nicht zu, weil …"

3 Gestalte selbst eine Illustration zu dem Gedicht „auf dem land" von Ernst Jandl und präsentiere dein Ergebnis dann vor der Klasse. Versuche dabei, die Wiederholungen des Textes in deinem Bild sichtbar zu machen.

„Enyas Bild zum Gedicht ist falsch!"

„Man kann doch eigentlich gar nichts Falsches malen."

4 Setze die Diskussion zu einem Illustrationsvorschlag aus der Klasse fort. Formuliere mindestens zwei weitere Sprechblasen.

5 Verfasse selbst Gedichtstrophen nach dem Muster von „auf dem land" …

- … zu den Pferden, den Hühnern und dem Hahn, die ebenfalls auf dem Bauernhof leben.
- … zu einem Tiergedicht mit dem Titel „Im Zoo".
- … zu einem Tiergedicht mit dem Titel „Nachts im Wald".

6 „Dichter können mit Worten Bilder malen, denn …" – Ergänze den Satz. Tauscht euch anschließend über eure Satzergänzungen aus.

8

Hier ist aber etwas anderes gemeint!

Sprachliche Bilder in Gedichten erkennen und verstehen

1 Notiere eine passende Überschrift für das Gedicht. Vergleicht und begründet eure Ideen im Klassengespräch.

Mediencode: 11036-17

Wilhelm Hey: ……………………………

Was ist das für ein Bettelmann?
Er hat ein kohlschwarz Röcklein an
und läuft in dieser Winterszeit
vor alle Türen weit und breit,
ruft mit betrübtem Ton: „Rab! Rab!
gebt mir doch auch einen Knochen ab."

Da kam der liebe Frühling an,
gar wohl gefiel's dem Bettelmann;
er breitete seine Flügel aus
und flog dahin weit über's Haus.
Hoch aus der Luft so frisch und munter:
„Hab Dank! Hab Dank!", rief er herunter.

„Liam, eigentlich solltest du nur **ein** Bild malen. An deinen beiden Bildern kann man aber prima erkennen, dass in dem Gedicht …"

2 Weil Liam sich unsicher war, hat er in der Hausaufgabe gleich zwei Bilder zur ersten Strophe gemalt. Setze das Lob des Lehrers fort.

3 Vergleiche die erste Strophe des Gedichts mit dem Lexikontext. Notiere Gemeinsamkeiten und Unterschiede.

Der **Rabe** gehört zur Vogelgattung der Rabenvögel. Er hat ein völlig schwarzes Gefieder. Im Winter legt er auf der Suche nach Futter und Essensresten weite Strecken zurück und stößt dabei seinen Ruf aus, der wie „Krah!" klingt.

 → AH S. 86 f.

Das musst du wissen

Personifikationen, Metaphern und Vergleiche

Die Sprache in Gedichten wird oft bildhaft, also nicht im wörtlichen Sinn, verwendet.
- Eine Personifikation stellt Tiere, Gegenstände oder abstrakte Begriffe wie Menschen dar. *(Die Sonne lacht./Die Vögel singen.)*
- Werden die Besonderheiten von Gegenständen oder Ereignissen durch Worte beschrieben, die eigentlich zu einem anderen Gegenstand oder Ereignis gehören, spricht man von einer Metapher. *(Der Goldstaub der Sonne lag über den Gräsern.)*
- Auch durch Vergleiche kann ein Gedicht anschaulicher und wirkungsvoller werden. *(Wie Goldstaub glänzte der Tau in der Morgensonne.)* Metapher und Vergleich sind einander ähnlich, der Vergleich enthält aber Vergleichsworte *(als, wie)*.

4 Notiere alle Textstellen des Gedichts, in denen der Rabe personifiziert wird. Deute die Personifikation anschließend mithilfe der folgenden Satzmuster:

Der Rabe wird hier wie ein Mensch dargestellt, genauer gesagt wie ein … Man sieht das an den folgenden Stellen: … Diese Darstellung soll darauf anspielen, dass Raben oft …

5 „Da kam der liebe Frühling an." – Übertrage diese Personifikation aus dem Vers 7 in eine sachliche Lexikonsprache.

6 Fülle die Tabelle für die Metapher aus der ersten Strophe aus.

So steht es im Gedicht	Es kann nicht wortwörtlich gemeint sein, denn …	Das ist damit gemeint
kohlschwarz Röcklein	…	…

7 Notiere jeweils, ob es sich bei den folgenden Formulierungen um eine Personifikation (P), eine Metapher (M) oder einen Vergleich (V) handelt und …

- … übertrage drei Sätze deiner Wahl in eine sachliche Lexikonsprache.
- … wähle drei der Beispielsätze und erkläre die Sprachbilder nach dem Muster der Aufgabe 6.
- … formuliere jeweils selbst eine Personifikation, eine Metapher und einen Vergleich.

a) Der Frühlingshimmel ist ein blaues Band
b) Der Bär tanzte vor Freude.
c) Er ist so stark wie ein Bär.
d) Er ist bärenstark.
e) Der Nebel liegt wie ein graues Tuch auf dem Wald.
f) Das graue Nebeltuch lag auf dem Wald.
g) Die ganze Welt hielt den Atem an.

8

Wer spricht denn hier mit mir?

Den Sprecher in einem Gedicht erkennen

1 Zeichne einen Cartoon zum Inhalt des Gedichts „Gespräch“ von Erwin Moser. Mache dabei deutlich, wer in diesem Gedicht jeweils spricht.

2 Vergleicht eure Cartoon-Ideen im Klassengespräch. Sprecht auch über das Witzige in diesem Gedicht.

A *Erwin Moser*
Gespräch

„Herr Frosch, Herr Frosch,
das sollten Sie wissen:
Ich würde Sie gerne
ganz inniglich küssen!“

„Frau Reiher, Frau Reiher,
ich bleib wo ich sitz!
Ihr reizender Schnabel
ist mir leider zu spitz!“

B *Josef Guggenmos*
Im Reich der Fische/Der Frosch lädt zu Besuch/Das Entenkonzert

In meinem Reich, im Tümpel,
ist es herrlich zu leben.
Der Tümpel liegt voller Gerümpel,
einen schönern kann es nicht geben.

Wenn Du willst, sei mein Gast.
Hinabgeschwommen! Schon sind wir da.
Ein alter Schuh ist mein Palast.
Ist er nicht herrlich? Sag ja!

Wie? Horch! Hinauf, komm schnell!
Das Konzert beginnt. Wir sind auch zur Stell.
Schrei mit: Qua, qua.

Lauter! So recht mit Gewalt:
Qua, qua, qua, qua,
dass es kilometerweit schallt!

3 Wähle eine der vorgeschlagenen Überschriften aus und begründe, warum sie am besten zu dem Text passt.

4 Vergleiche mithilfe der Tabelle die Sprecher in den beiden Gedichten.

	Gedicht A	Gedicht B
Wer ist der/sind die Sprecher?		
An welchem Ort wird das Geschehen erlebt/von welchem Ort aus wird das Geschehen beobachtet?		
An wen richtet/richten sich der/die Sprecher?		

 → AH S. 86 f.

Das musst du wissen

Der Sprecher im Gedicht

Gedichte werden häufig aus der Sicht eines oder mehrerer Sprecher formuliert. Wie Erzähltexte können Gedichte in der Ich- oder der Er/Sie-Form geschrieben sein. Sind Gedichte in der Ich-Form geschrieben, nennt man den Sprecher lyrisches Ich. Es kann sich um einen Menschen, ein Tier und sogar um einen Gegenstand handeln.

Georg-Christian Dieffenbach
Der Frosch

Der Frosch sitzt in dem Rohre,
Der dicke, breite Mann,
Und singt sein Abendliedchen,
So gut er singen kann – Quak! Quak!

Er meint, es klingt gar herrlich,
Könnts niemand so wie er;
Er bläst sich auf gewaltig,
Meint wunder, was er wär. – Quak! Quak!

[...]

5 Dieser Gedichtanfang zeigt, dass man einen Frosch und sein Quaken auch anders wahrnehmen kann als in dem Gedicht von Josef Guggenmos. Notiere die Adjektive aus dem Wortspeicher, die zur Wirkung auf den Sprecher passen.

Wortspeicher

genervt – stolz – verächtlich – fröhlich – überheblich – gastfreundlich – begeistert – künstlerisch – behäbig

6 Der Sprecher in diesem Gedicht ist schwer zu bestimmen. Ergänze die Tabelle aus Aufgabe 4 für dieses Gedicht. Notiere Schwierigkeiten, die dabei auftreten.

7 Lies die drei Frosch-Gedichte noch einmal und wähle eine der folgenden Aufgaben.

- Ergänze diesen Satz aus der Perspektive der Sprecher der drei Gedichte: Ich finde, Frösche sind ...
- Formuliere ein Streitgespräch zwischen dem Frosch im zweiten und dem Sprecher im dritten Gedicht über die Qualität des Frosch-Gesangs.
- Formuliere ein Gespräch der drei Frösche über ihr Leben als Frösche. Berücksichtige dabei, welche Eigenschaften der Frösche in den Gedichten deutlich werden.

8

Oft ist ein Gedicht ein Lied ohne Musik …

Den Rhythmus und das Metrum eines Gedichts beschreiben

1 Es gibt viele Gedichte über Schmetterlinge. Besprecht in der Klasse, welche Gründe das haben könnte.

Elisabeth Kreisl
Kleiner Schmetterling

Kleiner bunter Schmetterling,
breite deine Flügel aus,
fliege, kleines Falterkind,
in die freie Welt hinaus.

Gleite, schöner Schmetterling,
durch himmelblaue Lüfte,
segle mit dem leichten Wind
ins Tal der Blütendüfte.

Schwebe, kleiner Schmetterling,
zur bunten Sonnenwiese,
such ein Blümchen dir geschwind,
trink Nektar und genieße.

Heinz Erhardt
Der Schmetterling

Es war einmal ein buntes Ding,
ein so genannter Schmetterling.
Der flog, wie alle Falter,
recht sorglos für sein Alter.
Er nippte hier – er nippte dort
und war er satt, so flog er fort.
Flog zu den Hyazinthen
und schaute nicht nach hinten.
So kam's, dass dieser Schmetterling
verwundert war, als man ihn fing.

2 Bereitet euch in Partnerarbeit auf den Vortrag der Gedichte vor. Markiert auf einer Textkopie Betonungen, Pausen, langsam zu lesende Textstellen und Verse, die miteinander verbunden werden müssen.

3 Tragt die beiden Gedichte wirkungsvoll in der Klasse vor. Sprecht darüber, ob die Gestaltungen zum Inhalt und zur Stimmung des Gedichts passen.

4 Erkläre mit deinem Partner die folgende Aussage:
Das Gedicht von Heinz Erhardt ist traurig und lustig zugleich.
Notiert dazu auch passende Textstellen, auf die ihr eingehen wollt.

→ AH S. 86 f.

Das musst du wissen

Metrum und Rhythmus

Der Sprechrhythmus eines Gedichts folgt häufig einem regelmäßigen Wechsel von betonten und unbetonten Silben. Dieses **Metrum** (griechisch: Maß) eines Verses wird deutlich, wenn du die Verse mit übertriebener Betonung vorliest.

- Betonte Silben können mit einem **Akzent-Strich** markiert werden. Noch deutlicher wird das Metrum, wenn der Vers mit betonten und unbetonten Silbenkreuzen dargestellt wird.
  Álle Vṓgel sínd schon dá, álle Vṓgel, álle
  X́X X́X X́ X X́ X́X X́ X X́X
- Häufig vorkommende Metren sind zum Beispiel:
  Jambus: unbetonte Silbe – betonte Silbe (X X́) *(In méinem Réich ein Tǘmpel)*
  Trochäus: betonte Silbe – unbetonte Silbe (X́ X) *(Álle Vṓgel sínd schon dá)*
- Wenn in einem Gedicht betonte und unbetonte Silben unregelmäßig wechseln, nennt man dies nicht Metrum, sondern einen **freien Rhythmus**.

5 Übertrage die Anfangsverse der beiden Gedichte in dein Heft. Markiere die Betonungen und übertrage die Verse in Silbenkreuze. Bestimme anschließend das Metrum.

Es war einmal ein buntes Ding,
ein so genannter Schmetterling.

Kleiner bunter Schmetterling,
breite deine Flügel aus,

6 Übe die Wahrnehmung und Bestimmung des Metrums.

- Wähle eines der Gedichte und bereite einen Vortrag vor, der das Metrum übertrieben stark betont.
- Übertrage eines der Gedichte vollständig in Silbenkreuze mit Betonungszeichen.
- Wähle eines der anderen Gedichte dieses Buchkapitels und übertrage es in Silbenkreuze mit Betonungszeichen. Bestimme das Metrum.

8

Was reimt sich denn auf „Vogelscheuche“?

Gedichte um- und weiterschreiben

Christian Morgenstern
Die Vogelscheuche

Die Raben rufen: „Krah, krah, krah!
Wer steht denn da, wer steht denn da?
Wir fürchten uns nicht, wir fürchten uns nicht
vor dir mit deinem Brillengesicht.

Wir wissen es ja ganz genau,
1 ....
Du kannst ja nicht zwei Schritte gehn
2 ....
[...]

1 Entwirf eine Darstellung des Inhalts der ersten Strophe im Gedicht von der Vogelscheuche. Entscheide dich für eine Zeichnung, ein Bild, einen Cartoon oder eine Collage.

2 Entscheide, ob jeweils Vers a), b) oder c) in die Lücke gehört. Notiere die Verse und begründe deine Auswahl schriftlich. Achte auf das Metrum und die Reime.

1
a) du bist nicht Frau, du bist nicht Mann.
b) weder ein Mann bist du, erst recht keine Frau.
c) du bist nicht Mann, du bist nicht Frau.

2
a) und bleibst bei Wind und Wetter stehn.
b) jedes Wetter muss dir durch die Kleider wehn.
c) bei jedem Regen wirst du nass.

3 Untersuche die Form der abgedruckten Gedichtstrophen. Notiere dazu die Silbenkreuze und bestimme das Metrum und das Reimschema.

Das weißt du bereits

Reimschemata

- **Paarreim:** Reimschema a a b b
- **umarmender Reim:** Reimschema a b b a
- **Kreuzreim:** Reimschema a b a b

→ AH S. 86 f.

4 Personifiziere die Vogelscheuche. Gestalte eine Gedankenblase und eine Sprechblase, in welcher die Gefühle und Überlegungen der Vogelscheuche und eine mögliche Erwiderung an die Raben deutlich werden.

5 Plane und verfasse mit einem Partner weitere Strophen für das Gedicht. Lass die Vogelscheuche ihre Empfindungen ausdrücken und zu den Raben sprechen. Berücksichtige die Hinweise im Kasten.

So schreibst du ein Gedicht weiter

Das musst du können

Wie eine vorgegebene Geschichte kannst du auch ein begonnenes Gedicht **weiterschreiben**. Achte dabei darauf, dass
- der **Inhalt** sinnvoll zur Vorlage passt,
- du den richtigen **Sprecher** wählst,
- die **Form** der neuen Verse (Metrum, Silbenzahl und Reim) zur Vorlage passt,
- dein Gedicht auch **sprachliche Bilder** und **Vergleiche** enthält.

A	G	Z	L	T	P	I	E	D	S	V	M	Q	C	H	U	B	Y	O	M	Z	R	X	I	P	S	W	K	M	D
W	T	L	O	H	R	W	B	A	Q	N	L	C	X	E	S	I	P	U	T	R	Z	M	G	F	Y	D	A	F	K
S	C	G	L	F	T	W	V	G	L	O	U	R	E	W	T	S	E	Q	Z	L	C	M	S	W	N	I	E	N	X
L	N	W	Q	B	D	R	J	K	L	J	E	T	E	D	K	V	C	P	A	T	F	H	J	R	E	L	M	H	E
T	A	Q	D	U	B	I	S	T	J	A	N	U	R	E	I	N	B	L	O	S	S	E	R	S	T	O	C	K	I
O	G	B	M	I	T	S	T	I	E	F	E	L	N	H	O	S	E	N	H	U	T	U	N	D	R	O	C	K	H
H	W	T	K	R	A	H	K	R	A	H	K	R	A	H	I	Y	F	G	R	L	E	X	W	M	J	D	F	E	K
Z	V	H	D	I	S	O	W	U	G	B	G	T	W	H	U	Z	O	N	K	W	A	P	V	H	S	F	A	M	H
J	R	P	G	B	A	F	D	R	S	J	Z	C	F	D	Q	J	Q	S	G	C	T	O	H	K	A	M	L	R	P

6 Finde im Buchstabengitter den Schluss, den Morgenstern für das Gedicht geschrieben hat.

7 Vergleiche den Schluss des Originalgedichts mit eurer Fortsetzung und wähle eine Aufgabe.

- Notiere und begründe, welche Version dir persönlich besser gefällt.
- Notiere inhaltliche und formale Unterschiede zwischen eurer Version und der Originalversion.
- Verfasse einen Text, in dem du – ruhig übertrieben – begründest, warum eure Fortsetzung besser ist als das Original.

8

Was DU schon kannst!

Kompetenztest

A

B

C

Friedrich von Schlegel
Der Schmetterling

Wie soll ich nicht tanzen,
Es macht keine Mühe,
Und reizende Farben
Schimmern hier im Grünen.

Ich nasche die Blüten,
Ihr könnt sie nicht hüten.
Wie groß ist die Freude,
Sei's spät oder frühe,

Leichtsinnig zu schweben
Über Tal und Hügel.
Wenn der Abend säuselt,
Seht ihr Wolken glühen;

Wenn die Lüfte golden,
Scheint die Wiese grüner.
Ich nasche die Blüten,
Ihr könnt sie nicht hüten.

Einem Gedicht ein passendes Bild zuordnen

1 Welches der drei Bilder passt am besten zu dem Gedicht? Begründe deine Auswahl kurz.

Sprachliche Bilder erkennen

2 Übertrage die folgenden sprachlichen Bilder in dein Heft und notiere dahinter „P" für Personifikation, „M" für Metapher.

Wie soll ich nicht tanzen

Ich nasche die Blüten

Seht ihr Wolken glühen

Sprachliche Bilder verstehen

3 Übertrage den Vers „Ich nasche die Blüten" in eine sachliche Alltagssprache.

Metaphern und Vergleiche unterscheiden

4 Gestalte einen der Verse neu, indem du einen passenden Vergleich formulierst.

5 Schreibe die beiden Sätze in dein Heft, sodass sie jeweils nur die zutreffende Aussage enthalten.

- Das Gedicht „Der Schmetterling" ist in der Er-Form/Ich-Form geschrieben.
- Im Gedicht „Der Schmetterling" spricht ein/kein lyrisches Ich.

Den Sprecher eines Gedichts erfassen

6 Schreibe aus dem folgenden Wortspeicher das Adjektiv heraus, das die Stimmung des Sprechers deiner Meinung nach treffend bezeichnet.

Die Stimmung des Sprechers erfassen

Wortspeicher
überheblich – verärgert – ausgelassen – traurig – übermütig – fröhlich – dankbar

7 Stelle die beiden Verspaare durch Silbenkreuze dar. Markiere jeweils die Betonungen und notiere das Metrum.

Das Metrum erkennen

Sie war ein Blümlein hübsch und fein
hell aufgeblüht im Sonnenschein.

(Wilhelm Busch, Der Schmetterling)

Farbenstäubchen auf der Schwinge
Sommerlicher Schmetterlinge, ...

(August von Platen, Farbenstäubchen auf der Schwinge)

8 Notiere das Reimschema, dem die beiden Verspaare folgen.

Das Reimschema bestimmen

9 Notiere eine sinnvolle und passende Fortsetzung der Verse von Wilhelm Busch. Wähle dazu jeweils die Version, die dir richtig scheint.

Ein Gedicht sinnvoll fortsetzen

1
a) Er war ein junger Schmetterling,
der selig an der Blume hing.
b) Schmetterling, du hübsches Ding,
setz dich auf die Blume hin.

2
a) Oft kam ein Bienlein mit Gebrumm
und nascht und säuselt da herum.
b) Auch das Bienlein kam dann mal dazu,
es summt und brummt und gibt gar keine Ruh´.

10 Erkläre die Auswahl der Verse für die Fortsetzung des Gedichts. Berücksichtige den Inhalt, den Sprecher und das Metrum der Verse.

9 Freundschaft

Theater spielen und Filmszenen analysieren

1 Bildet eine Redekette und beschreibt, was auf den Bildern zu sehen ist.

2 Sicherlich kennt ihr bereits die im ersten und zweiten Bild gezeigten Freunde. Erzählt euch, was ihr über sie wisst.

3 Auf dem unteren Bild seht ihr Jess und Leslie, die uns durch das Kapitel begleiten werden. In ihrer Freizeit rennen die beiden am liebsten um die Wette und arbeiten an ihrem eigenen Baumhaus. Was macht ihr gern mit euren Freunden, was ist das Besondere an eurer Freundschaft? Berichtet von euren Erlebnissen.

Mit Freunden kann man viele tolle Dinge unternehmen, Abenteuer erleben, aber auch Theaterspielen. In diesem Kapitel erfährst du mehr über die Freundschaft von Jess und Leslie und lernst dabei, …

… erzählende Texte in Dialogtexte umzuschreiben,
… Dialogtexte weiterzuentwickeln,
… dich in verschiedene Perspektiven von Figuren einzufühlen,
… Rollenkarten und Rollenmonologe zu verfassen,
… Texte szenisch zu verstehen,
… aus dem Stegreif zu spielen,
… Filmszenen zu analysieren.

9

Der Beginn einer Freundschaft

Eine Erzählung zur Spielvorlage umgestalten

Katherine Paterson
Die Brücke nach Terabithia *(Auszug 1)*

Jesse Aarons lebt mit seinen vier Schwestern und seinen Eltern in einem kleinen Haus auf dem Land. Als er wieder für das große Rennen am ersten Tag nach den Ferien trainiert, trifft er Leslie, die gerade mit ihren Eltern in die Nachbarschaft gezogen ist.

Natürlich würde er rennen. Er war den ganzen Sommer lang jeden Tag früh aufgestanden, um zu rennen. Jesse Aarons wollte bis zum Schulanfang der schnellste Läufer der fünften Klasse sein. Er war ziemlich sicher, dass er das schaffen konnte, wenn er nur hart genug trainierte. Und Gott! – Er hatte verdammt hart trainiert. Jess musste der Schnellste sein – nicht einer der Schnellsten oder beinahe der Schnellste, sondern *der* Schnellste. Der Allerbeste. Er schlich sich aus dem Haus. Es war so heruntergekommen, dass es bei jedem Schritt knarrte. [...] Jess trabte über den Platz vor dem Haus. Beim Atmen stieß er kleine Dampfwolken aus. Es war kalt für August, aber es war auch noch früh. Bis zur Mittagszeit, wenn seine Mutter ihn zum Arbeiten nach draußen schickte, würde es heiß genug sein. [...] Letztes Jahr hatte Jess einmal gewonnen. Nicht nur den ersten Lauf, sondern das ganze Spektakel. Nur einmal. Aber dabei hatte er Geschmack am Siegen gefunden. Seit der ersten Klasse war er immer nur „der verrückte kleine Junge, der die ganze Zeit zeichnet“. [...]

Jemand saß auf dem Zaun, der die Farm der Perkins einfasste, und baumelte mit den nackten braunen Beinen. Dieser Jemand hatte kurze Haare, die fransig am Kopf anlagen, und trug eines dieser blauen Oberteile, die eher aussahen wie Unterhemden, dazu verwaschene Jeans, die knapp über den Knien abgeschnitten waren. Jess konnte wirklich nicht sagen, ob es ein Junge oder ein Mädchen war. „Hi“, sagte er oder es und deutete mit seinem Kopf auf das Perkins-Haus. „Wir sind gerade eingezogen.“

Jess blieb, wo er war, und starrte hinüber. Der fremde Jemand glitt vom Zaun und kam auf ihn zu. „Ich dachte, wir könnten vielleicht einfach Freunde sein oder so“, sagte er. „Sonst gibt es hier ja niemanden in der Nähe.“

Ein Mädchen, beschloss er. Bestimmt ein Mädchen, aber er hätte nicht sagen können, warum er sich plötzlich so sicher war. Es war in etwa so groß wie er – aber doch nicht ganz, wie er zufrieden feststellte, als es näher kam.

„Ich bin Leslie Burke.“

Sie hatte sogar einen dieser blöden Namen, die Jungs und Mädchen haben konnten, aber er war sich jetzt sicher, dass er richtig lag.

„Was ist denn los?“

„Hm?“

„Stimmt irgendetwas nicht?“

„Doch. Nein.“ Er deutete mit dem Daumen in Richtung seines Hauses und strich sich die Haare aus der Stirn. „Jesse Aarons.“

→ AH S. 88 f.

1 Der Textauszug 1 vermittelt einen ersten Eindruck von Jess. Sammelt und notiert in Partnerarbeit möglichst viele Informationen über ihn. Notiert dann Adjektive, die seinen Charakter beschreiben.

2 Gestaltet zu zweit ein Standbild zu der Situation im Auszug 1. Besprecht und vergleicht die verschiedenen Ideen in der Klasse.

Katherine Paterson

Die Brücke nach Terabithia *(Auszug 2)*

Es ist so weit, der erste Schultag nach den Sommerferien steht bevor. Nachdem Jess die ersten beiden Schulstunden ungeduldig auf seinem Stuhl hin- und hergerutscht ist, klingelt es endlich zur Pause. Das Rennen kann beginnen. Auch Leslie möchte bei den Jungen mitrennen, was Jess erst gar nicht passt. Gary Fulcher, der wichtigtuerisch die Organisation des Rennens übernommen hat, hat die Jungs in vier Gruppen eingeteilt. Gerade laufen die „Zweier".

An der Ziellinie entbrannte ein Zweikampf zwischen Jimmy Mitchell und Clyde Deal. Alles eilte hin, um zuzuschauen. Jess merkte, wie Leslie Burke sich an seine Fersen heftete, und gab sich alle Mühe, nicht in ihre Richtung zu schauen.

„Clyde", verkündete Gary Fulcher seine Entscheidung. „'s war Clyde." „Es war ein Unentschieden, Fulcher", protestierte ein Viertklässler. „Ich hab's genau gesehen." „Clyde Deal."

Jimmy Mitchells Kiefer verkrampften sich. „Ich hab gewonnen, Fulcher. Du hast von dahinten doch überhaupt nichts gesehen." „Deal war's." Gary ignorierte die Proteste. „Wir verschwenden nur Zeit. Die Dreier aufstellen. Jetzt gleich." […]

„Ach, lass sie doch beide im Finale laufen. Wen stört das denn?", sagte Jess laut.

Gary blieb stehen, drehte sich um und sah ihn an. Er warf Jess und dann Leslie einen bösen Blick zu.

„Als Nächstes", sagte er und seine Stimme triefte vor Sarkasmus[1], „als Nächstes willst du wohl, dass hier auch Mädchen mitmachen dürfen."

Jess' Gesicht wurde heiß. „Klar", sagte er aus einer Laune heraus. „Warum nicht?" Er wandte sich an Leslie. „Willst du mitrennen?", fragte er.

„Klar." Sie grinste. „Warum nicht?"

„Hast du etwa Angst vor 'nem Mädchen, Fulcher?"

Eine Minute lang dachte er, Gary würde ihm eine reinhauen, und er erstarrte. Aber er riss sich zusammen. Fulcher durfte nicht denken, er würde sich vor einem kleinen Klaps fürchten. Doch stattdessen trabte Gary davon und stellte die Dreier für den nächsten Durchgang auf.

„Du kannst mit den Vierern rennen, Leslie." Jess sagte es laut genug, dass auch Fulcher ihn hören konnte, und konzentrierte sich dann auf die Läufer.

[1] **Sarkasmus, der:** wenn sich jemand böse über jemanden lustig macht

9

3 Beschreibe schriftlich die folgenden Standbilder zum Streit zwischen Gary, Clyde und Jimmy. Gehe dabei auch auf Körperhaltung, Gestik und Mimik ein.

A

B

C

4 Diskutiert und entscheidet in der Klasse, welches Standbild die Szene am besten darstellt. Nutzt eure Beschreibungen zu Gestik und Mimik aus Aufgabe 3 für die Diskussion.

5 Gestalte eine Filmleiste (→ S. 115) zum zweiten Auszug (→ S. 163): Notiere kurz den jeweiligen Handlungsschritt und passende Regieanweisungen zu Gestik und Mimik der Personen.

6 Schreibt den Textauszug 2 in Kleingruppen in eine Spielvorlage um. Arbeitet nach dem Schema der folgenden Tabelle und nutzt die Informationen im Kasten.

Personen	Text	Regieanweisungen
Jimmy, Clyde		beide rennen schnell auf die Ziellinie zu, atmen dabei schwer
mehrere Zuschauer	Los! Lauf! Du schaffst es!	laufen zur Ziellinie, rufen durcheinander
…	…	…

 → AH S. 88 f.

Das musst du können

So schreibst du erzählende Texte in Dialogtexte um

Erzählende Texte kannst du in Dialogtexte umschreiben und zu einer Spielvorlage für die Bühne ausgestalten. Beachte dabei, dass der gesamte Handlungsablauf – auch die innere Handlung der Figuren – in Dialoge und Monologe umgeschrieben und durch Regieanweisungen ergänzt werden muss.

Verdeutliche dir zunächst die Handlung:
- Welche Personen kommen vor? Welche Charakterzüge werden deutlich?
- In welcher Beziehung stehen die Personen zueinander, welche Konflikte entstehen?
- Welche Handlungen führen die Personen aus?
- Was sagen sie in der Situation?

Gestalte auf dieser Grundlage die Spielvorlage:
- Teile die Geschichte in Abschnitte („Szenen") auf.
- Verfasse anschließend passende Dialoge oder Monologe.
- Ergänze Regieanweisungen zu Gestik, Mimik und den Handlungen der Figuren.

7 Verteilt in Kleingruppen die einzelnen Rollen einer Spielvorlage aus Aufgabe 6 und spielt sie vor der Klasse. Gebt einander ein Feedback zur Umsetzung von Körperhaltung, Gestik und Mimik.

Katherine Paterson
Die Brücke nach Terabithia *(Auszug 3)*

Nun ist Jess' und Leslies Gruppe an der Reihe. Jess liegt lang vorne, doch dann überholt Leslie ihn und gewinnt.

Leslie drehte sich nach ihm um und ein breites Lächeln lag auf ihrem gebräunten Gesicht. Er taumelte und bewegte sich, halb laufend, halb gehend, wortlos zurück zur Startlinie. Das war der Tag, an dem er Sieger hätte werden sollen – der beste Läufer der vierten und fünften Klasse. Und nun hatte er noch nicht mal den ersten Durchgang gewonnen. Niemand jubelte. Die anderen Jungen wirkten ebenso erstaunt wie er. Die Hänseleien würden später kommen, da war er sicher. Aber zumindest für den Moment hat es allen die Sprache verschlagen.

8 Bearbeite eine der folgenden Aufgaben zum Textauszug 3.

- Finde treffende Adjektive, die Jess' Gefühlslage nach dem Rennen beschreiben.
- Stelle in einem Standbild dar, wie Jess sich nach dem Rennen fühlt.
- Verfasse eine Spielvorlage, in der du ein mögliches Gespräch zwischen Jess und Leslie nach dem Rennen verschriftlichst.

9

Eine Freundschaft auf dem Prüfstand

Dialogtexte weiterentwickeln

Katherine Paterson
Die Brücke nach Terabithia *(Auszug 4, Filmszene)*

Obwohl Leslie das Rennen gewinnt, werden sie und Jess gute Freunde. Sie rennen in ihrer Freizeit um die Wette, und bei einem Streifzug durch den Wald entdecken sie auf der anderen Seite des kleinen Flusses einen besonderen Ort, den sie Terabithia nennen. Sie bauen sich ein Baumhaus und verbringen viel Zeit hier. Jess zeigt Leslie sogar seine geheimen Zeichnungen.

(Leslie und Jess sitzen hintereinander im Schulbus)
Leslie: „Unter dem Sitz." *(Sie schiebt etwas unter Jess' Sitz, er nimmt es entgegen.)*
Leslie: „Ich hab gehört, du hattest Geburtstag."
(Jess öffnet den Kasten. In ihm befinden sich viele Farben.)
Leslie: „Gefällt's dir?"
Jess: „Wow! Das kostet bestimmt ein Vermögen."
Leslie: „Und wenn schon. Ist doch egal."
Jess: „Naja, ich weiß nicht …"
Leslie: „Gut, ich kann ihn ja zurückbringen und einen billigeren kaufen!"

1 Sprecht den Satz „Gut, ich kann ihn ja zurückbringen und einen billigeren kaufen!" (→ Z. 14/15) in Kleingruppen auf unterschiedliche Art und Weise, z. B. wütend. Beschreibt, wie eure Mitschüler anhand ihrer Stimme verschiedene Gefühle ausgedrückt haben. Welche Stimmung beschreibt Leslies Gefühle am besten?

2 Findet in Partnerarbeit passende Regieanweisungen und markiert auf einer Textkopie mit Strichen und Pfeilen, wo die Stimme sich hebt oder senkt und ihr lauter oder leiser sprecht (→ S. 91). Lest den Ausschnitt anschließend in verteilten Rollen.

3 Versetze dich mithilfe des Kastens in die Lage Leslies oder Jess' und beantworte die notwendigen Fragen.

Das musst du können

So wechselst du die Perspektive

Die Perspektive zu wechseln bedeutet, sich in eine andere Person hineinzudenken und hineinzufühlen. Stelle dir dazu folgende Fragen:

- Wer ist die Person? (Geschlecht, Alter …)
- In welcher Situation befindet sich die Person?
- Wie fühlt sich die Person?
- Welche Gedanken hat die Person?
- Wie verhält sich die Person?

→ AH S. 88 f.

4 Um Ideen zu einem Thema zu sammeln, weiterzuentwickeln und zu nutzen, kann die Arbeit mit einem Cluster hilfreich sein. Dabei notierst du ein Wort oder eine Aussage als Cluster-Kern in der Mitte eines Blatts o. Ä. Um den Kern herum schreibst du alle Ideen und Aussagen, die dir dazu einfallen. Sammelt in Partnerarbeit Ideen, wie die Szene zwischen den beiden Freunden weitergehen könnte und …

- … fertigt ein Cluster mit euren Ideen an.
- … fertigt ein Cluster mit euren Ideen an. Formuliert in Stichpunkten eine Idee aus.
- … fertigt ein Cluster mit euren Ideen an. Schreibt anschließend das Ende des Gesprächs.

5 Der Tag war sehr aufregend für die beiden. Was könnten sie rückblickend schreiben? Verfasse mithilfe des Kastens einen Tagebucheintrag für Jess oder Leslie.

So verfasst du einen Tagebucheintrag

Das musst du können

- Ein Tagebucheintrag ist ein sehr persönlicher Text. Hier notierst du deine Erlebnisse, deine Wünsche, Ängste und Hoffnungen. Denke daran, den Wochentag und das Datum zu notieren. Manche Tagebuchschreiber beginnen ihre Einträge auch mit einer Anrede *(Liebes Tagebuch, …)*.
- Um einen Tagebucheintrag einer Figur aus einem literarischen Text zu verfassen, musst du dich in die Figur hineinversetzen: Was hat sie im Laufe des Tags erlebt? Was denkt und fühlt sie dabei?
- Oft steht nicht alles im Text, du hast also Spielräume. Allerdings muss dein Ergebnis aus der Handlung heraus nachvollziehbar sein.

9

Die Schokoladendiebin

Rollenkarten und Rollenmonologe verfassen

Katherine Paterson
Die Brücke nach Terabithia *(Auszug 5, Filmszene)*

May Belle, Jess' kleine Schwester, ist sechs Jahre alt und geht auf die gleiche Schule wie Jess. Morgens hat ihr Vater ihr zwei Schokoriegel geschenkt, die sie stolz Alexandra, ihrer besten Freundin, präsentiert.

May Belle: *(freudig, fuchtelt mit den Armen)* „Alexandra, mein Daddy hat mir zwei Schokoriegel geschenkt, und die sind in der Schultasche nicht matschig geworden!"

Jess: *(hört May Belle rufen)* „May Belle, ich würd das nicht so laut rausposaunen."

May Belle: *(guckt böse)* „Du bist ja nur neidisch, weil du keine hast. Pech gehabt!"

Jess: „Aber nicht heulen, wenn du die auf einmal verlierst."

May Belle: *(überzeugt)* „Ich werde sie essen, nicht verlieren."

(May Belle und Alexandra gehen in den Klassenraum, Jess geht zu einer anderen Tür. In der ersten großen Pause treffen sie sich auf dem Schulhof.)

May Belle: *(aufgeregt, läuft auf Jess zu)* „Jess, Jess, Janice hat meine Schokoriegel geklaut! Janice hat meine Schokoriegel geklaut!"

Jess: *(flüstert)* „Ich hab dir doch gesagt, dass du nicht so laut rumschreien sollst."

May Belle: *(zeigt auf Janice)* „Sie steht da hinten, was machst du denn jetzt mit ihr?"

(Janice steht vor der Mädchentoilette und nimmt zusammen mit ihren Freundinnen den jüngeren Mädchen das Geld ab. May Belle geht mutig auf sie zu.)

May Belle: *(siegessicher)* „Gib mir meine Schokoriegel zurück, Janice Avery."

Janice: *(frech)* „Spiel dich nicht so auf, du Zwergdackel."

May Belle: *(schaut zu Jess, der den Viertklässlern und Leslie gefolgt ist)* „Du bist mein Bruder. Du musst sie fertig machen."

Jess: *(flüstert)* „Nein, ich kann mich nicht mit einem Mädchen schlagen."

May Belle: *(trotzig)* „Na gut, dann versohl ihr halt nur den Hintern." *(Im Hintergrund lachen Janice und ihre Freundinnen.)*

Jess: „May Belle, ich würde sofort von der Schule fliegen, was bringt denn das?"

May Belle: *(traurig)* „Sie hat meine Schokoriegel gestohlen."

Jess: *(zieht May Belle am Arm)* „Komm mit!"

Leslie: „Nicht traurig sein, May Belle. Das wird sie büßen. Hab ich Recht, Jess?"

1 Lest den Dialog in verteilten Rollen. Achtet auf die passende Betonung.

Das musst du wissen

Rollenkarte und Rollenmonolog

Um eine Rolle überzeugend spielen zu können, legen Schauspieler Rollenkarten zu ihrer Person, die sie spielen, an. In diesen werden alle Informationen notiert, die man über die Person hat, z. B. Alter, Geschlecht, Aussehen, Lebensumstände, Charaktereigenschaften. So können sich Schauspieler intensiv auf ihre Rolle vorbereiten.

Rollenkarten helfen auch dir, einen Rollenmonolog „auf der Bühne" zu sprechen. Dabei musst du dich – wie bei einem Tagebucheintrag – in die Person hineinversetzen und aus ihrer Perspektive erzählen. Er wird in der Ich-Form und im Präsens gesprochen. Achte darauf, dass die Wortwahl zu deiner gewählten Person passt.

2 Übertrage die abgebildeten Rollenkarten in dein Heft und ergänze sie mithilfe des Textauszugs um weitere Adjektive, die May Belle und Janice beschreiben.

May Belle
- 6 Jahre
- klein, braune schulterlange Haare
- hat vier Geschwister
- spielt in der Pause am liebsten mit Alexandra
- mag ihren Bruder Jess

Janice
- 13 Jahre
- groß, blonde lange Haare
- Einzelkind
- Anführerin einer Mädchenclique
- verliebt in Ben

3 Notiere in Stichpunkten, wie sich May Belle nach den Erlebnissen in der Pause fühlt.

4 Verfasse einen Rollenmonolog aus der Sicht May Belles, in dem die Gefühle nach dem Zusammentreffen mit Janice deutlich werden.

> Hallo, mein Name ist May Belle. Mein Bruder war heute richtig gemein zu mir, dabei sollte er mir doch nur meinen Schokoriegel zurückholen …

5 Wähle eine der folgenden Aufgaben. Gestalte eine Rollenkarte zu Leslie und …

- … fasse in ihr alle Informationen, die du über sie erhalten hast, zusammen.
- … verfasse einen Rollenmonolog, in dem du die Ereignisse des Schultags aus ihrer Sicht schilderst.
- … verfasse einen Rollenmonolog, in dem du die Ereignisse des Schultags schilderst und einen Plan schmiedest, wie Jess und Leslie sich an Janice rächen können.

6 Diskutiert in der Klasse: Hat Jess gut reagiert?

9

Der Racheplan

Aus dem Stegreif spielen

1 Stellt die folgende Situation mit verteilten Rollen in der Klasse dar. Zwei Personen spielen den Streit, während die anderen die gespielte Szene beobachten und im Anschluss eine Rückmeldung zur Darbietung geben.

Am Abend begegnen sich Jess und seine kleine Schwester May Belle zu Hause auf dem Flur. Sie sind immer noch wütend aufeinander.

Stegreifspiel
- *laut sprechen*
- *einander aussprechen lassen*
- *…*

2 Welche Schwierigkeiten hattet ihr beim Spielen? Notiert in der Klasse auf einem Plakat Dinge, die auf jeden Fall vor einer spontanen Präsentation geklärt werden müssen.

3 Präsentiert euren „Streit“ erneut und arbeitet die Verbesserungsvorschläge eurer Mitschüler ein.

Das musst du wissen

Stegreifspiel

Das Stegreifspiel oder Improvisationstheater ist eine besondere Art des Theaterspiels. Die Schauspieler bekommen keinen fertigen Text, den sie auswendig lernen, keine Kostüme und nur selten Requisiten. Sie erhalten nur Ideen, Bilder oder kurze Sätze als Vorlage. Mithilfe dieser Stichpunkte entwickeln die Schauspieler spontan eine oder mehrere Szenen auf der Bühne.

4 Nach der Begegnung mit Janice sagt Leslie zu Jess: „Das wird sie büßen. Hab ich recht, Jess?“ – Entwickelt in Vierergruppen einen Plan, wie Jess und Leslie sich an Janice rächen können.

5 Reicht nun jeden Plan zwei Gruppentische weiter nach rechts. Lost an eurem Tisch zwei Mitschüler aus, die Jess und Leslie spielen, und stellt in Form eines Stegreifspiels die Idee eurer Mitschüler dar.

6 Gebt mithilfe des von euch erstellten Plakats den Schauspielern Rückmeldung zu ihrer Darbietung.

7 Einigt euch auf eine gesehene Präsentation und überlegt Alternativen für die Darstellung einzelner Gefühle mithilfe von Gestik, Mimik oder entsprechender Betonung.

→ AH S. 88 f.

Liebe Janice,

du bist das tollste und hübscheste Mädchen, das ich kenne. Ich bin mir nicht sicher, ob du das von mir weißt, aber ich muss es dir sagen. Ich finde dich total cool. Von allen Mädchen in der Schule bist du mit Abstand das coolste.

Lass uns herausfinden, ob wir beide dasselbe empfinden.

Wir treffen uns heute am Bus, gleich nach der Schule. Dann können wir zusammen nach Hause fahren und über uns reden.

In Liebe

Willard

8 Um sich an Janice zu rächen, schreiben Jess und Leslie einen Liebesbrief an Janice in Willards Namen. Sie bestellen die beiden nach der Schule an die Bushaltestelle, damit alle das Treffen aus den Bussen heraus beobachten können. Spielt die Begegnung an der Bushaltestelle in Kleingruppen aus dem Stegreif.

9 Janice hat von dem gefälschtem Liebesbrief erfahren und stellt Jess und Leslie zur Rede. Wählt in Partnerarbeit eine der folgenden Aufgaben.

- Janice beginnt das Gespräch mit folgendem Satz: „Das hätte ich euch nicht zugetraut." Sprecht den Satz auf drei unterschiedliche Weisen aus.
- Stellt die Konfrontation in einem Standbild dar.
- Spielt die Szene aus dem Stegreif.

10 Überlegt in Kleingruppen weitere kurze Situationen (z. B. lustige Erlebnisse aus dem Alltag), die eure Mitschüler anschließend aus dem Stegreif spielen müssen.

9

Terabithia – die Welt von Jesse und Leslie

Szenen eines Films analysieren

1 Betrachte und beschreibe das Filmplakat. Welche Themen und Situationen werden dargestellt und angedeutet?

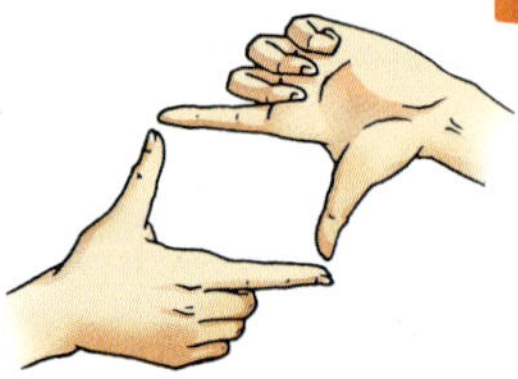

2 Bildet zu viert eine Arbeitsgruppe: Stellt nach, wie das Bild mit den beiden Kindern auf dem Plakat gefilmt wurde. Zwei von euch stellen die Kinder dar, ein Schüler positioniert sich wie der Kameramann, der die Szene gedreht hat. Er ahmt die Umrisse des Kamerabildes mit den Fingern nach.

3 Der vierte Schüler übernimmt die Rolle des Regisseurs: Er erklärt die Szene und die Position der Kamera für interessierte Gäste, die die Dreharbeiten besuchen. Bereitet diese Erklärung gemeinsam vor, geht auch auf die beabsichtigten Wirkungen ein. Nutzt dabei eure eigenen Worte, verzichtet für die Reisegruppe möglichst auf Fachbegriffe.

Das musst du können

So beschreibst du Kameraeinstellungen und -perspektiven

Die **Kameraperspektive** bestimmt, von welchem Standort aus der Zuschauer des Films eine Szene wahrnimmt: Unterscheide …

- **Froschperspektive:** Der Blick ist von unten nach oben gerichtet.
- **Normalsicht:** Hier befindest du dich mit den gezeigten Personen auf Augenhöhe.
- **Vogelperspektive:** Der Blick ist von oben nach unten gerichtet.

Die **Kameraeinstellung** bestimmt die **Nähe oder Entfernung** des Zuschauers zum Gezeigten und die **Größe der Figuren** im Bild. Unterscheide …

- **Detail:** Hier wird ein oft vergrößerter Bildausschnitt, z. B. der Fuß eines Riesen, gezeigt.
- **nah:** Gezeigt wird eine Figur vom Kopf bis zum Bauch.
- **halbnah:** Bei dieser Einstellung sieht man eine Figur vom Kopf bis zum Oberschenkel.
- **Totale:** Der Betrachter erhält einen Gesamtüberblick über die gezeigte Situation, wobei einzelne Figuren aber erkennbar sind.
- **weit:** Oft sieht man hier weite Landschaften – der Raum steht im Vordergrund.

4 In seinem Drehplan nutzt der Regisseur natürlich die Fachbegriffe zur Beschreibung der Kameraperspektive und -einstellungen. Notiere diese Angaben entsprechend.

5 Prüfe und beschreibe die Wirkung einer anderen Kameraeinstellung oder -perspektive: Fertige eine Skizze an, welche die Szene mit den Kindern entsprechend anders darstellt. Notiere kurz, welche Einstellung und Perspektive du gewählt hast und wie sich die Wirkung auf den Betrachter verändert.

6 Auch in den folgenden Szenenbildern wird durch die Art, wie sie gefilmt sind, Wirkung erzeugt. Beschreibe, analysiere und erkläre die einzelnen Szenenbilder mithilfe der Interviewvorlage.

Bild Nr. X	
1) Das ist zu sehen:	
2) Kurze Beschreibung der Kameraeigenschaften in eigenen Worten:	
3) Kameraperspektive:	
4) Kameraeinstellung:	
5) Beabsichtigte Wirkung auf den Zuschauer:	

1

2

3

4

Mediencode: 11036-18

7 Sieh dir den Trailer an, stoppe ihn an den angegebenen Stellen und notiere, aus welcher Perspektive und mit welcher Einstellung die Stellen gedreht wurden. Erkläre die daraus entstehende Wirkung auf den Betrachter.

Stelle und Stichwort zum Inhalt	Kameraeinstellung	Kameraperspektive	Wirkung auf den Betrachter
(ab 1:00) „Fußabdruck“			
(ab 1:11) „Baumwesen“			
...			

8 Wähle eine weitere Stelle aus dem Trailer und analysiere diese anhand der Tabelle.

9 Sieh dir die folgenden Szenen im Trailer nochmals genauer an. Entscheide, ob hier mit einem Schwenk oder einer Kamerafahrt gearbeitet wird und ergänze die Satzanfänge.

Beispiel 1:
Anfang des Trailers ab 0:23: „Kinder laufen los“

Der Schwenk der Kamera/ Die Kamerafahrt zu Beginn des Trailers bewirkt, dass ...

Beispiel 2:
Schluss des Trailers ab 1:53 „Stimme spricht: Schließ die Augen ...“

Der Schwenk der Kamera/ Die Kamerafahrt am Ende des Trailers bewirkt, dass ...

Beispiel 3:
Mitte des Trailers ab 1:30 „Jesse, Leslie und die Vögel“

Der Schwenk der Kamera/ Die Kamerafahrt am Ende des Trailers bewirkt, dass ...

Das musst du können

So beschreibst und analysierst du Kamerabewegungen

Neben der Bewegung der Personen im Film, kann auch die Kamera bewegt werden, um dem Betrachter ein Gefühl für Raum und Zeit zu vermitteln.

- **Schwenk:** Die Kamera bleibt hier an einem festen Ort, aber die Bewegung einer Person wird mit ihr begleitet, z. B. Bewegung von links nach rechts.
- **Kamerafahrt:** Hier bewegt sich die Kamera von einem Ort zu einem anderen, z. B. schnell oder langsam auf etwas zu oder von etwas weg.

10 Bereite die Beschreibung des Filmtons im Trailer von „Die Brücke nach Terabithia“ vor. Prüfe zunächst in einer kleinen Arbeitsgruppe, ob die folgenden Aussagen zutreffen. Macht euch Notizen beim Zuhören, tauscht euch danach aus.

1) Es ist nur die Filmmusik zu hören sein – also keine Dialoge zwischen den Figuren und keine Kommentarstimme im Hintergrund.
2) Die Musik wird langsam lauter.
3) Zur Geschichte passt ein heiteres, schnelles Musikstück.
4) Einzelne Trommelschläge begleiten die Filmmusik gezielt an bestimmten Stellen.

11 Beschreibt den Filmton innerhalb des Trailers in Stichworten. Nutzt eure Beobachtungen aus Aufgabe 10 und die Hinweise im folgenden Kasten.

So analysierst du den Filmton

Das musst du können

Zum Filmton zählen (Hintergrund-)Musik, Geräusche und die gesprochene Sprache. Wenn du die Quelle des Tons im Bild erkennst, dann spricht man vom **On-Ton**, wenn sie für dich nicht sichtbar ist, handelt es sich um den **Off-Ton**.
Zu den **Off-Tönen** zählen nachträglich eingespielte Filmmusik/Geräusche und die sogenannte **Voice Over** (Stimme aus dem Off, die die Geschichte erzählt oder kommentiert).
Prüfe und erkläre auch, wie der Filmton die Stimmungen aufbaut oder unterstützt.

12 Analysiere die Situation 0:45 bis 0:56 „Leslie überquert den Fluss und ruft Jesse“ aus dem Trailer in einer Arbeitsgruppe. Skizziert in einer Filmleiste (wie links), was zu sehen ist. Nutzt die Analyse-Checkliste und …

- … analysiert die einzelnen Bilder des Ausschnitts in Stichworten.
- … analysiert die einzelnen Bilder knapp in Stichworten. Beschreibt anschließend die Gesamtwirkung und die Wirkungsidee des Ausschnitts.
- … analysiert die Bilder zunächst kurz mündlich. Entwerft dann einen Drehplan, der dieselbe Handlung eher aus der Sicht Leslies erscheinen lässt. Skizziert einzelne Bilder, macht Notizen zur Kameraführung und zum Ton.

Checkliste:
- *Kameraperspektive*
- *Kameraeinstellung.*
- *Kamerabewegung*
- *Filmton*
- *Wirkung*

13 „Warum haben Sie die Szenen mit der Überquerung des Flusses denn auf diese Art und Weise gedreht?“ Erörtert und beantwortet die Frage an den Regisseur im Klassengespräch. Bezieht die Ergebnisse aus Aufgabe 12 ein.

9

Was DU schon kannst!

Kompetenztest

Erzählende Texte in Dialogtexte umschreiben

1 Notiere die Zahlen und Buchstaben der zusammengehörenden Satzabschnitte.

1) Es ist sinnvoll, nur Inhalte aus der Textvorlage zu verwenden, ...
2) Erzählende Texte kannst du in Dialogtexte umschreiben, ...
3) Dialogtexte enthalten Regieanweisungen, ...
4) Dialogtexte kann man in Abschnitte und Kapitel einteilen, ...
5) Nutze die wörtliche Rede aus dem Erzähltext, ...

a) ... die man dann Szenen nennt.
b) ... die von Schauspielern auf der Bühne gespielt werden.
c) ... die für die Handlung wichtig sind.
d) ... die du aber, um glaubhaft spielen zu können, noch ergänzen musst.
e) ... die Gefühle, Gestik und Mimik der Personen ausdrücken.

Dialogtexte weiterentwickeln

2 Schreibe den Dialog weiter, indem du folgende Bausteine benutzt:

Steffi
- ungerecht
- teuer
- in seine Lage versetzen

Paul
- muss auf seine Dinge achten
- Chaot
- in meine Lage versetzen

Paul und Steffi gehen in die sechste Klasse. Sie sind schon seit dem Kindergarten beste Freunde.

Paul: „Ich habe heute auf dem Schulhof Leons Füller gefunden. So einen wollte ich schon immer haben."
Steffi: „Den kannst du nicht behalten, der gehört doch Leon!"
Paul: „Aber Leon vermisst ihn doch gar nicht. Außerdem hab ich ihn gefunden!"

3 Notiere im gesamten Dialog aus Aufgabe 2 jeweils an der passenden Stelle Regieanweisungen aus dem Wortspeicher.

Wortspeicher

traurig – dreht sich von Steffi weg – enttäuscht – fröhlich – zeigt Paul den Füller – empört – unsicher – trotzig – zeigt auf den Füller – schneidet eine Grimasse – zeigt Steffi den Füller

4 Versetze dich in die Lage von Paul. Ordne den Bildern jeweils eine passende Aussage zu und begründe deine Wahl.

Perspektiven wechseln

A

B

C

„Steffi, lauf nicht weg!"

„Lass mich doch in Ruhe!"

„Gib ihm den Füller zurück!"

„Danke, dass du so eine gute Freundin bist."

„Das geht dich überhaupt nichts an!"

„Du darfst ihn behalten."

5 Schreibe den Text ab und wähle die richtige jeweils Formulierung.

Rollenkarten und Rollenmonologe verfassen

Um eine Rolle abwechslungsreich/überzeugend/langweilig spielen zu können, legen Schauspieler Rollenkarten zu ihrer Person an. In diesen werden alle/wenige/lustige Informationen notiert, die man über die Person weiß, zum Beispiel Alter, Geschlecht, Aussehen, Lebensumstände, Charaktereigenschaften.

In einem Rollenmonolog musst du dich in diese Person hineinversetzen und aus ihrer Perspektive erzählen. Er wird in der Ich-Form/Du-Form/Er-Form und im Futur/Präsens/Präteritum gesprochen. Achte darauf, dass die Wortwahl zu den anderen Schauspielern/zu deiner gewählten Person/zu dir passt.

6 Fülle den Lückentext aus.

Aus dem Stegreif spielen

Das Stegreifspiel heißt auch . Schauspieler bekommen weder noch einen . Selten haben sie . Sie entwickeln anhand von Bildern oder anderen .

Wortspeicher

Requisiten – Vorlagen – Improvisationstheater – Text – Szenen – Kostüme

10 Von Traumberufen und Berufsträumen

Den Wortschatz vertiefen und erweitern

1 Tausche dich mit deinen Klassenkameraden aus: Sammelt je drei charakteristische Eigenschaften und typische Tätigkeiten zu den abgebildeten Berufen.

2 Bewerte einen der Berufe. Ergänze dazu den vorgegebenen Mustersatz und notiere vier weitere Sätze, die deine Vorstellungen verdeutlichen. „Das Sprechen mit interessanten Menschen würde mir gefallen, ...“/ „Das Schreiben langer Zeitungstexte könnte ich mir nicht vorstellen, ...“

3 Vergleicht die Berufswünsche von Enya, Jakob, Paula und Liam mit euren eigenen Wünschen: Überprüft, ob es Berufswünsche gibt, die typisch für Jungs oder typisch für Mädchen sind.

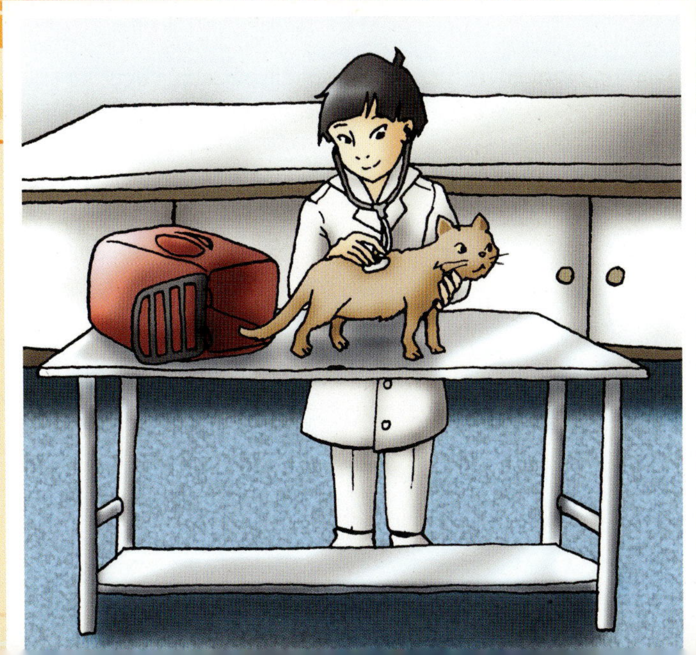

Seinen Traumberuf zu finden, ist manchmal gar nicht so einfach. In diesem Kapitel beschäftigst du dich damit gemeinsam mit Paula, Enya, Jakob, Tarek und Liam. Dabei ...

... erweiterst du deinen Wortschatz, weil du über Wörter, Wortfamilien und Wortfelder nachdenkst,

... nutzt du die Möglichkeiten der Wortschatzerweiterung durch Ableitung,

... erkennst du, wie deine Sprache z. B. über Redensarten und Sprichwörter bildreich wird,

... übst du, die eigene Wahl von Worten und Sprachebenen zu überprüfen und zu begründen,

... lernst du die bayerischen Dialekte und die Unterschiede zur Standardsprache kennen.

10

Sag es deutlich und abwechslungsreich

Den eigenen Sprachgebrauch überprüfen und erweitern

1 Errätst du Tareks Traumberuf? Begründe deine Vermutung.

2 Gestaltet in kleinen Arbeitsgruppen ein Berufe-Ratespiel: Jeder notiert zu seinem Traumberuf fünf Begriffe – darunter mindestens je ein konkretes und ein abstraktes Nomen, ein Verb und ein Adjektiv. Stellt euch die gesammelten Wörter vor und ratet eure Traumberufe.

3 Haltet in eurer Arbeitsgruppe Begriffe fest, die ihr als unpassend oder unpräzise empfunden habt. Findet dafür Wörter, die sich besser eignen.

4 Stelle die inhaltlich zusammengehörenden Begriffe aus dem Wortspeicher zusammen und ergänze die einzelnen Wortgruppen durch weitere Begriffe.

Wortspeicher

Schiri – Einkommen – Fans – Menschenmasse – Kohle – Schiedsrichter – Geld – Zuschauer – der Unparteiische

5 Wähle eine der Wortgruppen aus und formuliere Sätze, in denen die einzelnen Begriffe passend verwendet werden. Gib jeweils an, wer der Sprecher/Schreiber und der Hörer/Leser des Satzes sein könnte.

6 Was muss man denn als Fußballstar eigentlich machen? Tarek sammelt Verben zu den verschiedenen Tätigkeiten. Ergänze sein Wortfeld und finde passende Oberbegriffe.

→ AH S. 31 f.

ACHTUNG FEHLER!

Für viele Kinder ist es ein großer Traum, Fußballer zu werden. Es kann einige Jahre dauern, dieses große Ziel zu erreichen. Bis man als Fußballer eine große Menge Geld verdient und groß herauskommt, ist es ein langer Weg. Große Bundesliga-Vereine betreiben inzwischen bei der Suche nach talentierten Fußballern einen großen Aufwand. So kann es sein, dass ein Talentscout die Fußballer einer Jugendmannschaft beobachtet. Die Fußballer erhalten die große Chance, ihr Können zu zeigen und vielleicht am Training einer professionellen Mannschaft teilzunehmen.

7 Tarek hat die Hausaufgabe zu seinem Traumberuf nicht sehr abwechslungsreich gestaltet. Wähle eine der Aufgaben aus und schreibe den Text neu.

- Nutze die Vorschläge rechts und ersetze die Wiederholungen von *groß*.
- Nutze die Vorschläge aus dem Thesaurus und ersetze die Wiederholungen von *groß*. Ersetze auch das Wort *Fußballer* durch neue Formulierungen.
- Ersetze die Wörter *groß* und *Fußballer* durch eigene neue Formulierungen. Verwende auch mindestens einmal den verneinten Gegenbegriff (das verneinte Antonym) als Ersatzformulierung.

groß

Thesaurus

Bedeutungen: **Deutsch**

lang
enorm
stark
vorbildlich
einflussreich
hoch
…

Wortschatz

Das musst du wissen

Um möglichst präzise, abwechslungsreich und zur Situation und den Zuhörern passend formulieren zu können, benötigst du einen großen Wortschatz. Um deinen Wortschatz zu erweitern, kannst du

- Wortfelder bilden,
- Ober- und Unterbegriffe verwenden,
- Umschreibungen oder Synonyme finden,
- verneinte Gegenbegriffe (Antonyme) nutzen.

Die Thesaurus-Funktion des Textverarbeitungsprogramms hilft dir beim Finden abwechslungsreicher Formulierungen.

8 Einigt euch in Arbeitsgruppen auf einen Traumberuf und erstellt dazu ein übersichtliches Wortschatz-Plakat. Hängt eure Plakate anschließend im Klassenzimmer auf.

9 Wähle aus den Plakaten einen Traumberuf aus und verfasse mithilfe der Wortsammlung einen Text, in dem du ihn deiner Klasse vorstellst. Mache dabei auch deutlich, warum dieser Beruf für dich ein Traumberuf ist.

10

Mit Wörtern Bilder malen

Durch sprachliche Bilder Wirkung erzielen

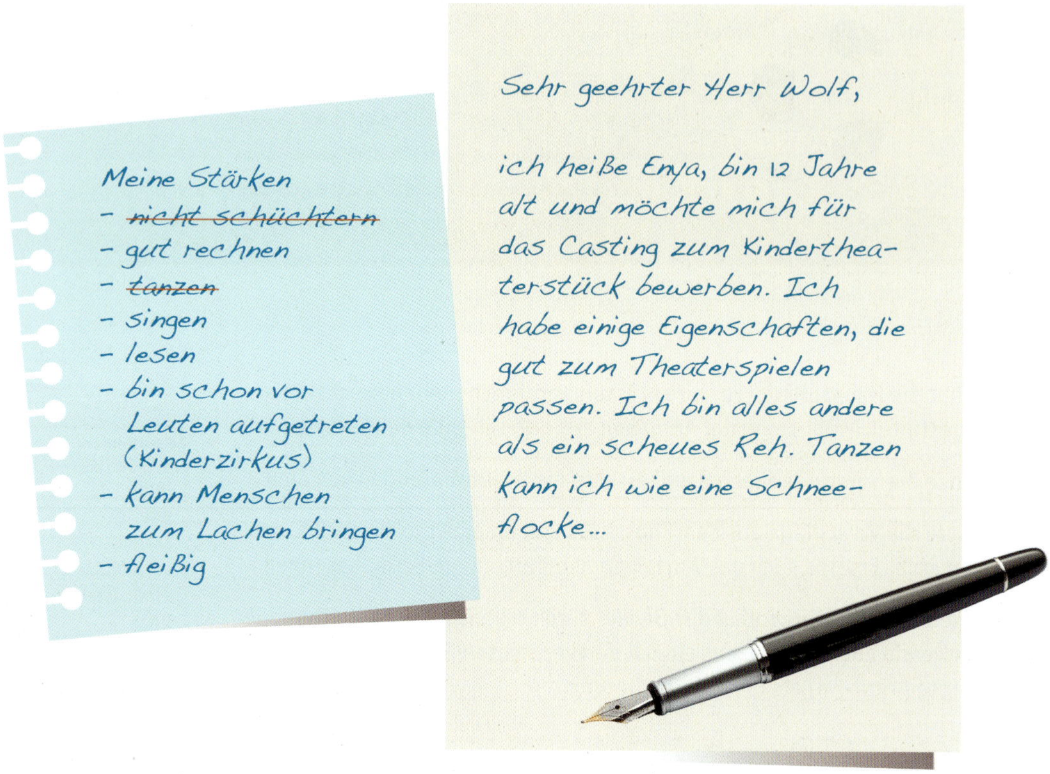

1 Der Theaterdirektor bittet um möglichst bunte und wirkungsvolle Bewerbungen. Gestalte Enyas Brief auf einem DIN-A4-Blatt. Nutze dabei sprachliche Bilder und ergänze Bilder und Zeichnungen.

2 Vergleicht eure Bewerbungsbriefe in der Klasse. Notiert gelungene und weniger gelungene Sprachbilder. Besprecht auch, in welchen Texten derartige Formulierungen angemessen sind und wo man sie lieber nicht nutzen sollte.

Das musst du wissen

Bildhafte Redeweise

Auch Sprache kann man bildreich gestalten. Vergleiche und Metaphern (→ S. 151, Lyrik) helfen, Aussagen wirkungsvoller und anschaulicher werden zu lassen. Durch Redewendungen und Sprichwörter wird ein gesprochener oder geschriebener Text ansprechender und regt die Vorstellung des Lesers oder Zuhörers an.

Beachte aber, dass das bildhafte Sprechen nicht immer angemessen ist: Wo es um präzise Informationen geht und wenn eine sachliche Sprache passend ist, sollte man auf Sprachbilder verzichten und eine konkrete Redeweise nutzen.

→ AH S. 34 f.

Enya: „Hoffentlich lassen sie mich nicht ."
Mutter: „Nun lass die  mal im Dorf."
Enya: „Ich habe Angst, dass ich beim Casting auf dem  stehe."
Mutter: „Ach, Enya, bisher hattest du doch noch nie ein Brett vor , wenn du etwas vorführen solltest."
Enya: „Du hast recht. Ich denke, ich werde das Kind schon ."

3 Vervollständigt in Partnerarbeit das Gespräch zwischen Enya und ihrer Mutter. Formuliert es dann noch einmal ohne die Redewendungen. Sprecht beide Versionen halblaut und macht euch Notizen zum Vergleich.

- wie die Katze um den heißen Brei schleichen
- einen Frosch im Hals haben
- bekannt sein wie ein bunter Hund
- ein Fass aufmachen
- die Pferde scheu machen
- Schmetterlinge im Bauch haben
- der Hahn im Korb sein
- zwei Fliegen mit einer Klappe schlagen

4 Paula übt mit Enya das Vorspielen und versteht manche Redewendung nicht. Ergänze die Erklärungstabelle nach dem vorgegebenen Beispiel für zwei weitere Redewendungen.

Die Redewendung lautet:	Damit ist eine Situation gemeint, in der ...	Die Redewendung passt zu der Situation, weil ...
wie die Katze um den heißen Brei schleichen	*sich jemand schwer entscheiden kann und die Entscheidung immer wieder hinauszögert.*	*die Katze sich ja auch nicht entscheiden kann: Einerseits möchte sie den Brei, andererseits fürchtet sie, sich zu verbrennen.*

5 Enya muss sich auf das Casting vorbereiten. Wählt in Dreiergruppen drei der Redewendungen aus Aufgabe 4 aus und bereitet die pantomimische Darstellung ihrer wörtlichen Bedeutung vor.

6 Beim Casting werden Enyas Körperhaltung, ihre Mimik und ihre Stimme begutachtet. Wähle die richtige Formulierung und trage das Sprichwort in verschiedenen Haltungen vor, z. B. ermahnend, verängstigt, beruhigend oder zornig.

- Wer nicht hören will, muss reden/fühlen/zum Ohrenarzt.
- Aus Schaden wird man klug/dumm/erfolgreich.
- Wer anderen eine Grube gräbt, ist Bauarbeiter/fällt selbst hinein/muss sie auch wieder zuschütten.
- Ein Unglück kommt selten allein/gemeinsam/zusammen.

Das musst du wissen

Redewendungen und Sprichwörter

In allen Sprachen gibt es bestimmte Redewendungen und Sprichwörter, die sich im Laufe der Sprachgeschichte entwickelt und verbreitet haben. Wie die anderen Beispiele für eine bildhafte Gestaltung der Sprache verbessern sie den Ausdruck in gesprochenen und geschriebenen Texten. So verstärken sie die Wirkung und dienen zur Veranschaulichung der Aussagen.

- Redewendungen sind Wortkombinationen mit einer nicht wörtlichen, sondern bildhaft-übertragenen Bedeutung *(Schmetterlinge im Bauch haben)*.
- Sprichwörter sind Sätze, die bestimmte Erfahrungen im Sinne eines Merksatzes oder einer Lebensweisheit überliefern *(Morgenstund' hat Gold im Mund)*.

7 Von einem anderen Teilnehmer des Castings erfährt Enya einige englische Redewendungen. Ordne sie den deutschen Entsprechungen zu.

1) to compare apples and oranges
2) to be wet behind the ears
3) to be on cloud nine
4) to live like a lord
5) to behave like a bull in a china shop

a) auf großem Fuß leben
b) Äpfel mit Birnen **vergleichen**
c) auf Wolke sieben schweben
d) sich wie ein Elefant im **Porzellanladen** zu benehmen
e) grün hinter den Ohren sein

8 Auch wenn die Übersetzungen nicht wörtlich sind, haben die Redewendungen doch grundsätzlich die gleiche Bedeutung. Erkläre, was mit den Redewendungen jeweils gemeint ist, und beschreibe die Gemeinsamkeiten und Unterschiede.

englisch: *ear*

spanisch: *oreja*

französisch: *oreille*

italienisch: *orecchio*

9 Manche Wörter anderer Sprachen versteht man, weil sie mit dem Deutschen verwandt sind. Die deutsche Übersetzung der oben stehenden Wörter findest du in den Redewendungen von Aufgabe 7. Schreibe das deutsche und die fremdsprachlichen Wörter in dein Heft und markiere Hinweise auf die Verwandtschaft.

 → AH S. 34 f.

10 In vielen Redewendungen kommen Ableitungen oder Wortzusammensetzungen vor. In Aufgabe 7 findest du zwei markierte Wörter. Vervollständige mithilfe des Wortspeichers die folgenden Sätze.

- *vergleichen* ist eine ___ des ___ *-gleich-*, der mit dem ___ *ver-* erweitert wurde. *-en* ist die ___ des Infinitivs.
- *Porzellanladen* ist eine ___ aus dem ___ *Porzellan* und dem ___ *Laden*.

Wortspeicher

Grundwort – Flexionsendung – Zusammensetzung – Ableitung – Wortstamm – Bestimmungswort – Präfix

Nach Martin Luther

Vom Kranich und Wolfe

Als der Wolf einmal ein Schaf fraß, blieb ihm ein Knochen im Halse stecken, sodass er große Not und Angst hatte. Er bot an, demjenigen einen großen Lohn zu geben, der ihm helfe. Da kam der Kranich und stieß seinen langen Schnabel dem Wolf in den Rachen und zog den Knochen heraus. Als er aber den verheißenen Lohn forderte, sprach der Wolf: „Willst du noch Lohn haben? Es sollte dir genügen, dass du lebendig aus meinem Rachen gekommen bist."

11 Entscheide, welches der Sprichwörter zur Lehre der Fabel passt. Erkläre die Fabel anhand des Sprichworts.

Wer alles haben will, bekommt am Ende nichts.

Undank ist der Welt Lohn.

Wer einmal lügt, dem glaubt man nie.

Wenn zwei sich streiten, freut sich der Dritte.

12 Formuliere den Text der Fabel in einen Dialog mit Regieanweisungen (→ S. 165) um. Nutze dabei auch Metaphern, Vergleiche, Sprichwörter und Redewendungen.

13 Arbeite mit einem Partner und einigt euch auf ein gemeinsames Drehbuch. Spielt den Text in der Klasse vor.

14 Wähle ein Sprichwort aus diesem Kapitel oder ein anderes, das du kennst, und …

- … notiere zwei Ideen, wie dieses Sprichwort in einer Geschichte dargestellt werden könnte.
- … gestalte einen Schreibplan für eine dazu passende Geschichte.
- … plane und verfasse eine Geschichte, die zum Sprichwort passt.

10

Wie sagst du zu …?

Bayerische Dialekte und die Unterschiede zur Standardsprache kennen

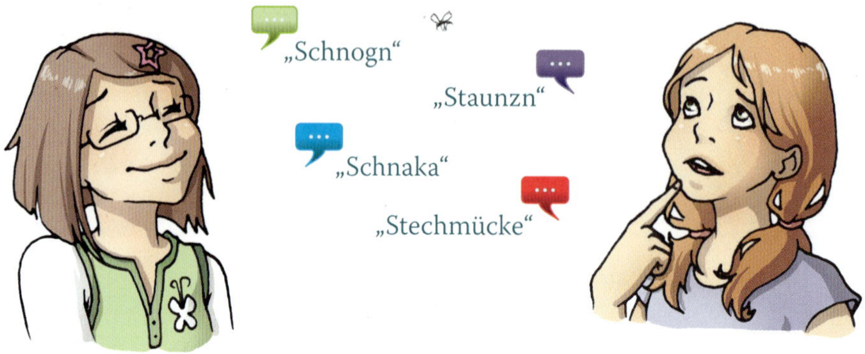

1 Paula und Kate – eine Austauschschülerin aus England – besuchen am Wochenende einen großen Freizeitpark. Kate, die gerne auf die Alltagssprache der Deutschen achtet, wundert sich heute sehr. – Gestalte ein Gespräch zwischen Paula und Kate zum Thema *Dialekte*.

Wortspeicher
Knörzla – Maadla – Staunzn – Gutl/Blatzl – Scherzl – Bletzla – Schnogn – Deandl – Ränftle – Määdle – Loibla – Schnaka

2 Paula und Kate notieren weitere Dialektbegriffe, die sie im Park aufschnappen. Hilf den beiden bei der Zuordnung. Wähle einen Arbeitspartner, lest euch die Begriffe auf der Liste laut vor. Notiert eure Vermutungen in einer Tabelle.

Standarddeutsch	Bairisch	Fränkisch	Schwäbisch

Mediencode: 11036-19

3 Tauscht euch in der Klasse über eure Vermutungen aus und überprüft sie mit dem Online-Sprachatlas. Lasst euch die Wörter auch vorsprechen!

4 Manche der gesammelten Dialektwörter unterscheiden sich ja vor allem durch unterschiedliche Laute. Formuliere Paulas Aussagesätze dazu, nutze passende Formulierungshilfen.

… und … sind eigentlich dasselbe Wort …

… gleich ist bei ihnen …

… sie unterscheiden sich aber …

… Vokale …

… Konsonanten …

… am Wortende …

… mitten im Wort …

→ AH S. 33

5 Bist du Dialektsprecher? Trage gemeinsam mit deinen Mitschülern weitere Dialektwörter zusammen, deren Lautung sich in verschiedenen Orten oder Gebieten unterscheidet.

Fitzgerald Kusz
Nürnberg-Haiku

deä vollmond ibä
nämbärch is aa blouß
ä lebkoung

Fitzgerald Kusz
*1944 in Nürnberg, Schriftsteller, der im fränkischen Dialekt schreibt

6 Wähle einen Arbeitspartner, tragt euch das Haiku gegenseitig vor und …

- … übersetzt das Dialekt-Haiku ins Standarddeutsche. Bereitet eine Erklärung der Pointe vor.
- … übersetzt das Dialekt-Haiku ins Standarddeutsche. Bereitet euch darauf vor, den Unterschied in der Wirkung der beiden Versionen zu erklären.
- … übersetzt das Dialekt-Haiku ins Standarddeutsche und besprecht die Unterschiede in der Wirkung. Schreibt selbst ein Haiku in einem Dialekt eurer Wahl.

Ich spreche gern Dialekt, weil …

- … man zwei Sprachen sprechen kann.
- … ich hier aufgewachsen bin und mich daheim fühle.
- … manche Wörter im Hochdeutschen komisch klingen.

7 Paula und Kate haben einige Leute nach ihrer Einstellung zum Dialekt befragt. Bereitet zu zweit eine Erklärung der Aussagen vor.

8 Einige Befragte haben aber auch darüber gesprochen, warum und wann sie lieber nicht Dialekt sprechen. Notiere mindestens drei mögliche Aussagen dazu.

Dialekte und Standardsprache

Das musst du wissen

Die deutsche Sprache beinhaltet zahlreiche Dialekte (auch: Mundarten), deren Sprachformen nur in bestimmten geografischen Gebieten verbreitet sind und verstanden werden. In Bayern sind das zum Beispiel Bairisch, Fränkisch und Schwäbisch.

Dialekte unterscheiden sich im Wortschatz, der Aussprache, aber auch in der Grammatik und im Satzbau untereinander und von der Standardsprache.

Für viele Menschen ist ihr Dialekt auch ein Kulturgut, mit dem sie sich identifizieren. Im Dialekt kann man manche Themen treffender ausdrücken als in der Standardsprache. Es gibt aber auch Situationen, in denen es unangemessen ist, Dialekt zu sprechen.

Was DU schon kannst!

Kompetenztest

Wortfelder bestimmen

1 Notiere die Buchstaben derjenigen Wörter, die zum Wortfeld *Pilot* passen.

a) landen b) Stadion c) Flughafen d) traurig e) reisen f) Uniform g) emsig

Wortschatz mithilfe von Antonymen erweitern

2 Formuliere für die vorliegenden Begriffe eine Umschreibung, indem du dem Beispiel entsprechend die gegenteilige Bedeutung einbaust.

a) weit	b) hoch	c) viel	d) kostspielig	e) aufregend
nicht nah				

Begriffe als sprachliche Bilder verstehen

3 Erkläre, wieso man die vorliegenden Begriffe als sprachliche Bilder bezeichnen kann, indem du die vorgegebene Tabelle in deinem Heft vervollständigst.

Beispielwort	Bedeutung	Herleitung der Bedeutung
Warteschlange		
Tischbein		

Redewendungen als festgelegte Wortkombinationen (er)kennen

4 In den vorliegenden Redewendungen sind die Wortkombinationen falsch. Verbessere sie, indem du wie im Beispiel das jeweils richtige Wort zuordnest, das an die Stelle des in der Redewendung markierten Worts gehört.
Beispiel: 1) → c)

1) etwas **angefressen** haben
a) abgefressen
b) weggefressen
c) ausgefressen

2) keine Steine **auf** den Weg legen
a) an
b) zum
c) in

3) unter einer Decke **liegen**
a) kuscheln
b) sticken
c) stecken

4) dieser Vergleich **humpelt**
a) hinkt
b) lahmt
c) stockt

5) **im** Herzen liegen
a) auf dem
b) neben dem
c) unter dem

6) Farbe **erkennen**
a) bekennen
b) anerkennen
c) kennenlernen

5 Zeige die Bedeutung der vorliegenden Sprichwörter auf, indem du die jeweilige Erklärung mit den richtigen Begriffen aus dem Wortspeicher auffüllst. Achtung: Nicht alle Begriffe passen.

Sprichwörter deuten

a) Hunde, die bellen, beißen nicht.

Wortspeicher
langweilig – stolz – angriffslustig – gefährlich – müde

→ *Jemand der besonders ___ erscheint, ist im Grunde nicht ___.*

b) In der Ruhe liegt die Kraft.

Wortspeicher
Gelassenheit – Mut – Hektik – Angst

→ *Mit ___ erreicht man oft mehr als mit ___.*

c) Gegensätze ziehen sich an.

Wortspeicher
interessant – Unterschiede – Gemeinsamkeiten – gut

→ *___ sind oftmals ___.*

6 Was ist was? Ordne den Begriffe 1) – 3) die Beispiele a) – c) zu:

Verschiedene Formen bildhaften Sprechens unterscheiden

1) Redensart

2) Sprichwort

3) sprachliches Bild

a) schlafen wie ein Murmeltier

b) Der frühe Vogel fängt den Wurm.

c) Die Sonne lacht mir entgegen.

7 Entscheide, in welcher Situation der vorliegende Ausspruch ein angemessener Ausdruck ist.

Stilebenen erfassen und Sprachsituationen einschätzen

„Da wird ja der Hund in der Pfanne verrückt!“

a) Wenn Enya im Unterricht von ihrer Lehrerin aufgefordert wird, nicht so viel über das Kindertheater zu sprechen.

b) Wenn Enya unerwartet erfährt, dass sie das Theater-Casting bestanden hat.

8 Ordne folgende Begriffe richtig zu:

Standardsprache und Dialekt unterscheiden und bewusst einsetzen

Standardsprache	Dialekt

Wortspeicher
Alltagsgespräch – Glääder – Kleidung – überregional verständlich – Gwand – Referat in der Schule – Häß – geografisch begrenzt – War – Kulturgut

11 Im Weltraum durch den Wortraum

Mit verschiedenen Wortarten Sprache gestalten

1 Tauscht euch in der Klasse darüber aus, was ihr euch am liebsten auf dem Mond anschauen würdet und wie ihr euch auf eine solche Reise vorbereiten müsstet.

2 Übertrage die Tabelle in dein Heft und ordne jeder Wortart zwei Beispiele aus dem Reiseprospekt zu.

	Verb	Nomen (+ Art.)	Adjektiv	Pronomen	Adverb	Präposition	Konjunktion/ Subjunktion
Beispiele							

Ein Reiseprospekt der Zukunft

Erlebe einen unvergesslichen Urlaub auf dem Mond. Entspanne dich bei ausgedehnten Spaziergängen durch feinsten Mondstaub, genieße die unverwechselbare Landschaft aus Kratern, Mond-Seen und Bergen. Oder willst du lieber auf eine abenteuerliche Spurensuche auf der Mondoberfläche gehen? Wenn du jetzt gleich deine Reise buchst, erhältst du kostenlos einen Raumanzug und ein Miet-Mondauto.

In diesem Kapitel bewegst du dich auf deiner Reise durch das Weltall und bei den Aufenthalten auf den Planeten schwerelos durch die Wortarten. Hierbei lernst und trainierst du, ...

- ... Wortarten zu erkennen und selbst zu nutzen,
- ... die Zeitformen in Texten zu erkennen und gezielt zu verwenden,
- ... Aktiv und Passiv zu bilden und zu verwenden,
- ... mit Adjektiven und Adverbien Texte zu gestalten,
- ... mit Pronomen Textzusammenhänge herzustellen,
- ... mit Konjunktionen und Subjunktionen Gedanken zu verbinden.

11

Verb, Nomen, Adjektiv und Co.

Bekannte Wortarten erkennen und zur Textgestaltung nutzen

D.U.: „Neytiri, schön, dass du da bist. Worum geht es in ‚Avatar'?"

Neytiri: „Um unseren Kampf gegen einen skrupellosen Bergbaukonzern. Weil die Rohstoffe der Erde im Jahr 2154 erschöpft sind, beuten die Menschen fremde Planeten aus. So kommen sie auch auf unseren bewaldeten Mond Pandora, um das Metall Unobtanium abzubauen. Die größte Mine liegt direkt unter einem heiligen Baum."

D.U.: „Das riecht nach Ärger!"

Neytiri: „Ja. Um uns zu überzeugen, erfinden die Menschen Avatare. Die sehen aus wie wir Na'vi, werden aber durch die Gedanken der Menschen gesteuert."

D.U.: „Meister Yoda, worum geht es in ‚Star Wars'?"

Meister Yoda: „Vom Kampf Gut gegen Böse ‚Star Wars' handelt. Böse die Sith sind, aus Hass und Zorn Verbrechen begehen. Die Guten wir Jedi-Ritter sind. Um die Macht in der Galaxie beide wir kämpfen."

D.U.: „Dem einen oder anderen Leser sind Sie vielleicht noch unbekannt. Beschreiben Sie sich doch bitte kurz."

Meister Yoda: „66 Zentimeter ich messe, 900 Jahre und weise und schrumpelig ich bin. Junge Jedi Ritter wie Luke Skywalker ich ausbilde. Und: Völlig verdreht ich spreche, daran kinderleicht man mich erkennt."

1 Kennt ihr die angesprochenen Filme? Erzählt in der Klasse von den Inhalten und den Charakteren. Was macht sie interessant?

2 In den Interviewtexten sprechen die beiden Figuren über die Filme. Übertrage die Tabelle in dein Heft. Notiere je drei Beispiele für die einzelnen Wortarten und beschreibe ihre Aufgabe. Notiere + für flektierbar und – für nicht flektierbar.

Wortart	Beispiele	Aufgabe	flektierbar/nicht flektierbar
Verb			
Nomen			
Pronomen			
Adjektiv			
Adverb			
Präposition			
Konjunktion/ Subjunktion			

 → AH S. 38

Mit verschiedenen Wortarten Sprache gestalten

3 Setze eines der Interviews fort, indem du zwei weitere Fragen und Antworten ergänzt.

4 Tausche deinen Text mit einem Partner und spielt Wortarten-Quiz: Einer nennt eine Wortart, der andere sucht im Interviewtext des Partners ein Beispiel dafür.

ACHTUNG FEHLER!

A „Ich hoffe Rückkehr, aber ich bin froh unsere Freundschaft."

B „Ich bin stolz meinen Heimatplaneten und ich denke meine Familie."

C „Die Regierung hat kein Verständnis mich und hindert mich der Heimkehr."

5 Der Außerirdische E.T. bleibt versehentlich auf der Erde zurück und trifft den zehnjährigen Elliot, dem er seine Geschichte erzählt. Erkläre das Sprachproblem des Außerirdischen und schreibe die Sätze ab. Ergänze dabei auch die fehlenden Wörter.

Wortspeicher

agentenangestrengtaugenempfangenenttäuschterreichenfahrradglücklichhängenlassen
hebenherstellenherzhafthineinkletternkontaktlachenmisslingennachblicken
raumschiffschauenschnellschwingensignaletieftraurigüberlegenverdutztversuchen

6 Der Wortspeicher enthält Nomen, Verben und Adjektive, die Elliot benutzt, um von E.T.s Flucht zu erzählen.

- Notiere in einer Tabelle jeweils mindestens vier im Wortspeicher versteckte Beispiele für die genannten Wortarten.
- Ordne in einer Tabelle alle im Wortspeicher versteckten Begriffe der passenden Wortart zu.
- Nutze die Wörter aus dem Wortspeicher, um den folgenden Text sinnvoll zu füllen. Schreibe den Text vollständig in dein Heft.

Gemeinsam  wir, wie wir Kontakt zum Raumschiff  könnten. Als die ersten Versuche ,  E.T. den Kopf . Irgendwann  wir Signale. Wir  uns in die Augen und E.T.  sich auf mein BMX-Rad, um den Landungsort zu . Als E.T.  war,  das Schiff ab und die Agenten  dem verschwindenden E.T. .

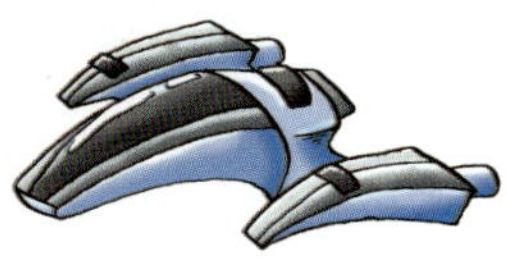

11

Der Weltraum – unendliche ~~W~~Zeiten

Die Tempusformen in Texten erkennen und gezielt verwenden

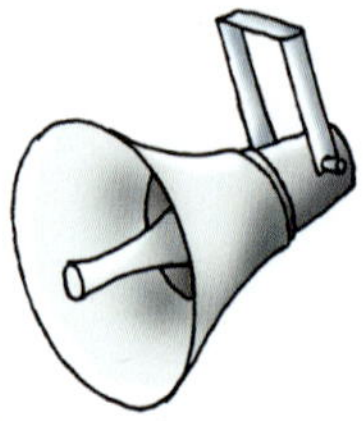

„Wie wir bereits (*ankündigen*), (*erinnern*) wir Euch hiermit daran, dass wir ab Montag die Themenvorschläge für die Weltall-Projekttage (*sammeln*). Spätestens am übernächsten Montag (*geben*) wir euch eine Rückmeldung zu euren Vorschlägen."

1 Notiere mindestens zwei Versionen der Durchsage der Schülervertretung, in denen du die angegebenen Verben in verschiedenen Zeitformen formulierst.

2 Einigt euch in kleinen Arbeitsgruppen auf eine Version und begründet deren Zeitgestaltung mithilfe des Zeitstrahls und der Erklärungen im Kasten.

Das musst du wissen

Die Verwendung der Tempusformen des Verbs

- Das **Präsens** wird für allgemeingültige Aussagen sowie Handlungen, die in der Gegenwart geschehen, verwendet *(Ich **arbeite** an einer Lösung.)*. In der gesprochenen Sprache drückt es manchmal auch zukünftige oder geplante Geschehen aus, in erzählenden Texten kann es zur Spannungssteigerung eingesetzt werden *(Morgen **gehe** ich zur Schule./Plötzlich **kommt** ein Schrei aus dem Nichts.)*.
- Das **Präteritum** drückt bei schriftlichen Erzählungen und Berichten vergangene Ereignisse aus *(Er **setzte** sich und **begann** das Schreiben.)*.
- Das **Perfekt** drückt Vergangenes aus und wird häufig in mündlichen Erzählungen verwendet *(Ich **habe** gestern meine Oma **besucht**.)*.
- Das **Plusquamperfekt** verwendet man für den Ausdruck der Vorzeitigkeit: Eine Handlung in der Vergangenheit ist schon abgeschlossen, als eine andere, ebenfalls in der Vergangenheit liegende Handlung stattfindet *(Er begann das Schreiben, nachdem sie **gegangen waren**.)*.
- Das **Futur I** gibt ein zukünftiges Geschehen wieder *(Morgen **werden** wir starten.)*.
- Das **Futur II** drückt aus, dass etwas in der Zukunft abgeschlossen sein wird, wenn eine andere, ebenfalls in der Zukunft liegende Handlung stattfindet *(Wenn wir ankommen, **wird** er **abgereist sein**.)*. Das Futur II verwendet man im Deutschen selten.

 → AH S. 39 f.

„Menschen fliegen niemals zum Mond. Und wenn sie dorthin geflogen sein werden, werden sie nicht zurückkommen." So formulierten die ersten Leser des Romans „Von der Erde zum Mond" aus dem Jahr 1874 ihre Bedenken. Rund hundert Jahre später hat sich gezeigt, dass Jules Verne viele gute Ideen gehabt hatte.

3 Der Französisch-Kurs will sich mit dem Roman von Jules Verne befassen. Übertrage die Tabelle in dein Heft und notiere alle Verbformen aus dem Klappentext.

Präsens	Präteritum	Perfekt	Plusquamperfekt	Futur I	Futur II

4 Übertrage die Sätze aus dem Informationstext der Tierschutz-AG in dein Heft. Setze die Verben in die jeweils passende Vergangenheitsform und begründe deine Wahl.

Die Tierschutz-AG möchte sich bei den Projekttagen kritisch mit den Tierexperimenten der Raumfahrtbehörden beschäftigen. Bevor Armstrong auf dem Mond *(landen)*, *(experimentieren)* die Forscher mit Tieren. Während die Hündin Laika ihren Flug 1957 nicht *(überleben)*, *(erfolgreich sein)* die Versuche mit Strelka und Belka. Die Amerikaner *(einsetzen)* für ihre Forschung den Affen Ham, nachdem die beiden russischen Hunde wohlbehalten *(zurückkommen)* waren.

Wortspeicher

das Siegerteam ehren – eine Flugbahn abstecken – die Flugstrecke messen – Flugversuche durchführen – kleine Tests durchführen – mit mehreren Fliegern starten – in Tabellen dokumentieren – unterschiedliche Flugzeugtypen falten

5 Die 6a hat den Flug-Ingenieur-Wettbewerb getestet, den sie bei den Projekttagen anbieten möchte. Verwende die Formulierungen aus dem Wortspeicher und …

- … setze die Aussagen 1) – 3) in den jeweils begonnenen Tempora fort.
- … setze die Aussagen 1) – 3) in den jeweils begonnenen Tempora fort. Ordne die Situationen a) – c) richtig zu.
- … setze die Aussagen 1) – 3) in den jeweils begonnenen Tempora fort. Ordne die Situationen a) – c) richtig zu und begründe deine Wahl.

1) „Zuerst falteten wir unterschiedliche Flugzeugtypen …"
2) „Zuerst haben wir unterschiedliche Flugzeugtypen gefaltet …"
3) „Zuerst hatten wir unterschiedliche Flugzeugtypen gefaltet …"

a) Jakob berichtet es dem Lehrer nach einem Streit bei der Siegerehrung.
b) Enya schreibt es für ihre kranke Freundin in einem Tagebuch auf.
c) Liam erzählt es abends zu Hause.

6 „Dann *werften* wir die Flieger und *tragten* die Weiten in eine Tabelle ein." – Jakob behauptet, er habe die Formen absichtlich falsch gebildet. Erkläre seine Fehler mithilfe des Kastens.

Das musst du wissen

Das Präteritum von schwachen und starken Verben

- Die Mehrzahl der Verben behält im Präteritum den Präsensstamm, man bezeichnet sie als schwache Verben: *ich lache – ich lachte, wir fragen – wir fragten* (Verbstamm + *t* + Personalendung).
- Die Verben, bei denen sich der Stammvokal zur Bildung des Präteritums ändert, werden starke Verben genannt: *ich gehe – ich ging, wir stehen – wir standen.*

7 Übertrage die begonnene Tabelle in dein Heft. Bilde das Präteritum der Verben in den Klammern und notiere diese Form in der richtigen Tabellenspalte. Ergänze die Tabellenüberschriften.

?	?
dauerten	betrat
...	...

Die Sensation: Neil Armstrong landete auf dem Mond

Knapp 10 Jahre lang ~~(dauern)~~ die Vorbereitungen, bis die Mondlandefähre der Apollo 11 mit zwei Astronauten an Bord auf dem dunklen Mondboden (*aufsetzen*). Am 20. Juli 1969 ~~(betreten)~~ Armstrong in seinem dicken Raumanzug als erster Mensch überhaupt den Mond. Dabei (*sprechen*) er den bis heute berühmten Satz: „Ein kleiner Schritt für mich, ein großer Schritt für die Menschheit." Jubelnd (*verfolgen*) Millionen Menschen an den Fernsehern Armstrongs Mondlandung. Auf der Mondoberfläche (*machen*) Armstrong und sein Kollege Edwin Aldrin viele wissenschaftliche Experimente und (*sammeln*) Mondgestein. Dann (*fliegen*) sie wieder nach Hause.

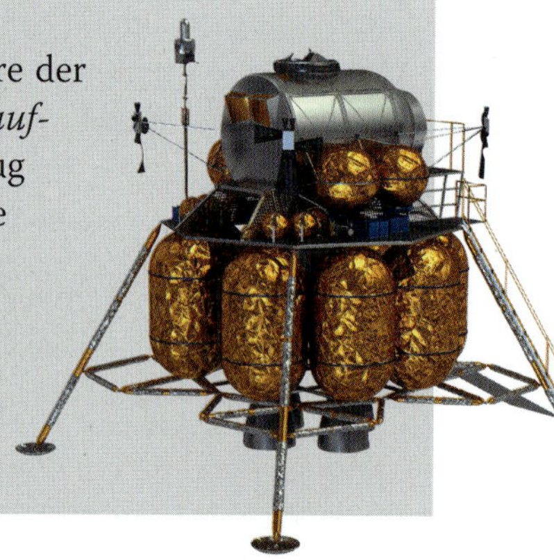

8 Auch in der englischen Sprache wechseln einige Verben den Stammvokal bei der Bildung des Präteritums. Notiere die Vergangenheitsformen zu den deutschen Verben und überprüfe, ob alle englischen starken Verben auch im Deutschen stark sind.

come – came → *kommen*
eat – ate → *essen*
see – saw → *sehen*
tell – told → *erzählen*

9 Die 6a hat sich für die Projekttage einiges vorgenommen. Nutze die Vorhaben aus dem Wortspeicher und formuliere die Projektplanung im Futur.
Beispiel: *Wir werden die Geschichte der Raumfahrt recherchieren.*

Wortspeicher

ein Raketenmodell bauen – ein Quiz entwerfen – eine Ausstellung organisieren – arbeitsteilige Präsentationen erstellen

10 Der Klassenlehrer macht sich wegen der Terminplanung Sorgen. Formuliere seine Fragen zu den einzelnen Vorhaben und nutze dabei das Futur II.
Beispiel: *Werden wir das Raketenmodell bis zum Präsentationstag gebaut haben?*

11 Setze der Reihe nach die Verben in den geforderten Tempusformen ein. Beachte, dass es einfache oder zusammengesetzte Verbformen sein können.

Willst du ins All fliegen?

Es (1) ihn bereits, den Außenposten der Menschheit im All. Auf der Internationalen Raumstation ISS (2) dauerhaft mindestens sechs Astronauten. Im Jahre 1998 (3) der Aufbau. Stück für Stück (4) Raumfähren und Raketen die einzelnen Module der Station in die knapp 400 Kilometer hohe Umlaufbahn. Im Jahr 2011 (5) Astronauten die Station. Eine Arbeitsschicht im All (6) rund ein halbes Jahr, dann (7) die Ablösung. Der deutsche Astronaut Alexander Gerst (8) 2014 auf der ISS. Insgesamt (9) bereits 211 Personen die ISS. Sieben Besucher (10) Weltraumtouristen, die für je etwa zwanzig Millionen US-Dollar einen Flug mit einem Sojus-Raumschiff (11). Sie (12) jeweils ungefähr eine Woche auf der Station. Die Versorgung der ISS (13) das Raumschiff ATV. Dieses (14) Essen, Luft, Wasser, Kleidung, Treibstoff, Ersatzteile und Werkzeug.

1) geben (Präsens)
2) sich befinden (Präsens)
3) beginnen (Präteritum)
4) bringen (Präteritum)
5) vollenden (Präteritum)
6) dauern (Präsens)
7) einfliegen (Präsens)
8) leben (Präteritum)
9) besuchen (Präteritum)
10) sein (Präteritum)
11) buchen (Plusquamperfekt)
12) sich aufhalten (Präteritum)
13) gewährleisten (Präsens)
14) bringen (Präsens)

12 Einige Schüler haben die Gelegenheit, einen der Astronauten der Internationalen Raumstation während des Projekttags zu befragen.

- Formuliere vier Interviewfragen und benenne jeweils das Tempus der Verben.
- Formuliere sechs Interviewfragen, von denen sich je zwei auf die vergangene, die gegenwärtige und die zukünftige Tätigkeit des Astronauten beziehen.
- Formuliere Interviewfragen, in denen alle Zeitformen des Kastens auf → Seite 194 vorkommen. Begründe jeweils, warum die gewählte Tempusform passt.

11

Sehen und gesehen werden

Aktiv und Passiv bilden und verwenden

Ein Weltraumkoch bereitet die Speisen auf der Erde vor.

Die Speisen werden auf der Erde von einem Weltraumkoch vorbereitet.

1 Sprecht in der Klasse über den Unterschied der beiden Satzversionen. Nutzt den Begriff *Handlungsrichtung* aus dem Kasten.

Das musst du wissen

Aktiv und Passiv

Verben können nicht nur in verschiedenen Tempora, sondern auch mit verschiedenen Handlungsrichtungen formuliert werden.

- Gibt das Verb die Tätigkeit eines Handelnden an, steht es in der aktiven Form. In einem Aktivsatz steht der Handlungsträger als Subjekt *(Die Astronauten schlafen in speziellen Schlafsäcken.)*.
- Gibt das Verb an, welche Handlung einer Sache oder einer Person zuteil wird, steht es in der passiven Form. Einen Passivsatz wählst du, wenn der Verursacher der Handlung unbekannt bzw. unwichtig oder selbstverständlich ist *(Der Schlafsack wird festgebunden.)*. Du kannst den Handlungsträger aber auch hier einbauen *(Der Schlafsack wird von den Astronauten festgebunden.)*.

2 Sortiere die folgenden Sätze nach der jeweiligen Handlungsrichtung und notiere sie. Die Aktivsätze stammen aus einem Interview mit dem Weltraum-Koch der NASA, die Sätze mit den Passivformen aus einem Zeitschriftentext über Weltraumnahrung.

a) Ich bereite die Speisen auf der Erde vor.
b) Die Astronauten lieben meine Skylab-Butter.
c) Die Speisen werden auf der Erde vorbereitet.
d) Ich süße sie sehr stark und forme sie in mundgerechte Portionen.
e) Dann werden sie haltbar gemacht.
f) Dabei wird den Lebensmitteln Wasser entzogen.
g) Meine Kekse bröseln nicht und schmecken richtig lecker.
h) Flüssigkeiten werden folgendermaßen aufbereitet:
i) Milch, Saft und Suppe in Pulverform werden mit Wasser vermischt.

→ AH S. 41–44

3 Begründe, warum ein Teil der folgenden Sätze im Aktiv steht, der andere im Passiv. Berücksichtige, ob der Satz eher eine Aussage über den Handelnden oder über das Geschehen machen will.

a) Yuri Gagarin umkreiste als erster Mensch die Erde.
b) Neil Armstrong betrat 1969 den Mond.
c) Die ISS umrundet die Erde etwa alle 90 Minuten.
d) Zur Herstellung der Kekse wird eine möglichst krümelfreie Masse erzeugt.
e) Im Raumschiff wird Werkzeug vermisst.
f) Die Landung der Raumfähre wird bejubelt.

4 Wandle die Aktivsätze in Passivsätze und die Passivsätze in Aktivsätze um.

a) Klettverschlüsse und Gurte halten die Tabletts mit dem Essen.
b) Selbst kleinste Kekskrümel können Luftschächte im Raumschiff verstopfen.
c) Säfte und Suppen werden in Pulverform von den Astronauten ins All transportiert.

5 Auch die Verbformen des Passivs kannst du in die unterschiedlichen Tempora setzen. Gestalte mithilfe des Kastens nach dem Vorbild einen Zeitstrahl zum Verb *bejubeln* (3. Pers. Sg.).

es war erzeugt worden → es wurde erzeugt → es ist erzeugt worden → es wird erzeugt → es wird erzeugt werden → es wird erzeugt worden sein

Das musst du wissen

Die Tempusformen im Passiv

Die Passivformen werden mit der jeweiligen Zeitstufe von *werden* und dem Partizip II des Verbs gebildet. Das Partizip II wird folgendermaßen zusammengesetzt:

ge- + Verbstamm + *-(e)t/en* (gekauft, gegessen)

Verben, die schon eine Vorsilbe tragen, bekommen nicht das Präfix *ge-*.

Präsens	*es wird bemerkt*
Perfekt	*es ist bemerkt worden*
Präteritum	*es wurde bemerkt*
Plusquamperfekt	*es war bemerkt worden*
Futur I	*es wird bemerkt werden*
Futur II	*es wird bemerkt worden sein*

Einbruch im Forschungslabor

Im Labor in der Mondstraße sind gestern die Scheiben eingeschlagen worden. Erst am nächsten Morgen wurde bemerkt, dass vor allem Navigationsgeräte gestohlen worden waren. Gesucht wird eine Bande, die vom Geheimdienst unterstützt wird. Hoffentlich werden die Täter bald verhaftet werden.

6 Wähle eine der folgenden Aufgaben.

- Notiere die Passivformen der Zeitungsmeldung und benenne das jeweilige Tempus.

- Formuliere Passivsätze und schreibe eine Meldung, die einige Tage später in der Zeitung stehen könnte.

Wortspeicher

Sicherheitsglas einsetzen – neue Navigationsgeräte beschaffen – Geheimdienst befragen – Täterprofil erstellen – Verdächtige verhören

Beispiel: *Nach dem Einbruch wurde in die Fenster des Forschungslabors Sicherheitsglas eingesetzt.*

- Formuliere Passivsätze, in denen der Laborleiter Maßnahmen zur Verhinderung zukünftiger Einbrüche darstellt.

Wortspeicher

einen nächtlichen Wachdienst einstellen – eine Alarmanlage einbauen – genaue Inventarlisten anlegen – die Mitarbeiter schulen – Kontakt mit der Polizei intensivieren

Beispiel: *Ein nächtlicher Wachdienst wird eingestellt werden.*

„Die Tür zum Labor ist aufgebrochen. Neben dem Seiteneingang ist eine Scheibe zerbrochen. Einige Testreihen, die neben dem Navigationsgerät standen, sind umgestoßen. Ein Navigationsgerät ist gestohlen."

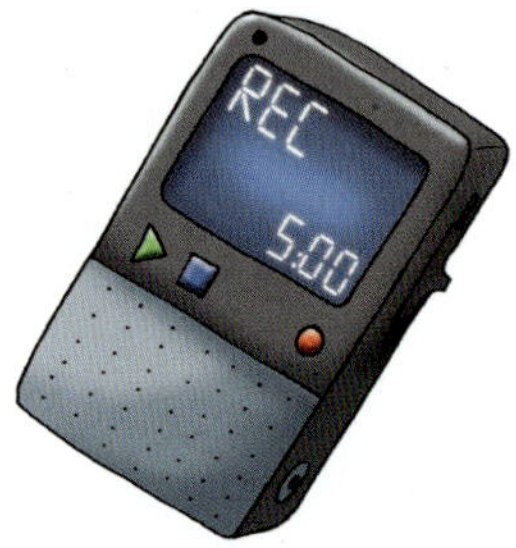

7 Der Polizist hört sich seine Aufzeichnung auf dem Diktiergerät an. Bringe die Aussagen in eine sinnvolle Reihenfolge und formuliere im Passiv, was passiert ist.
Beispiel: *Zuerst wurde neben dem Seiteneingang eine Scheibe zerbrochen, dann …*

8 Stelle mithilfe des Kastens die Passivformen in einer Tabelle nebeneinander.

Vorgangspassiv	Zustandspassiv
Die Scheibe wurde zerbrochen.	*Die Scheibe …*

→ AH S. 41–44

Das musst du wissen

Vorgangs- und Zustandspassiv

Man unterscheidet zwischen Vorgangspassiv und Zustandspassiv. Das Vorgangspassiv bezieht sich auf eine Handlung, die gerade ausgeführt wird oder in der Zukunft ausgeführt werden wird *(Der Mars wird (bald) erforscht.)*. Das Zustandspassiv hingegen bezieht sich auf das Ergebnis einer Handlung und wird mit einer Form von *sein* und dem Partizip II gebildet *(Der Mond ist (schon) erforscht.)*.

9 Übertrage die Beispielsätze in dein Heft. Notiere jeweils, ob ein Vorgangspassiv (VP) oder ein Zustandspassiv (ZP) vorliegt.
Beispiel: *Einige unbemannte Raumsonden wurden schon zum Mars entsandt. (VP)*

a) Bis heute sind noch keine Marsgesteinsproben auf die Erde gebracht worden.
b) Mithilfe der Marssonde Curiosity werden geologische Analysen durchgeführt.
c) Es ist entschieden, dass die Marsforschung fortgesetzt wird.
d) Aufgrund der roten Färbung wurde der Mars in verschiedenen Kulturen mit den Gottheiten des Kriegs in Verbindung gebracht.

A

B
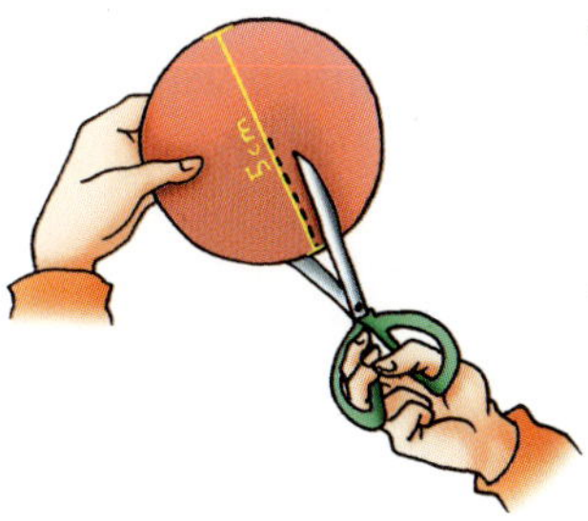

C

D

E

F

G

H

10 Willst du selbst eine Rakete starten lassen? Formuliere mithilfe der Bilder die Anleitung (→ S. 55) des Experiments im Passiv.
Beispiel: *Zum Basteln werden gebraucht: Papier …*

11

Anschaulich, genau, abwechslungsreich

Mit Adjektiven und Adverbien Texte gestalten

Horoskop auf einer Internetseite

Werbeprospekt eines Wahrsagers

Lexikoneintrag

Zukunftssicher, deutungsstark, treffend! Erfahren Sie alles über Ihre berufliche und private Zukunft, glückliche und unglückliche Momente, aufregende und fantastische Ereignisse in Ihrem Leben!

Der „Große Wagen“: Eine Anordnung von sieben helleren Sternen, die an den Querschnitt einer einfachen Lastkarre erinnern: Vier Sterne umspannen eine viereckige Ladefläche, drei Sterne lassen sich zu einer angewinkelten Deichsel verbinden.

Der Zwilling ist hinreißend, geistreich und charmant, vielseitig, heiter, witzig, vielleicht ein bisschen ruhelos, dafür aber scharfsinnig und unternehmungslustig.

informieren

werben

charakterisieren

1 Ordne die Textausschnitte einer Quelle zu und bestimme die Funktion, die die Texte haben.

2 Verfasse einen kurzen Text, in dem du mithilfe von Adjektiven für einen Film deiner Wahl wirbst. Informiere dabei auch über den Titelhelden und charakterisiere ihn.

Das steht in den Sternen!

Ob du daran glaubst oder nicht, Spaß macht es allemal, Horoskope zu lesen. Wenn du im Sternzeichen des Widders geboren bist, gilt für dich: Du suchst das **gefährliche** Abenteuer, bei Prüfungen bist du **ehrgeizig** und du wartest **ungeduldig** auf Herausforderungen.

3 Notiere mithilfe des folgenden Kastens, ob die markierten Adjektive jeweils attributiv, adverbial oder prädikativ verwendet werden.

Das musst du wissen

Einsatz von Adjektiven

Adjektive bestimmen die Nomen, mit denen sie verbunden sind, näher. Das Adjektiv wird dann **attributiv** verwendet *(ein einfallsreiches Horoskop)*.
Bestimmen Adjektive näher, wie das Geschehen eines Satzes abläuft, wird es **adverbial** verwendet *(Die Autorin verfasst die Horoskope zügig.)*.
Adjektive können auch in Verbindung mit bestimmten Verben *(sein, werden, bleiben…)* das Prädikat des Satzes ergänzen. Dann wird das Adjektiv **prädikativ** verwendet *(Das Horoskop ist einfallsreich.)*.

→ AH S. 45 f.

Wer nach dem Mondkalender sät, pflanzt und erntet, muss sich **öfter** eine **spöttische** Bemerkung anhören. Es gibt bis **heute** keinen **wissenschaftlichen** Beweis dafür, dass der Mond die Pflanzen **schneller** wachsen lässt. Die Anziehungskraft des Monds zeigt sich **besonders anschaulich** am Meer: Der Mond zieht die Wassermassen bei Ebbe aufs **offene** Meer und bei Flut an die Küste.

4 Bestimme, ob es sich bei den markierten Wörtern um Adjektive oder Adverbien handelt. Nutze dazu die Hinweise in dem folgenden Kasten.

Das musst du können

So unterscheidest du Adjektive von Adverbien

- Adverbien kann man meist nicht steigern.
- Adverbien können nicht an Nomen angeglichen (flektiert) werden.
- Attributprobe: Teste Wörter, bei denen du dir unsicher bist, und setze sie vor ein Nomen: das witzige ☑/*gestern* ☒ *Horoskop* → *gestern* = Adverb

Paula liest gern Horoskope. Sie blättert im Mondkalender ihrer Mutter. Es macht ihr Spaß, sich mit Freundinnen zu unterhalten. Paula weiß, dass die Vorhersagen nicht sehr glaubwürdig sind, aber sie ist aufgeregt, wenn das Horoskop ein Abenteuer ankündigt.

5 Verdeutliche die Zusammenhänge der Sätze, indem du die Adverbien aus dem Wortspeicher einfügst.

Wortspeicher

einerseits – andererseits – nämlich – darüber – deshalb – manchmal – gelegentlich

6 Wähle ein Sternzeichen, formuliere ein Horoskop im Umfang von sechs Sätzen und …

- … verwende die gegebenen Adjektive.
- … verwende außer den gegebenen Adjektiven weitere selbst gewählte.
- … verwende außer den gegebenen Adjektiven weitere selbst gewählte. Nenne auch die unterschiedlichen Verwendungsweisen (attributiv, adverbial und prädikativ). Lege dein Horoskop anschließend einem Lernpartner vor und lass ihn die Verwendungsweise erklären.

 23.11. –21.12.	**Schütze** • temperamentvoll, • direkt • reiselustig • taktlos	 22.5. –21.6.	**Zwillinge** • vielseitig • geistreich • charmant • rast- und ruhelos
 22.12. –20.1.	**Steinbock** • beharrlich • besonnen • geduldig • ersthaft	 22.6. –22.7.	**Krebs** • feinfühlig • häuslich • sozial • launisch • nachtragend
 21.1. –19.2.	**Wassermann** • lebenslustig • kreativ • aufrichtig • kopflastig	 23.7. –23.8.	**Löwe** • selbstbewusst • stolz • großzügig • geltungsbedürftig
 20.2. –20.3.	**Fische** • empfindsam • fantasievoll • schüchtern • verträumt	 24.8. –23.9.	**Jungfrau** • zielstrebig • vernünftig • verlässlich • zurückhaltend • pingelig

11

Ersetzen, hinweisen, erfragen

Mit Pronomen Zusammenhänge herstellen

„Mein Vater erklärt mir jeden Sonntag unseren Nachthimmel."

1 Schreibe die einzelnen Wörter des Merkspruchs für die Planentenfolge unseres Sonnensystems untereinander in dein Heft und ergänze jeweils den Planeten, der zum Anfangsbuchstaben des Merkworts passt.

2 Der Merkspruch enthält vier Pronomen. Unterstreiche sie in deiner Heftnotiz und notiere, um welche Arten von Pronomen es sich handelt. Der Kasten hilft dir dabei.

Das musst du wissen

Arten von Pronomen

Neben den Personal- und Possessivpronomen (→ S. 269) gibt es noch weitere Arten:

- **Demonstrativpronomen** (hinweisende Fürwörter) sind Pronomen, mit denen man auf etwas zeigen bzw. hinweisen kann *(dieser, jene, das …)*.
- **Indefinitpronomen** (unbestimmte Fürwörter) drücken ungefähre Mengenangaben aus *(etwas, einige, manche, andere, kein, jeder …)*.
- **Interrogativpronomen** leiten Frage- und Ausrufesätze ein *(wer, was …)*.
- **Relativpronomen** leiten Nebensätze (Relativsätze) ein und beziehen sich auf ein Nomen oder Pronomen *(die, der, welcher …)* im übergeordneten Haupt- oder Nebensatz.

Phil ist mein Bruder. Zu … Geburtstag hat … das Buch „Der geheime Schlüssel zum Universum" bekommen. … interessiert das Thema Weltall sehr. Aber … will … … Buch nicht ausleihen. Wenn … … nach seinem Buch frage, schimpft …: „… ist … Buch und gehört ganz allein …."

3 Notiere passende Personal- und Possessivpronomen für die Textlücken. Unterstreiche die Personalpronomen blau, die Possessivpronomen rot.

4 Pronomen verbinden die Sätze eines Textes wie ein Netz, da sie … – Setze diese Aussage als Ergänzung des Informationskastens fort.

→ AH S. 45 f.

Das Sonnensystem besteht aus der Sonne und vielen kleineren Himmelskörpern, die **sie** umkreisen. **Ihre** direkten Nachbarn sind vier recht kleine Planeten: Merkur, Venus, Erde und Mars.

Hinter dem Mars befindet sich ein Asteroidengürtel. Das ist eine Region, **die** Millionen von Gesteinsbrocken beherbergt. Am Außenrand des Asteroidengürtels befinden sich Jupiter, Saturn, Uranus und Neptun. **Diese** sind zwar wesentlich größer als die Erde, aber für ihre Größe sehr leicht. **Sie** bestehen größtenteils aus Wasserstoff und Helium.

Bis vor kurzem war der Pluto der am weitesten entfernte bekannte Planet. Aufgrund **seiner** geringen Größe wird er aber seit 2006 offiziell nicht mehr als Planet bezeichnet.

5 Notiere die markierten Pronomen und das Wort, für das sie stellvertretend stehen. Bestimme die Art der Pronomen.

6 Der Text über unser Sonnensystem erscheint auf einer Internetseite für Kinder. Formuliere Fragen zu den einzelnen Abschnitten, die als Zwischenüberschriften den Text übersichtlicher machen. Nutze dazu verschiedene Interrogativpronomen.

7 Notiere die Indefinitpronomen, die in die Lücken des Fortsetzungstextes passen.

Im Jahr 2005 beobachteten ___ Forscher in sehr großer Entfernung zur Sonne ein Objekt, das bisher von ___ entdeckt worden war. ___ Wissenschaftler erkannten, dass es sich um eine Eiswelt handelt, die mit Pluto vergleichbar ist. ___ gab ihr den Namen Eris. Im Jahr 2006 entschied die Internationale Astronomische Union, dass Pluto und Eris als „Zwergplaneten“ bezeichnet werden müssen. Seitdem entdeckte man ___ ähnliche Eiswelten jenseits des Pluto.

Wortspeicher

einige – etliche – jemand – keinem – manche

8 Auch die folgenden Aussagen sollen auf der Interseite veröffentlich werden. Nutze verschiedene Pronomen und …

- … verbessere drei Sätze deiner Wahl stilistisch.
- … formuliere einen ansprechenden Text.
- … formuliere einen ansprechenden Text. Markiere die Pronomen und die Wörter, deren Stellvertreter sie sind.

- Die Sonne ist ca. 150 Millionen Kilometer von der Erde entfernt.
- Die Erde ist rund hundertmal kleiner als die Sonne.
- Die Sonne ist aber 330000-mal schwerer als die Erde.
- Die Sonne ist ein gigantischer Feuerball.
- Die Sonne verliert jede Sekunde einen Teil der Masse, die zur Sonne gehört.

11

Wir haben Kontakt!

Gedanken durch Konnektoren verbinden

a) Ein Studium der Luft- und Raumfahrttechnik ist eine sehr gute Grundlage, sondern keine notwendige Voraussetzung.
b) Obwohl die Astronauten gute wissenschaftliche Grundlagen haben, sollen sie in den Naturwissenschaften, der Medizin oder Technik ausgebildet sein.
c) Wohin wissenschaftliche Experimente durchgeführt werden, soll der Astronaut verstehen, was er tut.
d) Weil das von vielen Menschen vermutet wird, werden kaum Flugzeugpiloten als Astronauten gesucht.

1 Was ist denn da passiert? Erkläre, warum die Sätze aus dem Interview mit dem Astronauten-Ausbilder schwer zu verstehen sind.

2 Formuliere die Sätze neu und nutze dabei die jeweils passenden Konjunktionen und Subjunktionen.

Das weißt du bereits

Konjunktionen und Subjunktionen

Konjunktionen und Subjunktionen sind Konnektoren, sie verknüpfen:

- Konjunktionen verbinden zwei oder mehrere Hauptsätze (Satzreihe → S. 220), Nebensätze oder Satzglieder nebenordnend.
- Subjunktionen verbinden einen Hauptsatz mit einem Nebensatz (Satzgefüge → S. 220).

3 Konjunktion oder Subjunktion? Entscheide und begründe mithilfe des Kastens, welche grammatische Funktion die Konnektoren in den Sätzen aus Aufgabe 2 erfüllen.

4 Schreibe diese Sätze ab und verbinde sie durch Subjunktionen.

a) Das Raumfahrtzentrum Orbitall in Berlin bietet Feriencamps an. Viele Jugendliche interessieren sich für den Beruf.
b) Im Orbitall kannst du vieles wirklich ausprobieren. In vielen technischen Museen kannst du dir die Arbeitsbedingungen eines Astronauten nur anschauen.
c) Sogar das Innere einer Raumfähre wurde nachgebaut. Die Nachahmung eines Weltraumflugs wirkt sehr realistisch.
d) Die Teilnehmer fühlen sich am Ende wie echte Astronauten. Die Ausbildung und der Flug werden nur simuliert.

→ AH S. 48 f.

5 Verbessere den Stil der folgenden Interviewsätze, indem du sie abschreibst und durch passende Konjunktionen und Subjunktionen verbindest. Du kannst auch Kürzungen vornehmen.

A „Von einem Astronauten werden auch ausgezeichnete Englischkenntnisse erwartet. Das Beherrschen einer weiteren Fremdsprache wird ebenfalls erwartet."

B „Leichte Sehschwächen sind kein grundsätzliches Problem. Löcher in den Zähnen sind ebenfalls kein grundsätzliches Problem."

C „Ein Astronaut muss kein ausgewiesener Leistungssportler sein. Er muss vor allem einen stabilen Kreislauf haben."

D „Zu viele Muskeln sind sogar von Nachteil. Sie verbrauchen unnötigen Sauerstoff."

Das musst du wissen

Unterscheidung von Konjunktionen und Subjunktionen nach ihrer Bedeutung

Konnektoren lassen sich auch aufgrund ihrer inhaltlichen Bedeutung unterscheiden.

Konjunktionen können
- **aneinanderreihen** *(und, sowie, nicht nur ..., sondern auch, weder ... noch ...)*,
- **entgegensetzen** *(aber, sondern ...)*,
- eine **Alternative** aufzeigen *(entweder ... oder)*,
- einen **Grund** angeben *(denn ...)*.

Subjunktionen können
- einen **Ort** angeben *(wohin, wo, woher ...)*,
- eine **Zeit** angeben *(während, nachdem, bis, solange ...)*,
- einen **Grund** angeben *(weil, da ...)*,
- einen **Zweck** angeben *(damit, um ... zu,)*
- eine **Art** angeben *(ohne dass, indem ...)*,
- **einräumen** *(obwohl, obgleich ...)*,
- **entgegensetzen** *(während, wohingegen ...)*.

6 Unterstreiche die Konjunktionen und Subjunktionen aus den Aufgaben 4 und 5 und notiere jeweils ...

- ... ihre inhaltliche Funktion.
- ... ihre inhaltliche Funktion und einen weiteren sinnvollen Konnektor für diesen Satz.
- ... ihre inhaltliche Funktion und einen weiteren sinnvollen Konnektor. Erkläre schriftlich, inwiefern diese Konnektoren die Lesbarkeit und den Stil der Sätze verbessern.

11

Was DU schon kannst!

Kompetenztest

Die **dunklen** Schatten, die wir von der Erde aus **auf** dem Mond **sehen**, entstehen, **weil** die **Mondoberfläche** nicht glatt ist, sondern aus Kratern **und** unterschiedlichen Gesteinsarten besteht. Da **diese** Schatten an ein **menschliches** Gesicht erinnern, stellen wir **uns** gern einen Mann im Mond vor.

Wortarten und ihre Aufgaben erkennen und benennen

1 Notiere, zu welcher Wortart die markierten Wörter gehören, und beschreibe die Aufgabe dieser Wortart innerhalb der Sätze.

Wortbeispiel	Wortart	Aufgabe
dunklen	*Adjektiv*	*gibt die Eigenschaft der Schatten an*

Zeitformen bilden

2 Bilde die angegebenen Aktiv-Formen der Verben *rufen* und *kommen*.

		rufen	kommen
Präteritum	sie (Pl.)		
Futur I	du		
Plusquamperfekt	wir		
Präsens	er		
Perfekt	ihr		

Zeitformen bilden und nutzen

3 Schreibe die Sätze in einen Bericht um, indem du die Verbformen im Präsens ins Präteritum und die im Perfekt ins Plusquamperfekt setzt.

Mann beobachtet Mond
Ein nächtliches Erlebnis besonderer Art haben zwei Polizisten.
Mitten auf der Autobahn treffen sie einen Mann mit Teleskop.
Der 70-Jährige will den Mond beobachten.
Zu seinem Geburtstag hat er das Teleskop geschenkt bekommen.
Er hat es an einer günstigen Stelle ausprobieren wollen.
Die freundlichen Polizisten bringen den Mann auf eine nahegelegene Wiese.
Von dort aus betrachtet er den Mond in Ruhe.

4 Formuliere den Satz „Der Mond wird beobachtet." in folgenden Zeitformen:

Perfekt | Präteritum | Plusquamperfekt | Futur I

Zeitformen des Passivs bilden

5 Wähle die Sätze aus, die du ins Passiv setzen kannst, und schreibe diese dann im Passiv auf. Berücksichtige auch den Handlungsträger.

a) Die Menschen beobachten den Mond.
b) Die Chinesen deuten die Schatten auf dem Mond als Hasen.
c) Vielleicht erkennst du auch ein Krokodil.
d) Manche Leute sträuben sich gegen diese Vorstellungen.
e) Ihnen gefallen nur wissenschaftliche Erklärungen über die Mondoberfläche.

Durch Passiv- und Aktivformen unterschiedliche Handlungsrichtungen betonen

6 Teste schriftlich, ob ein Adjektiv oder ein Adverb vorliegt.

Wortspeicher
nun – grün – hell – dort – blitzschnell – innen

Adjektive und Adverbien unterscheiden

7 Notiere, ob die markierten Adjektive jeweils attributiv, adverbial oder prädikativ verwendet werden.

Dunkel war's, der Mond schien **helle** (1),
schneebedeckt (2) war die grüne Flur,
als ein **blitzschneller** (3) Wagen,
langsam (4) um die Ecke fuhr.

Die grammatische Funktion von Adjektiven bestimmen

8 Notiere die Art der markierten Pronomen und das Wort oder die Wortgruppe, die sie ersetzen.

Jakob benutzt Luftballons als Planeten, um das Wohnzimmer für **seine** Weltraum-Geburtstagsfeier zu dekorieren. **Jeder** wird mit einer anderen Farbe dargestellt. Besonders herausgearbeitet hat er den Saturn, **der** gelb ist und um den sich ein Ringsystem dreht. Wie gestaltet er die Tischdekoration? Sie besteht aus einer silbernen Decke. Auf **diese** streut Jakob Konfetti und Papiersterne.

Textkohärenz wahrnehmen

9 Notiere jeweils eine passende Subjunktionen und ihre inhaltliche Aufgabe.

a) Die Idee für den Weltraumgeburtstag hatte ich, ... wir auf der Ausstellung zum Thema *Blick ins Weltall – Kunst und Wissenschaft* waren.
b) Mein Vater besuchte die Ausstellung mit mir, ... er sich auch selbst für das Thema interessiert.
c) Wir hatten die Eintrittskarten schon vorher im Internet gebucht, ... wir nicht so lange an der Kasse warten mussten.
d) Weil es viele tolle Ausstellungsstücke gab, wussten wir gar nicht, ... wir zuerst gehen sollten.

Satzgefüge durch Subjunktionen verbinden

12 Reisen durch die Zeit

Satzglieder und Satzarten wiederholen und vertiefen

1 Durch die Zeit zu reisen wäre doch wirklich toll! Sprecht in der Klasse über die Bilder. In welchen Zeiten und an welchen Orten sind sie in etwa angesiedelt? Berichtet, was ihr über die verschiedenen Zeitalter wisst.

2 Stellt euch vor, ihr hättet die Möglichkeit, durch die Zeit zu reisen. Gestalte zusammen mit einem Partner ein Reiseplakat für das Zeitalter, in das ihr gern reisen würdet. Stellt eure Plakate in einem kurzen Vortrag vor und geht dabei auch darauf ein, wann oder wo Abenteuer auf euch warten oder Gefahren lauern.

3 Ist euch aufgefallen, dass ihr in euren Vorträgen sehr viele zeitliche und örtliche Angaben gemacht habt? Sammelt sie und findet den Fachbegriff für diese Satzglieder.

Suchst du das Abenteuer oder erforschst du zum Beispiel fremde Kulturen gern in der Bücherei? Vielleicht träumst du auch von einer Reise in die Zukunft und weit entfernte Galaxien. Mit den fremden Bewohnern könntest du dich darüber austauschen, wie eure jeweiligen Sprachen funktionieren. Deshalb lernst du in diesem Kapitel, …

… Attribute zu erkennen und zu bestimmen,
… adverbiale Bestimmungen von Präpositionalobjekten zu unterscheiden,
… Prädikative zu erkennen,
… die verschiedenen Arten von Gliedsätzen kennen und
… sie von Gliedteilsätzen zu unterscheiden,
… den Satzbau zur Gestaltung deiner Sprache zu verwenden.

12

Fantastische Reisen, alte Kulturen, spannende Abenteuer

Bezugswörter durch Attribute näher bestimmen

A Leute mit Fantasie träumten schon von einer spannenden Zeitreise. Es wäre so einfach, alte Kulturen von vor tausenden von Jahren kennenzulernen. Man könnte den Wilden Westen mit den Indianern und Cowboys oder die gigantischen Pyramiden der ägyptischen Pharaonen mit eigenen Augen in ihrer Blütezeit erforschen.

B Leute träumten schon von einer Zeitreise. Es wäre so einfach, Kulturen kennenzulernen. Man könnte den Westen oder die Pyramiden mit eigenen Augen in der Blütezeit erforschen.

1 Vergleicht die Texte in Partnerarbeit. Achtet auf die Aussagen, die sprachliche Gestaltung und den Umfang. Notiert eure Ergebnisse in Stichworten.

2 Ergänze die Tabelle um drei weitere Bezugswörter und Attribute aus den Texten. Nutze dazu den Textvergleich oder die Umstellprobe.

vorangestelltes Attribut	Bezugswort	nachgestelltes Attribut
	Leute	*mit Fantasie*
spannenden	*Zeitreise*	
	...	

Das musst du wissen

Attribute als Satzgliedteile

Ein **Attribut** ist ein Wort oder eine Wortgruppe, durch welche ein **Bezugswort** näher bestimmt wird. Häufig handelt es sich bei diesem Bezugswort um ein Nomen (*eine abenteuerliche Zeitreise*).

Beachte, dass das Attribut **kein eigenes Satzglied** ist. Bei der Umstellprobe kann ein Attribut nur gemeinsam mit seinem Bezugswort umgestellt werden.
Beispiel: *Eine abenteuerliche Zeitreise möchten viele gern unternehmen.*
Viele möchten gern eine abenteuerliche Zeitreise unternehmen.

 → AH S. 53 f.

3 Notiere die Sätze in dein Heft und ergänze passende Attribute aus dem Wortspeicher.

a) Physiker diskutieren die … Möglichkeit von Zeitreisen.
b) Ein Physiker … hat ein neues Modell entwickelt.
c) Damit könnten … Generationen vielleicht in die Vergangenheit reisen.
d) Das Modell … liefert noch keine fertige Bauanleitung für eine Zeitmaschine.
e) Amos Ori, …, forscht an der Möglichkeit, die sogenannte Raumzeit zu verbiegen.
f) Bis seine … Idee verwirklicht wird, wird es noch einige Zeit dauern.

Wortspeicher

zukünftige – geniale – interessante – des Professors – der israelische Physiker – aus Israel

4 Fülle die Tabelle für die Attribute aus Aufgabe 3 mithilfe des Kastens.

Attribut und Bezugswort	Form des Attributs
interessante Möglichkeit	*Adjektiv*
Physiker aus Israel	…

Arten von Attributen

Das musst du wissen

Adjektiv:	*eine **alte** Mumie*
Partizip:	***vergangene** Zeiten*
Nomen im Genitiv:	*die Zeitmaschine **des Professors***
Nomen mit Präposition:	*der Geheimgang **in der Pyramide***
Zahlwort:	***fünf** Jahrhunderte zuvor*
Apposition:	*der Professor, **ein begeisterter Forscher***

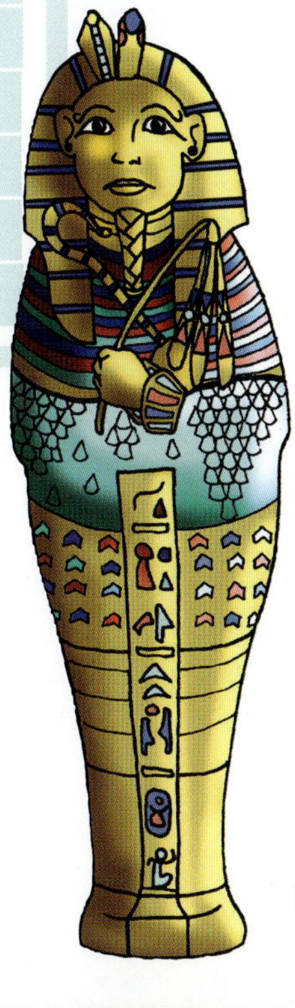

5 Braucht man Attribute wirklich? Nimm Stellung zu der Frage und …

- … erkläre die Aufgaben von Attributen mithilfe der Kästen dieses Kapitels.
- … erkläre die Aufgaben von Attributen sowie die Konsequenzen ihres Fehlens.
- … unterscheide die Aufgaben von Attributen in Erzählungen, in Berichten und in Beschreibungen.

12

Wie war das? Wie hat es sich ereignet?

Geschehnisse durch Objekte, Prädikative und adverbiale Bestimmungen näher beschreiben

1 Sprecht in der Klasse über das Buch. Würdest du das Buch gern lesen?

2 Notiere, um welches Objekt es sich bei den markierten Wortgruppen jeweils handelt. Erkläre anhand der Beispiele, warum Objekte als „notwendige Ergänzungen“ bezeichnet werden.

Der frühe Tod seines Sohns Dummie – eigentlich Darwashi Ur-Atum Msamaki Minkabh Ishaq Eboni – macht **den ägyptischen Pharao** sehr traurig. Er ahnt nicht, was **Dummies Mumie** hunderte Jahre später in Holland passieren wird. Ausgerechnet **dem Lastwagen,** in dem Rudi van Houten **die Mumie** ins Grobbe-Museum bringen soll, wird ein Gewitter zum Verhängnis. Ein Blitz schlägt ein und Dummie wird wieder zum Leben erweckt …

Das weißt du bereits

Objekte und adverbiale Bestimmungen (Adverbialien)

Objekte sind die Satzglieder, auf welche sich die Handlungen innerhalb eines Satzes beziehen. Unterscheide vor allem zwischen Dativ- (Hilfsfrage: Wem wird eine Handlung zuteil?) und Akkusativobjekten (Wen trifft die Handlung?). Bestimmte Verben fordern ein Genitivobjekt, z. B. *sich (einer Sache) entledigen.*

Adverbiale Bestimmungen geben an, wann, wo, wie oder warum etwas geschieht. Anders als die Objekte sind sie in der Regel für den Satzbau nicht unbedingt notwendig.

Tosca Menten

Dummie, die Mumie außer Rand und Band

Hier wird erzählt, wie Dummie **wegen eines Gewitters** wieder lebendig wird.

Rudi van Houten fuhr mit seinem Lastwagen **über die Straße**. Er war ein bärenstarker Kerl mit wilden Locken und er hatte vor keinem lebendigen Wesen Angst. Umso mehr Angst hatte er vor allem, was tot war. Und jetzt fuhr er mit drei Mumien im Laderaum **zum Grobbe-Museum**. Eine Extratour, hatte sein Chef gesagt. Wenn er gewusst hätte, um was es da ging, hätte er sie niemals angenommen.

Er war **kaum fünf Minuten** unterwegs, als es anfing zu regnen. Was heißt hier regnen: Es goss **in Strömen**. Rudi spähte durch die Windschutzscheibe und sah kaum noch was. Der erste Blitz zuckte durch die Luft, als Rudi gerade auf die Autobahn auffahren wollte. **Ein paar Sekunden später** wütete das Gewitter mit aller Gewalt. „Auch das noch“, murmelte Rudi. „Gleich baue ich einen Unfall mit diesen gruseligen Dingern.“

→ AH S. 52, S. 55 f.

3 Trage die markierten adverbialen Bestimmungen in die Tabelle in deinem Heft ein.

Adverbiale des Ortes (lokal: Wo? Wohin?)	
Adverbiale der Zeit (temporal: Wann? Seit wann? Wie lange?)	
Adverbiale der Art und Weise (modal: Wie? Auf welche Weise?)	
Adverbiale des Grundes (kausal: Warum?)	

Das musst du können

So unterscheidest du Präpositionalobjekte von adverbialen Bestimmungen

Präpositionalobjekte und adverbiale Bestimmungen sind sich sehr ähnlich.
Bei Präpositionalobjekten ist die Präposition fest mit dem Verb verbunden *(warten auf, sich freuen über, nachdenken über, denken an)*.

Anders als bei adverbialen Bestimmungen kann bei Präpositionalobjekten die Präposition im Fragewort nicht wegfallen:
*Die Reisegruppe wartet **vor** der Vorhalle.* → *Wo wartet die Reisegruppe?* → Adverbiale
*Die Reisegruppe wartet **auf** ihre Führung.* → *Wor**auf** wartet die Reisegruppe?*
→ Präpositionalobjekt

4 Entscheide, ob es sich bei den markierten Satzgliedern um Präpositionalobjekte oder adverbiale Bestimmungen handelt. Notiere deine Ergebnisse mit kurzen Begründungen.

a) Eine Sekunde später rutschte er mit dem Wagen **von der Autobahnbrücke.**
b) Der Fahrer freute sich sehr **über sein Überleben.**
c) Er wartete lange **auf die Polizei.**
d) Den Polizisten berichtete er **von den Vorfällen.**
e) Sie hielten ihn für verwirrt und wollten ihn **in ein Krankenhaus** bringen.

5 Die Teilnehmer einer Schreibwerkstatt sollen den Kapitelanfang weiterschreiben. Bearbeite die unten notierten Sätze, die dabei entstanden sind, und wähle eine Aufgabe.

- Erweitere die Sätze durch adverbiale Bestimmungen deiner Wahl. Notiere danach die Art der adverbialen Bestimmung.
- Erweitere die Sätze durch alle unterschiedlichen Arten von adverbialen Bestimmungen und notiere die Art der adverbialen Bestimmung. Vergleicht eure Sätze in Partnerarbeit mit den Sätzen a) – d) und sprecht über die unterschiedliche Wirkung.
- Schreibe die Fortsetzung spannend weiter. Nutze dabei alle Arten von Adverbialien.

a) Rudi starrte auf die gruselige Erscheinung.
b) Die Gestalt machte ein paar Schritte.
c) Rudis Herz blieb stehen.
d) Er wollte der Mumie Angst einjagen. „Buh", piepste Rudi.

Wer waren die Götter der Ägypter?

Die Ägypter verehrten sehr viele unterschiedliche Götter und Göttinnen. Der oberste Gott **hieß** Re. Er **war** der Sonnengott und **blieb** zu allen Zeiten der wichtigste Gott des alten Ägypten. Die Menschen sahen in ihm den Schöpfer der Welt. Daneben gab es aber noch viele andere Götter. Isis, die Ehefrau des Totengottes Osiris, **scheint** die beliebteste Göttin **gewesen zu sein**. Die Ägypter **nannten** sie auch „die Zauberreiche", weil sie ihr magische Kräfte zuschrieben. Deshalb wurde sie von den Menschen oft um Hilfe gebeten.

6 Notiere die markierten Prädikate und führe die Tabelle in deinem Heft fort, indem du die jeweiligen Gleichsetzungen findest.

Der oberste Gott	hieß	Re
Er	war	...
...		

7 Bereite eine Erklärung der Aussage in der Sprechblase vor. Nutze Aufgabe 6 und eigene Beispiele. Mache dir Notizen.

„Zwischen den Satzgliedern in der letzten Tabellenspalte und den Satzgliedern in der ersten Spalte besteht eine Gleichsetzung."

Das musst du wissen

Das Prädikativ

Das Prädikativ ergänzt das Prädikat und drückt eine Gleichsetzung aus. Es kann sich auf das Subjekt oder auf das Objekt beziehen.
Isis war die beliebteste Göttin. (Nominativ, bezogen auf das Subjekt)
Die Ägypter nannten sie die Zauberreiche. (Akkusativ, bezogen auf das Objekt)

Es kann verschiedene Formen haben.
Horus war der Gott des Königtums (Nomen)/*beliebt* (Adjektiv). *Er wurde als Falke dargestellt* (Konjunktion + Nomen).

Das Prädikativ steht nur nach bestimmten Verben, im Nominativ z. B. nach *sein, werden, scheinen, bleiben, heißen*, im Akkusativ z. B. nach *nennen* oder *taufen*.
Isis scheint die beliebteste Göttin gewesen zu sein.
Man nannte sie die Zauberreiche.

→ AH S. 52, S. 55 f.

Wie lebten ägyptische Kinder?

Familie war für die Ägypter sehr wichtig. Es war schlimm für ein Paar, wenn es keine Kinder bekommen konnte – diese Paare galten sogar als verflucht!

Die Jungen lernten den Beruf ihrer Väter, die Mädchen wurden meist Hausfrau und Mutter. Einige Frauen übten aber auch einen Beruf aus, sie arbeiteten zum Beispiel als Musikerinnen. In eine Schule gingen nur diejenigen, die Schreiber werden wollten. Dort erlernten sie auch eine Art Schreibschrift, die man das Hieratische nennt.

8 Übe das Erkennen der Prädikative am obenstehenden Text. Übertrage die Tabelle in dein Heft und fülle sie aus. Vergleiche deine Ergebnisse anschließend mit deinem Partner.

Subjekt oder Akkusativ-objekt als Bezugswort	Prädikat	Prädikativ

lenkten die Götter . waren für alles , was auf der Erde und in der Unterwelt geschah. wurden nur angebetet, auch nicht alle während der ganzen Zeit des ägyptischen Reichs . Im Lauf der Jahrhunderte konnte sich außerdem verändern, einige Götter verschmolzen sogar miteinander .

9 Hier fehlen einige Satzglieder.

- Übernimm den Text in dein Heft und setze die Satzglieder ein.
- Setze die Satzglieder ein und unterstreiche in verschiedenen Farben Subjekt, Prädikat, Objekt, adverbiale Bestimmung und Prädikativ.
- Setze die Satzglieder ein und bestimme die Form der Prädikative und der adverbialen Bestimmungen möglichst genau.

zu einer neuen Gottheit

manche Götter

waren

verantwortlich

ihr Aussehen

in der Vorstellung der Ägypter

gleich wichtig

sie

die Welt

in einer Stadt oder einem bestimmten Gebiet

12

Nebensätze? Für Schriftsteller keine Nebensache!

Gliedsätze und Attributsätze unterscheiden und bestimmen

A
1) **Der baldige Beginn ihrer Reise** in die Zukunft machte sie sehr aufgeregt.
2) **Dass ihre Reise in die Zukunft bald beginnen würde,** machte sie sehr aufgeregt.

B
1) Ben und Kalle konnten **die Abholung durch Maddox und Raketa** kaum erwarten.
2) Ben und Kalle konnten kaum erwarten, **dass Maddox und Raketa sie abholen.**

1 Im Unterricht liest Jakobs Klasse gerade ein Buch über Maddox und Raketa, zwei Raumschiffpilotenkids. Sie laden Ben und Kalle, zwei Jungen aus der Gegenwart, zu einer Reise in ihre Zeit ein, direkt in das Jahr 2159! Diskutiert und begründet, welche Version der Sätze Jakob jeweils für seine Nacherzählung der Geschichte nutzen soll.

2 Bestimme, welches Satzglied bei den vier markierten Stellen jeweils vorliegt.
Beispiel: *Wer/was machte sie sehr aufgeregt? – Der baldige Beginn ihrer Reise.* → *Subjekt*

Das musst du wissen

Subjekt- und Objektsätze

Subjekte und Objekte können auch in Form von Nebensätzen vorkommen. Als Gliedsätze haben sie die Funktion eines Satzglieds.

- *Wer von den Sternen fasziniert ist, kann diese im Sommer nachts gut beobachten.* (Wer kann diese gut beobachten? → Subjektsatz)
- *Man glaubt fast, dass man sich auf einem fernen Planet befindet.* (Wen oder was glaubt man fast? → Objektsatz)

3 Jakob ist unsicher, wie er die Sätze umformulieren soll. Ersetze die markierten Subjekte und Objekte durch Gliedsätze mit möglichst ähnlichen Aussagen.

a) **Die ständige Verschiebung des Starts** machte Ben und Kalle etwas nervös.
b) **Die Notwendigkeit der Aufladung des Zeitgleiters mit Energie** verstanden sie ja.
c) **Das Bitten von Maddox und Raketa um eine intertemporäre Sonderstarterlaubnis** kam ihnen aber seltsam vor.
d) Sie hatten sich nicht auf **ein längeres Warten auf die Genehmigung** eingestellt.

→ AH S. 58–61

„Sind die beiden wirklich Zeitreisende?"

„Wohin wird die Reise wohl gehen?"

„Der Zeitgleiter ist ja riesig."

„Wann fliegen wir denn los?"

„Wir wollen unbedingt starten!"

„Ich merke es!"

4 Formuliere mithilfe der Sprechblasen einen anschaulichen Erzähltext. Nutze dabei auch Subjekt- oder Objektsätze.

Adverbialsätze

Das musst du wissen

Adverbialsätze übernehmen die Funktion des Satzglieds „adverbiale Bestimmung". Sie werden durch Kommas vom Hauptsatz abgetrennt und durch Subjunktionen eingeleitet. Man unterscheidet folgende Satzarten:

Temporalsatz	Zeit *(als, nachdem, während …)*	***Seit man kleine Teilchen beschleunigen kann,*** *scheinen Zeitreisen möglich.*
Lokalsatz	Ort *(wo …)*	*Die Zeitmaschine stand noch immer dort,* ***wo der Professor sie verlassen hatte.***
Kausalsatz	Grund *(weil, da …)*	*Forscher haben Angst vor Zeitsprüngen,* ***weil sie vieles noch nicht wissen.***
Finalsatz	Zweck *(damit …)*	***Damit man in fremde Galaxien reisen kann,*** *muss man Astronaut werden.*
Modalsatz	Art und Weise *(wie, indem, als …)*	***Indem man lange Jahre forschte,*** *ermöglichte man die Mondlandung.*

5 Nutze Jakobs Ideen-Notizen aus dem Wortspeicher und verfasse eine Fortsetzung der Geschichte. Formuliere mindestens je einen Subjekt-, Objekt- und Adverbialsatz.

Wortspeicher

schnell angurten – nur leichtes Wackeln – Start – Durchbrechen der Zeitatmosphäre – eine Zeituhr im Zeitgleiter zeigt die Jahreszahlen – Flug dauert nur wenige Minuten

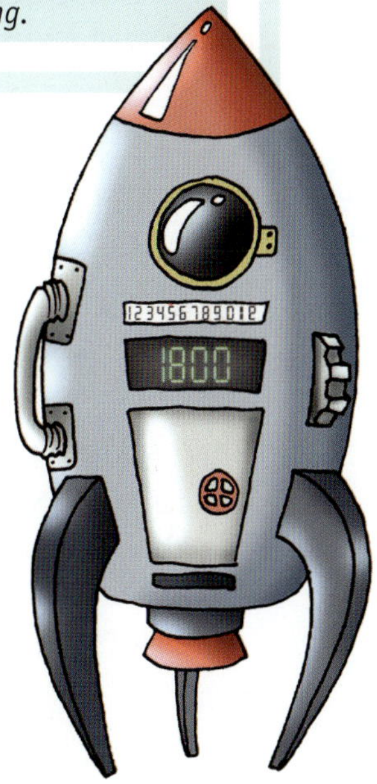

6 Verbinde Jakobs Sätze zu Satzgefügen aus Haupt- und Nebensätzen. Nutze die Subjunktionen aus dem Kasten der vorangehenden Seite. Formuliere abschließend einen Ratschlag an Jakob, warum er mehr Nebensätze nutzen sollte.

a) Stahlbert, der Schutzroboter, kann gefährliche Situationen entschärfen. Er kann seine Form verändern.
b) Der Raumgleiter wurde einmal von einem Cyber-Kraken angegriffen. Der Roboter verwandelte sich in einen Aal.
c) Stahlbert machte sich dünn und lang. Er konnte in das Steuerungssystem gelangen.
d) Alle Sicherungen brannten durch. Stahlbert hatte ihm einen Stromschlag versetzt.
e) Maddox verstaute den Schrott des zerstörten Feinds im Frachtraum. Er untersuchte ihn auch dort.
f) Maddox wollte die Daten des Monsters retten. Er erhoffte sich Informationen.
g) Plötzlich bewegte sich einer der Krakenarme. Maddox wurde unsicher.
h) Er verriegelte den Frachtraum. Der Krake konnte sich vielleicht doch noch einmal erholen.

7 Notiere, welche Art von Adverbialsatz du in Aufgabe 6 jeweils formuliert hast.

Das musst du wissen

Attributsätze

Attributsätze liefern ergänzende Informationen zu Satzgliedern. Als Teile von Satzgliedern bezeichnet man sie daher auch als Gliedteilsätze. Sie stehen häufig in Form von Relativsätzen *(Zeitmaschinen, die wirklich funktionieren, gibt es nicht.)*.

8 Formuliere Jakobs Notizen zur Landung um, nutze Attributsätze.

a) Die beiden Jungen wagten einen Schritt auf die erste Stufe der Außenleiter des Raumzeitschiffs. Es war gerade sanft gelandet.
b) Rundherum standen Hochhäuser. Ihre Spitzen waren nicht zu sehen.
c) Ein roter Teppich war für die Gäste ausgelegt. Er führte quer über den Platz.
d) Sie wurden von vielen tausend Menschen empfangen. Sie applaudierten laut.

Das musst du wissen

Satzreihen und Satzgefüge

Wenn sich ein komplexer Satz, d. h. ein Satz mit mehreren finiten Verben, aus zwei oder mehr Hauptsätzen zusammensetzt, spricht man von einer Satzreihe.
Maddox und Raketa holten die beiden Jungen ab und alle starteten ins Abenteuer.

Ein Satzgefüge dagegen besteht aus einem Haupt- und einem Nebensatz.
Der Nebensatz kann dabei unterschiedliche Funktionen einnehmen:
1) Satzglied: Subjekt-, Objekt- und Adverbialsätze nennt man deshalb Gliedsätze.
Dass die beiden Jungen bereits warteten, wussten Maddox und Raketa. (Objektsatz)
2) Teil eines Satzglieds: Attributsätze werden daher als Gliedteilsätze bezeichnet.
Maddox und Raketa holten die beiden Jungen ab, die bereits warteten.

9 Füge die zerrissenen Satzschnipsel zu sinnvollen Satzgefügen zusammen. Unterstreiche die Glied- und die Gliedteilsätze und notiere, ob es sich um Subjekt-, Objekt-, Adverbial- oder Attributsätze handelt.

1) Dass Maddox und Raketa wieder zu Hause waren,

a) dass sie es geschafft hatten.

2) Wer nicht aufgibt,

b) die rund waren und Aeromobile hießen.

3) Alle freuten sich darüber,

c) die sie von der Erde nicht kannten.

4) Ben und Kalle waren sehr erstaunt über die ungewohnte Umwelt,

d) freute alle.

5) Überall standen Hochhäuser,

e) flatterten die Papageien in Schwärmen vorbei.

6) Während zwischen den Baumkronen Affen hin und her sprangen,

f) schafft es irgendwann.

7) Mittendurch flogen kleine Flugzeuge,

g) zwischen denen aber Bäume, Büsche und Blumen wuchsen.

10 Hilf Jakob, seine Nacherzählung zu verbessern. Wähle dazu eine der folgenden Aufgaben. Achte jeweils auf die richtige Kommasetzung.

- Ersetze die markierten Wortgruppen durch Gliedsätze und Gliedteilsätze.
- Ersetze die markierten Wortgruppen durch Gliedsätze und Gliedteilsätze. Notiere, um welche Art von Nebensatz es sich jeweils handelt.
- Ersetze die markierten Wortgruppen durch Gliedsätze und Gliedteilsätze. Notiere, um welche Art von Nebensatz es sich handelt, und begründe deine Umformungen in einem kurzen Erklärungstext.

a) **Beim Betreten des roten Teppichs durch die vier Zeitreisenden** teilte sich die Menge.
b) Ben und Kalle kamen **aufgrund der Veränderungen der Welt** aus dem Staunen gar nicht mehr heraus.
c) Es war ein langer Weg **bis zur Überzeugung aller Länder der Welt von der Notwendigkeit des Umweltschutzes.**
d) **Seit dem Fischfangverbot vor 5 Jahren** sind die Meere, Flüsse und Seen wieder voller Tiere.
e) **Nach Raketas Erklärung der zukünftigen Grundsätze der Welt in Bezug auf Umweltschutz** schluckte Ben.
f) Hier schien **das von ihm immer Erträumte** wahr geworden zu sein.
g) Er nahm sich **seinen größeren Einsatz für den Tierschutz** vor.
h) Schließlich liefen vier **Blumenkränze tragende** Frauen und eine Roboterdame auf die Freunde zu.

12

Kein Stress mit dem *S*!

Das-/dass-Schreibung in Satzgefügen untersuchen und anwenden

(1) Dass der Baum so bedrohlich wirkte, lag an dieser stürmischen und stockdunklen Nacht. „Ich hoffe, (2) dass das mal gut geht!", dachte Oskar und krallte seine Finger in das alte Kleidungsstück, (3) das er vom Dachboden mitgebracht hatte. Dann holte er Luft und setzte den Fuß auf die Schwelle des Tores im Baumstamm, (4) das ihn in eine andere Zeit führen sollte. Dort trifft er auf den Jungen Albrecht.

1 Tauscht euch in der Klasse darüber aus, wohin das Tor Oskar führen könnte. Seht euch dazu auch das Cover des Buches an.

2 Untersucht in Partnerarbeit die Nebensätze aus dem Text aus Aufgabe 1 genauer. Übertragt dazu die Tabelle in euer Heft und ergänzt diese.

Nebensatz	eingeleitet durch	Art des Nebensatzes
(1) Dass der Baum so bedrohlich wirkte, ...	dass	Gliedsatz: Subjektsatz
(2) ...		

3 Führe Jakobs Aussage in deinem Heft fort, indem du diese genauer erklärst.

Jakob: „Die Wörter *dass* und *das* können beide Nebensätze einleiten, sie haben aber unterschiedliche Funktionen. Wenn ich die Art des Nebensatzes kenne, schreibe ich *das/dass* richtig."

Das musst du können

So verwendest du *das/dass* in Satzgefügen richtig

In Satzgefügen können die Nebensätze – je nach Funktion – mit *das* oder *dass* eingeleitet werden.

- *das* schreibst du, wenn das Wort als Relativpronomen am Anfang eines Attributsatzes (Relativsatzes → S. 220) steht.
  Es war das Tor, das Oskar Albrecht beschrieben hatte.
- *dass* schreibst du, wenn das Wort als Subjunktion am Anfang von Subjekt-, Objekt- oder Adverbialsätzen (Gliedsätzen → S. 220) verwendet wird.
  Dass Albrecht Oskar bei seiner Zeitreise helfen wird, wusste zu diesem Zeitpunkt keiner.
  Albrecht will nicht, dass jemand ihn zeichnen sieht.

4 Bei seiner Zeitreise zurück in das Jahr 1484 trifft Oskar im mittelalterlichen Nürnberg Albrecht, der einmal sehr berühmt sein wird. Verbinde die Satzteile zu passenden Andeutungen über Albrechts Zukunft.

dass er Albrechts Gesicht schon einmal in einem Museum gesehen hatte.

konnte niemand bestreiten.

Oskar glaubte,

Albrecht „unterschrieb" seine Bilder mit einem Monogramm[1],

Das Bild,

das aus einem großen A und einem darunter eingefügten D bestand.

das Albrecht gerade zeichnete,

Dass Albrecht ein guter Zeichner war,

kannte Oskar aus seinem Kunstbuch.

[1] **Monogramm** = kunstvolle Verbindung von Buchstaben

5 Erfahre, was Oskar bei seiner Reise erlebt. Bearbeite dazu eine der folgenden Aufgaben.

- Notiere die richtige *das-/dass*-Schreibung in deinem Heft.
- Notiere die richtige *das-/dass*-Schreibung in deinem Heft und begründe jeweils deine Wahl.
- Notiere die richtige *das-/dass*-Schreibung in deinem Heft und formuliere eine Fortsetzung des Textauszuges mit mindestens zwei Satzgefügen. Leite darin einen Nebensatz passend mit *das* und einen mit *dass* ein.

Als Oskar auf dem Dachboden eine alte Truhe seines Großvaters und darin das Equipment findet, (1) ______________ ihm Reisen in längst vergangene Zeiten ermöglicht, denkt er, (2) ______________ ein kurzer Ausflug ins Mittelalter ein großer Spaß werden könnte. Doch das Nürnberg, (3) ______________ er gegen Ende des 15. Jahrhunderts besucht, ist ein Ort voller Gefahren. (4) ______________ er in zwielichtige Machenschaften um Kindesraub und Hexerei verwickelt sein würde, hatte sich Oskar so nicht ausgemalt. Ein spannendes und für Oskar nicht ungefährliches Abenteuer beginnt! (5) ______________ er alle Herausforderungen am Ende doch meistert, hat Oskar dem Jungen Albrecht zu verdanken. Dieser malt sehr gerne – ein Hobby, (6) ______________ Albrechts Vater allerdings sehr missfällt …

Darauf kommt es mir an!

Durch den Satzbau inhaltliche Schwerpunkte setzen

[1] **Trilogie**, die: drei Bücher/Musikstücke/..., die zusammen ein Werk ergeben

a) Im ersten Band der Trilogie[1] von **Guillaume Prévost** geht es um Sam, der auf der Suche nach seinem Vater eine abenteuerliche Zeitreise erlebt.
b) Im ersten Band der Trilogie von Guillaume Prévost geht es um Sam, der **auf der Suche nach seinem Vater** eine abenteuerliche Zeitreise erlebt.
c) Im ersten Band der Trilogie von Guillaume Prévost geht es um Sam, der auf der Suche nach seinem Vater **eine abenteuerliche Zeitreise erlebt.**

1 Lest euch die Sätze aus der Buchbesprechung in Partnerarbeit halblaut vor. Betont jeweils die markierten Wörter und achtet auf die Unterschiede.

2 Formuliere drei Interviewfragen, welche durch die unterschiedlich betonten Sätze der Buchbesprechung sinnvoll beantwortet werden.

Das musst du können

So veränderst du die Aussageschwerpunkte durch Betonung und Wortumstellung

- Einzelne Aussagen und Satzglieder werden besonders hervorgehoben durch Wortumstellungen. Wichtige Passagen können am Satzanfang oder am Ende stehen. Auch Gliedsätze (Subjekt-, Objekt- und Adverbialsätze) und Gliedteilsätze (Attributsätze) können zur Betonung eingesetzt werden.
- Überprüfe die Schwerpunktsetzungen durch lautes und übertrieben betontes Vorlesen (Klangprobe).

3 Setzt in Partnerarbeit das Interview mithilfe der untenstehenden Antworten fort. Bereitet euch auf den richtig betonten Vortrag der Fragen und Antworten vor.

■ Formuliert drei Interviewfragen, auf welche die so formulierten Sätze sinnvolle Antworten geben.

■ Formuliert je zwei Interviewfragen zu jeder Antwort: Auf die erste Frage antwortet der Satz, wenn sein Anfang betont wird. Auf die zweite Frage antwortet derselbe Satz, allerdings mit der Betonung des Satzschlusses.

■ Formuliert je drei mögliche Interviewfragen, auf die die Sätze antworten könnten. Stellt die Sätze entsprechend der Frageschwerpunkte um und betont sie passend.

a) Sam gelangt mithilfe eines mysteriösen Buchs in verschiedene Zeitalter.
b) Bei den Pharaonen war er zum Beispiel ziemlich am Anfang seiner Reise.
c) Gemeinsam mit seiner Cousine Lilli sucht er seinen verschwundenen Vater.

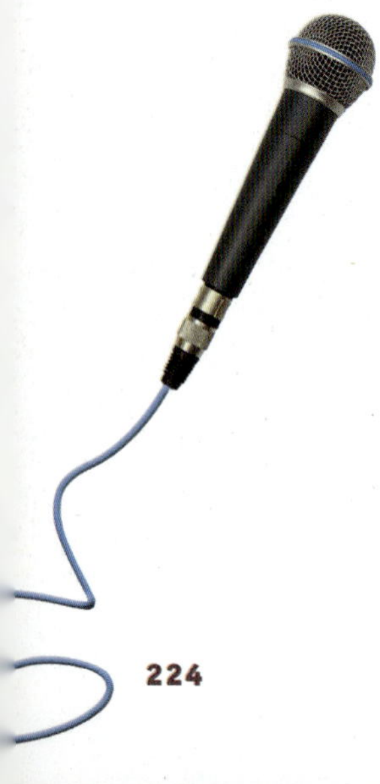

→ AH S. 60 f.

4 Formuliere mithilfe der Einleitungen im Wortspeicher weitere Fragen. Gestalte passende Antworten, indem du die Hauptsätze zu Satzgefügen verbindest.

a) Sam kann durch die Zeit reisen. Er muss eine Münze auf eine in einen Stein gravierte Sonne legen.
b) Sams Zeitreise beginnt. Er schlägt ein geheimnisvolles Geschichtsbuch auf einer bestimmten Seite auf.
c) Der Inhalt der Buchseite legt das Reiseziel fest. Es enthält genaue Informationen zu Zeit und Ort.
d) Sam unternimmt Zeitreisen. Er will seinen Vater wiederfinden.

Wortspeicher
auf welche Art und Weise – mit welchem Ziel – wann – warum

5 Auf der Suche nach Arbeit gerät der Zeitreisende Samuel in den Hafen der belgischen Stadt Brügge und entdeckt einen merkwürdigen Kran. Beantworte die Fragen sinnvoll mithilfe des Bilds. Formuliere dabei auch Attributsätze.

a) Welche Art Kran findet Samuel?
b) Welche Kinder fallen ihm auf?
c) Welches Holzrad weckt seine Aufmerksamkeit?

6 In der Buchbesprechung wird das Kapitel zu den „Hamstern von Brügge" zusammengefasst, ohne dass Nebensätze zur Schwerpunktsetzung genutzt werden.

- Überarbeite drei Sätze deiner Wahl so, dass deine Überarbeitung einen Gliedsatz, einen Adverbialsatz und einen Attributsatz enthält.
- Führe eine Textlupe zum Text durch. Überarbeite die weniger gelungenen Stellen, indem du Nebensätze verwendest.
- Schreibe den Text neu. Nutze dabei möglichst viele Nebensätze.

Nach Guillaume Prévost
Die Hamster von Brügge

Die Bretterkonstruktion ragte an der linken Seite des Kais hoch. Samuel hatte sie für ein Gerüst gehalten. Sie sah aus wie ein Huhn ohne Kopf, mit aufgeblähtem Bauch und einem Hals. Dieser lief nach oben hin schmal zu. In Wirklichkeit handelte es sich um einen Kran. Seine Taue tauchten in die Schiffe hinab. Sie holten die Ladung herauf. Er wurde von einer großen Trommel angetrieben. Sie wurde von zwei Jungen betätigt. Sie liefen im Inneren im Kreis.

Die drei Jungen, so erklärte der Hafenmeister, mussten nur im Gleichschritt im Inneren der Trommel gehen. Sie mussten auf Folgendes achten: Sie durften sich weder von der Geschwindigkeit mitreißen lassen noch aus dem Gleichgewicht kommen. Sam stellte außerdem sofort Folgendes fest: Es war sehr kalt. Seine Kollegen waren schweißgebadet.

12

Was DU schon kannst!

Kompetenztest

Attribute bestimmen

1 Ordne die in den Sätzen markierten Attribute den verschiedenen Formen auf der rechten Seite zu.

1) Viele Jungen träumen davon, zu den Cowboys **des Wilden Westens** zu reisen.
2) Sie möchten durch die **einsame** Prärie reiten.
3) Sich abends am Lagerfeuer Geschichten **über Abenteuer** zu erzählen, wäre sehr spannend.
4) Legenden aus **vergangenen** Zeiten sind sehr interessant.
5) Eigentlich war die Arbeit eines Cowboys sehr hart. Er musste bis zu **zehn** Stunden am Tag arbeiten.
6) Ein Cowboy, **mit anderen Worten ein Viehhirte**, musste Rinderherden zu den Märkten bringen.

a) Nomen mit Präposition
b) Partizip
c) Nomen im Genitiv
d) Zahlwort
e) Adjektiv
f) Apposition

Objekte bestimmen

2 Bestimme die markierten Objekte in den folgenden Sätzen.

- Ich interessiere mich **für Archäologie**, weil man so auch in die Vergangenheit reisen kann.
- Am liebsten würde ich **eine alte Pyramide** erforschen.
- **Meinem Bruder** würde ich ein Goldstück aus einer Grabkammer schenken.
- Früher gedachten die Untertanen **der verstorbenen Pharaonen**, indem sie sie mit den Pyramiden verehrten.

Adverbiale Bestimmungen, Präpositionalobjekte und Prädikative unterscheiden

3 Kreuze an, ob es sich um eine Adverbialbestimmung, ein Präpositionalobjekt oder ein Prädikativ handelt.

	adverbiale Bestimmung	Präpositional-objekt	Prädikativ
a) Ich freue mich **auf neue Erkenntnisse im Bereich der Zeitreisen**.	☐	☐	☐
b) **Seit vielen Jahren** sind Schwarze Löcher bekannt.	☐	☐	☐
c) Das sind **Objekte**, die eine starke Gravitation erzeugen.	☐	☐	☐
d) Doch Genaueres weiß man nicht **über sie**.	☐	☐	☐
e) **In ihrem Inneren** könnten Tunnel durch Raum und Zeit existieren.	☐	☐	☐

4 Bestimme die markierten Gliedsätze genau.

Gliedsätze erkennen und bestimmen

Sam fragt seinen Physiklehrer, ob es möglich sei, die Zeit zurückzudrehen.

Er beantwortete Sams Frage: „Gehen wir mal davon aus, **dass es in der Theorie möglich ist** (1), dass man die Zeit zurückdreht. Stellen wir uns vor, du befindest dich auf der Erde und dein Freund auf dem Mars. **Wenn du ihm um elf Uhr morgens ein Lichtsignal sendest** (2), braucht es ungefähr fünfundzwanzig Minuten, um den Mars zu erreichen. Um elf Uhr fünf kann man demzufolge feststellen, **dass dieses Signal seit fünf Minuten deiner Vergangenheit angehört** (3), obwohl es für deinen Freund noch Zukunft ist, **da er ja noch zwanzig Minuten warten muss** (4), **bis er es bekommt** (5)."

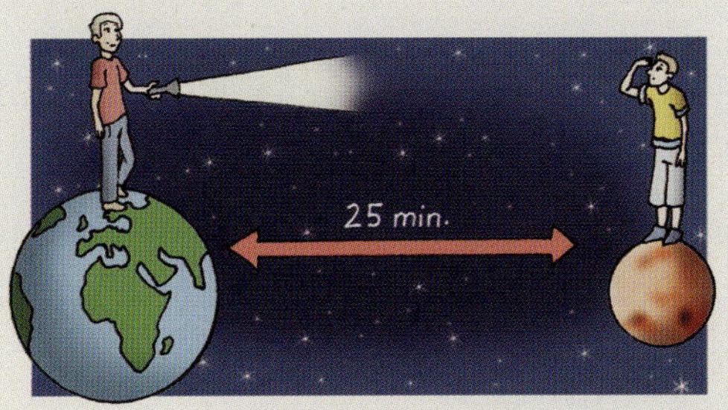

5 Formuliere die markierten Attribute oder adverbialen Bestimmungen in Glied- oder Gliedteilsätze um, sodass die umständlich wirkenden Sätze entlastet werden.

Glied- und Gliedteilsätze für die stilistische Verbesserung von Texten nutzen

Sams Lehrer führt weitere Überlegungen aus:

„Nehmen wir jetzt einmal an, du hättest eine **doppelt so schnell wie dein Lichtsignal fliegende** Rakete. **Bei einem Start um fünf nach elf auf der Erde** wirst du mit größter Wahrscheinlichkeit dein Lichtsignal gegen zehn nach elf eingeholt haben. Anders ausgedrückt: Um zehn nach elf hast du deine Vergangenheit eingeholt! Und hättest in gewisser Weise die Zeit zurückgedreht. [...] Man müsste nur noch eine Rakete, **schneller als das Lichtsignal**, konstruieren. Wie du weißt, ist die Lichtgeschwindigkeit aber die **höchste im Universum bekannte**, sodass sich unser Experiment nicht umsetzen lässt.

6 Stelle den Satz so um, dass das jeweils angegebene Satzglied betont wird. Notiere die Lösungen ins Heft.

Die Klangprobe anwenden, um den Satzbau zu variieren

Subjekt	Eine interessante Idee hatte meine Freundin neulich:
Akkusativobjekt	„Jeder möchte bestimmt einmal die Zeit zurückdrehen!
Temporaladverbiale	Ich wünsche mir das schon seit langem.
Dativobjekt	Ich würde uns einen bestimmten Zeitpunkt aussuchen, an dem wir etwas Tolles erlebt haben.
Lokaladverbiale	Ich möchte so gern wieder ans Meer in den Urlaub."

13 Paulas Freizeit

Rechtschreibstrategien und -regeln anwenden

1 Nicht nur in der Schule, sondern auch in ihrer Freizeit schreibt Paula häufig Texte. Tauscht euch darüber aus, was ihr auf den Bildern auf → Seite 229 erkennen könnt. Überlegt, an wen Paula sich wendet und was sie jeweils bezweckt.

2 Sprecht in der Klasse über eure eigenen Freizeitaktivitäten. In welchen Situationen müsst ihr Texte schreiben? Sammelt Gründe für eine ansprechende und korrekte Textgestaltung.

3 Das Kapitel beschäftigt sich mit Paulas Freizeitgestaltung. Schreibe einen Text (ca. 150 Wörter) über dein Hobby und lass ihn anschließend von deinem Partner korrigieren. Versuche, bei der Korrektur die Strategien anzuwenden, die du in der 5. Klasse gelernt hast. Informiert euch gegenseitig über typische Fehlerquellen, die ihr festgestellt habt.

Neben dem Schreiben von Texten kann man noch andere Dinge in der Freizeit machen. Zusammen mit Paula und ihren Freunden lernst du in diesem Kapitel weitere Möglichkeiten der Freizeitgestaltung kennen und dabei …

… grundlegende Rechtschreibstrategien und -regeln besser kennen,
… Fehlerschwerpunkte zu erkennen,
… Fremdwörter richtig zu schreiben,
… Satzzeichen richtig zu verwenden,
… Rechtschreibstrategien anzuwenden,
… eigene Texte zu überarbeiten.

13

Mitsprechen, nachdenken, merken?

Rechtschreibstrategien und Regeln zum Überarbeiten von Texten anwenden

A Glaubt man den Umfragen, sind Skifahren und Snowboarden noch immer die beliebtesten Sportarten im Winter. Dabei gibt es eine Vielzahl an anderen Möglichkeiten. Man muss nur die Augen öffnen und sich auf die Suche begeben. Wer nicht in einem Skigebiet wohnt, muss keinesfalls auf Wintersport verzichten. Es gibt auch viele verschiedene Sportarten, für die man keine Berge benötigt.

B Nur die wenigsten Menschen haben irgendwann schon einmal etwas von Wintergolf gehört – und dennoch ist die Sportart in den letzten Jahren wirklich immer beliebter geworden. Wintergolf wird mit einem leuchtend roten Ball gespielt. Im Wesentlichen funktioniert es so wie das bekannte Golfspiel im Sommer. Man braucht dafür allerdings wetterfeste Kleidung und eine spezielle Ausrüstung.

1 Vielleicht warst du mit Erwachsenen schon einmal auf dem Golfplatz. Tauscht euch darüber aus, welche Probleme beim Wintergolf auftreten könnten.

2 Diktiert euch je einen der Texte in Partnerarbeit. Korrigiert die Texte gegenseitig.

3 Übertrage die Tabelle und notiere die fehlerhaften Wörter in der richtigen Schreibung in die passende Zeile. Ergänze die Tabelle um weitere Fehlerschwerpunkte.

Dieses Wort hatte ich falsch geschrieben	Ich habe noch Schwierigkeiten bei/beim ...
	... Schreiben langer Vokale.
	... Schreiben kurzer Vokale.
	... der Großschreibung von Satzanfängen.
	... der Großschreibung von Nomen.
	... der Großschreibung von Nominalisierungen.
	... Unterscheiden von *s, ss* oder *ß*.
	... Unterscheiden von *das* und *dass*.
	...

4 Bestimme mithilfe der Tabelle deine Fehlerschwerpunkte. Notiere, welche der Strategien aus dem Kasten dir bei der richtigen Schreibung in diesem Bereich helfen könnte.

Das musst du können

So reduzierst du deine Rechtschreibfehler

Das **Schreiben von Texten** oder **regelmäßiges Lesen** verbessern die Rechtschreibung, denn du „gewöhnst" dich an das Aussehen der Wörter. Oft erkennst du die richtige/falsche Schreibung, wenn du die verschiedenen Möglichkeiten schreibst oder dir das fertige Schriftbild anschaust.
In einzelnen Fällen können die folgenden **Strategien** und Hinweise helfen:

- Zerlege Wörter in **Sprechsilben**.
- **Verlängere** die Wörter (z. B. mit der Mehrzahlprobe).
- Verwende das **Stammprinzip**: Wörter einer Wortfamilie werden gleich geschrieben.
- Nutze ein **Rechtschreibwörterbuch** oder die **Korrekturfunktion** eines Textverarbeitungsprogramms.
- Achte auf Mitsprech-, Nachdenk- und Merkwörter.

5 Paula hat ein Eishockeyspiel besucht. Nun möchte sie einen Tagebucheintrag verfassen. Notiere die richtige Form in den folgenden Sätzen und begründe deine Wahl schriftlich.

a) In der großen Halle ist es heute kälter/kelter als sonst.
b) Der Eishockeyspieler läuft/leuft sich warm.
c) Die zuschauer/Zuschauer warten gespannt auf den Anpfiff/anpfiff.
d) Endlich pfeift/pfeifft der Schiedsrichter das Eishockeyspiel an.
e) „Schlus/Schluss für heute! Das Training ist beendet."

ACHTUNG FEHLER!

Liebe Mama, lieber Papa,
stellt euch vor, was wir häute gemacht haben: Wir waren auf einer rodelbahn! Der Aufstieg hat fast zwei stunden gedauerd, aber die Abfaart hat sich wirklich gelohnd! Ich bin mit Miriam zusamen auf einem Rodel gesessen und wir wahren echt ziemlich rasant unterwegs. Schade, das unsere Woche hihr fast schon vorbei ist.
Liebe Grüße
eure Paula

6 Diese Postkarte an ihre Eltern sollte Paula noch einmal neu schreiben. Schreibe den Text in der richtigen Schreibung ab und ...

- ... unterstreiche alle Wörter, die Paula falsch geschrieben hat.
- ... formuliere zu zwei Fehlern Tipps, wie Paula Rechtschreibfehler reduzieren kann.
- ... bestimme Paulas Fehlerschwerpunkte mit einer Tabelle wie in Aufgabe 3. Formuliere Tipps zur Reduzierung der häufigsten Fehler.

13

Über kurz oder lang

Beim Schreiben von Vokaldehnung und -schärfung sicher werden

Empanadas

(gefüllte Teigtaschen aus Spanien, Portugal und Südamerika)

Für den Teig
450 g Weizenmehl + mehr zum Bestäuben
2 TL Backpulver
80 g kalte Butter, gewürfelt
2 Eier, verquirlt + mehr zum Bestreichen
4–6 EL Wasser

Für die Füllung
1 EL Olivenöl
1 Zwiebel, geschält und fein gehackt
4 Tomaten (etwa 160 g), gehackt
2 EL Tomatenmark
1 Msp. Cayennepfeffer
(Vorsicht, sehr scharf!)
200 g Thunfisch aus der Dose, abgetropft
2 EL fein gehackte Petersilie
Salz und frisch gemahlener Pfeffer

1 Notiere, welche Maßeinheit sich jeweils hinter den Abkürzungen verbirgt. Die Abbildungen helfen dir.

	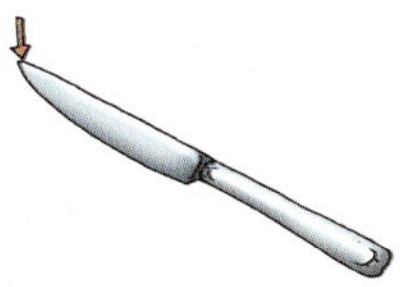		
TL	Msp.	EL	g

2 Im Buchstabensalat sind weitere Maßeinheiten und Kochzutaten versteckt. Finde und notiere sinnvolle Verbindungen.
Beispiel: *eine Tasse Wasser*

3 Fasse alle Informationen zur Schreibung von langen und kurzen Vokalen knapp und übersichtlich in deinem Heft zusammen. Notiere die Maßeinheiten aus den Aufgaben 1 und 2 als Beispiele.

C J D I R V B L A T T K H E C E M Ö H R E N
S L F Q A X D F K I L O Ö L K J D V C B A H
L O R B E E R H H I S A L G B P F E F F E R
Q B H T L J C E P R I S E C E Q N L Q E C F
B U N D E C A F D Y X R V J R V S T Ü C K Y
Y X C V B B ~~T A S S E~~ N N N J D L E U H C
~~W A S S E R~~ P R C K O J V Q R Z U C K E R
V Q F F G H M Z H H

4 Im Kochbuch sind einige Begriffe verklebt. Notiere die unleserlichen Begriffe.

Das M___l mit dem B___pulver in eine große Sch___l sieben. Die B___er dazugeben und mit den Fingerspitzen verreiben, bis die Mischung groben S___elbröseln ähnelt.
Die verquirlten Eier und 4–6 EL W___er in kleinen Portionen hinzufügen. Ma___e vorsichtig mischen, bis sich der Teig zu einer Kugel formen l___t. In Frischhaltefolie wi___eln und für 30 Minuten kalt ste___en.

Das musst du wissen

Schreibungen mit und ohne Dehnungs-h

Stehen lang gesprochene Vokale vor l, m, n und r, folgt in der Regel ein Dehnungs-h (*Sahne, Mehl …*). Ausnahmen sind Merkwörter (*Tor, Rom …*).
Die lang gesprochenen Vokale in den Suffixen (Endsilben) *-sam, -sal, -bar* und *-tum* schreibt man ohne Dehnungs-h (*folgsam, Schicksal, essbar, Brauchtum …*).

5 Notiere alle Begriffe aus dem nächsten Teil des Rezepts, die zu dem ersten Hinweis im Kasten passen.

Das Öl in einer Pfanne erhitzen. Die Zwiebel bei sehr milder Hitze 5–8 Minuten braten. Tomaten, Tomatenmark, Cayennepfeffer, Thunfisch und Petersilie zufügen und mit Salz und frisch gemahlenem Pfeffer würzen. Die Temperatur senken und alles 5–6 Minuten erhitzen, ab und zu umrühren. Zum Abkühlen beiseitestellen.
Den Backofen auf 190 °C vorheizen. Den Teig auf der bemehlten Arbeitsfläche 3 mm dick ausrollen. Mit einem Ausstecher (9 cm Durchmesser) Kreise ausstechen.

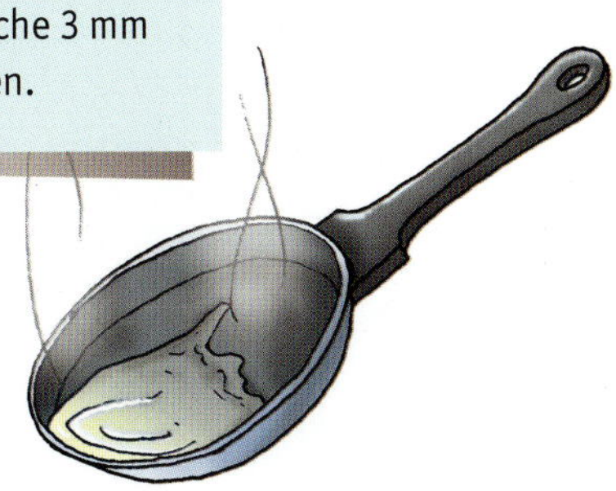

6 Übe die Schreibung langer und kurzer Vokale. Nutze den folgenden Text als Laufdiktat und …

- … tausche ihn zur Korrektur mit dem Diktattext eines Partners.
- … bestimme deine Fehlerschwerpunkte.
- … bestimme deine Fehlerschwerpunkte. Schreibe die falsch geschriebenen Wörter neu und notiere – wenn möglich – jeweils ein Reimwort mit gleicher Schreibung.

Jeweils einen gehäuften Teelöffel der Füllung achtsam auf die Teigkreise geben und die Ränder mit Wasser einpinseln. Den knetbaren Teig so über der Füllung zusammenklappen, dass ein Halbmond entsteht. Vorsichtig an den Rändern entlangfahren und sie fest andrücken. Am Schluss die Empanadas auf ein mit Backpapier ausgelegtes Blech legen und die obere Seite mit verquirltem Ei bestreichen. 25–30 Minuten backen, bis sie goldbraun sind. Warm servieren.

13

Ihr seid ja groß geworden

Die Schreibung von Nominalisierungen, Adjektiven, Mengen- und Zeitangaben vertiefen

hi paula,
zu deiner frage neulich #instrument und so. frag doch mal in einem musikgeschäft und lass dich beraten. du wirst noch ein echter mozart. ich stehe ja bei musik mehr auf anhören
cu enya

„Was soll das denn? Ich habe sie ernsthaft um Rat gebeten und sie …"

1 Paula überlegt seit einer Weile, ob sie ein Instrument lernen soll. Über die Nachricht ihrer besten Freundin ist sie sehr enttäuscht. Ergänze Paulas Gedanken.

2 Diskutiert in der Klasse, ob die Form von Enyas Nachricht angemessen ist. Geht dabei auch auf die Groß-/Kleinschreibung in Kurznachrichten ein.

Liebe Tante Anja,
gestern war ich mit Mama, Papa und Familie Schulz in einer Aufführung von Beethovens 9. Symphonie. Erst dachte ich, das wird wohl zum Gähnen langweilig. Aber wir hatten einen tollen Platz, von dem aus wir alle Orchestermitglieder beim Spielen beobachten konnten. Das fand ich dann richtig interessant, weil ich jedes Instrument seinem Klang zuordnen konnte. Bei etwas so Großartigem wäre ich auch mal gern dabei! Ich überlege ja immer noch, Geige zu lernen. Oder vielleicht doch etwas Außergewöhnliches wie Oboe? Was meinst du?
Alles Liebe
Paula

3 Bei Paulas Brief an ihre Tante kannst du dein Wissen zur Groß- und Kleinschreibung anwenden. Übertrage die Tabelle und fülle sie mit den Beispielwörtern aus dem Brief.

Großschreibung am Satzanfang	Eigenname	Nomen	Nominalisierung von Adjektiv/Verb
…	…	…	…

→ AH S. 72–75

4 Trage auch die Begriffe der Nachricht aus Aufgabe 1, die eigentlich großgeschrieben werden müssten, in richtiger Schreibung in die Tabelle ein.

5 Formuliere aus Paulas Notizen eine korrekt geschriebene Antwort an Enya.

deine nachricht etwas geärgert ... spielen eines instruments würde mir freude machen ... mein nachfragen war ernst gemeint ... brauche einen rat ... gestern bei beethoven ... vielleicht doch geige ... deine meinung ...

Paula: „Welches Instrument ist wohl das BESTE für mich? Eine Geige wäre etwas TOLLES. Vielleicht reicht erst einmal eine GEBRAUCHTE?“
Enya: „Ich finde das Schlagzeug am SCHÖNSTEN. Das ist mal ein tolles Instrument!“
Paula: „Vor allem ein LAUTES, du VERRÜCKTE! Für die Nachbarn im Haus wäre das wohl das SCHLIMMSTE, das sie sich vorstellen können.“
Enya: „Also, ehrlich gesagt, ich finde ja Geige am SCHAURIGSTEN ...“
Paula: „Mein Cousin spielt Geige. Er hat eine sehr SCHÖNE. Bei dem klingt es ganz nett. Für mich ist es immer das SCHWIERIGSTE, gleichzeitig auf den Bogen und die Finger zu achten. Klavier ist bestimmt am EINFACHSTEN.“

6 Notiere die großgeschriebenen Begriffe in der richtigen Schreibung. Vergleicht und besprecht eure Ergebnisse dann in Arbeitsgruppen. Notiert Begründungen und Unsicherheiten.

7 Nutzt in euren Gruppen die Informationen aus dem folgenden Kasten, um eure Ergebnisse zu überprüfen. Schreibt den Text noch einmal mit den richtigen Schreibungen ab.

Besonderheiten bei der Schreibung von Adjektiven

Das musst du wissen

In der Verbindung mit einem Nomen werden Adjektive auch im Superlativ kleingeschrieben *(der geschickteste Kletterer)*. Auch in der adverbialen Verwendung mit am schreibt man die höchste Steigerungsform in der Regel klein *(er klettert am geschicktesten)*.

Adjektive, die zu einem Nomen gehören, werden auch dann kleingeschrieben, wenn sie nicht direkt vor dem Nomen stehen *(ihr Fahrrad war ein blaues; er war der treueste von all meinen Hunden)*. Das Nomen lässt sich in diesen Fällen gedanklich ergänzen *(ein blaues (Fahrrad), der treueste (Hund))*.

Adjektive, die sich auf ein Nomen eines vorausgehenden Satzes beziehen, werden ebenfalls kleingeschrieben *(Mit Instrumenten kennt sie sich aus. Die Geige hält sie für ein gutes.)*.

Wird das Adjektiv selbst wie ein Nomen verwendet, schreibt man es groß *(Sie ist die Geschickteste beim Klettern. Es ist das Beste, wenn wir jetzt gehen.)*.

8 Errätst du Enyas nächste verrückte Idee? Notiere die Sätze in richtiger Schreibung und überprüfe mit einem Partner eure Ergebnisse.

a) Wie wäre es denn mit einem der b/Bekanntesten Instrumente Australiens?
b) Sicher ist es ein sehr u/Ungewöhnliches.
c) Es gehört zu den ä/Ältesten Instrumenten, die wir kennen.
d) Es handelt sich um ein Blasinstrument. Allerdings um ein b/Besonderes!
e) Es ähnelt einer langen Trompete, und zwar einer h/Hölzernen.
f) Am i/Interessantesten ist sicher der einförmige Ton, der beim Hineinblasen entsteht.

9 Notiere alle Formulierungen aus dem Flyer des besonderen Musikladens, die als Beispiele zu den Hinweisen im folgenden Kasten passen.

Das musst du wissen

Großschreibung nach unbestimmten Mengenangaben

Nominalisierte Adjektivformen, die den unbestimmten Mengenangaben *allerlei, alles, etwas, genug, nichts, viel* oder *wenig* folgen, werden ebenfalls großgeschrieben (*allerlei Interessantes; nichts Besonderes*).

10 Groß- oder Kleinschreibung? Notiere und erkläre die richtige Schreibform stichpunktartig.

Enya: „Die Internetseite zeigt ja allerlei w/Wissenswertes über diese Instrumente!"
Paula: „Hältst du das wirklich für w/Wissenswert?"
Enya: „Die haben viel u/Ungewöhnliches über diese Instrumente zusammengetragen. Ist denn etwas h/Hilfreiches für dich dabei?"
Paula: „Na ja, ich hab nun jedenfalls genug s/Schlaues erfahren. Es ist wirklich ein ungewöhnliches Instrument. Ob das alles hilfreich war, weiß ich noch nicht richtig. Für meine Suche nach Instrumenten bedeutet es wohl wenig n/Neues."
Enya: „Ich wollte dir ja nur einmal ein n/Neues Feld der Musikwelt eröffnen. Wär' halt mal etwas a/Ausgeflipptes."

→ AH S. 72–75

„ich bin morgens in der schule. also dienstags ginge es immer am nachmittag. heute ist es wohl zu kurzfristig. melde mich morgen mittag noch einmal ...“

11 Bei der Verabredung mit ihrem Cousin ist Paula ganz froh, dass sie in der Nachricht alles kleinschreiben kann. Schreibe die Sätze in der richtigen Groß-/Kleinschreibung. Nutze dazu die Informationen aus dem folgenden Kasten.

Das musst du wissen

Richtige Schreibung von Zeitangaben

Die Adverbien *morgens, abends, montags* etc. werden stets kleingeschrieben. Sie beziehen sich auf regelmäßig wiederkehrende Ereignisse *(Wir haben montags Sport.)*.

Die Nomen *Morgen, Abend, Montag* etc. werden stets großgeschrieben. Sie bezeichnen jeweils einen bestimmten Morgen, Abend ... *(An diesem Nachmittag war sie schlecht gelaunt.)*. In Verbindung mit *gestern, heute, morgen* werden die Tageszeiten ebenfalls großgeschrieben *(Gestern Abend rief mich Tim an.)*.

Bei Tagen in Verbindung mit Tageszeiten *(Montagabend, Dienstagmittag)* handelt es sich um Zusammensetzungen, die großgeschrieben werden.

12 Übe die Schreibung der Zeitangaben an untenstehendem Text und wähle eine der folgenden Aufgaben.

- Notiere die markierten Formen in der richtigen Schreibung.
- Notiere die markierten Formen in richtiger Schreibung. Begründe deine Wahl kurz.
- Verfasse das Gespräch zwischen Paula und dem Geigenschüler. Gehe auf Paulas Instrumentensuche ein. Verwende mindestens fünf Zeitangaben.

Vorgestern n/Nachmittag hat sich Paula entschieden, eine Schnupperstunde im Geigenunterricht zu besuchen. Diese findet heute a/Abend statt. Normalerweise trifft sich Paula d/Dienstags immer mit ihrer Freundin Enya, aber diesen d/Dienstag hat sie das Treffen abgesagt, um zur Musikschule zu gehen. Vor Paula ist noch ein Geigenschüler an der Reihe. Er erzählt, dass er zu Hause jeden m/Morgen und jeden a/Abend eine Stunde übt. Er spielt auch sehr gut, aber Paula kann sich nicht vorstellen, schon m/Morgens nach dem Aufstehen so lange zu üben. Paula beschließt, das Thema Geige m/Morgen noch einmal mit Enya zu besprechen.

13 Schreibe einen kurzen Text über einen Tag in deinem Leben. Verwende mindestens sechs Zeitangaben.

13

Buchstabier das bitte mal

Gleich- und Ähnlichklinger richtig schreiben

1 Vor der Schule sieht Enya den Zettel. Besprecht das Schreibproblem des Grundschülers. Nennt weitere Beispiele zu diesen Fehlerquellen.

Das weißt du bereits

Die Schreibung der Laute *ks* und *f*

- Der Laut *ks* kann geschrieben werden als *x (Hexe), chs (wachsen), cks (knacksen), gs (mittags)* oder *ks (Keks).*
  - Die Wörter mit *x, chs* und *ks* musst du als Merkwörter lernen.
  - Die Wörter mit *cks* und *gs* sind meist Nachdenkwörter.
- Auch die Schreibung von *f* und *v* kann Schwierigkeiten bereiten.
  - Wörter, in denen *v* wie *f* gesprochen wird, musst du im Zweifelsfall im Wörterbuch nachschauen *(Vers, Vitamin …).*
  - Merke dir besonders die Vorsilben *ver-* und *vor-* sowie die Wörter *Vater, Vogel, voll* und *viel(es).*

2 Führt in der Klasse einen Wettbewerb durch: Wer findet die meisten Wörter, in denen der Laut *ks* als *x* geschrieben wird? Notiert alle gefundenen Wörter auf einem Lernplakat.

3 Enya diktiert Paula diesen Bericht für den Präsentationstag der Umweltschutz-AG. Schreibe den Text ab und fülle die Lücken durch *x, gs, cks* oder *chs.*

Einmal war unsere Umweltgruppe einen Nachmittag lang im Wald unterwe… . Wir sammelten Müll ein, den Spaziergänger achtlos weggeworfen hatten. Begleitet wurden wir von Herrn Kober vom Umweltamt, der uns zeigte, wo Da…e und Fü…e leben. Er erklärte uns, dass die meisten Tiere schnurstra… flüchten, wenn sie Menschen wahrnehmen, und konnte Spuren e…akt den passenden Tieren zuordnen.

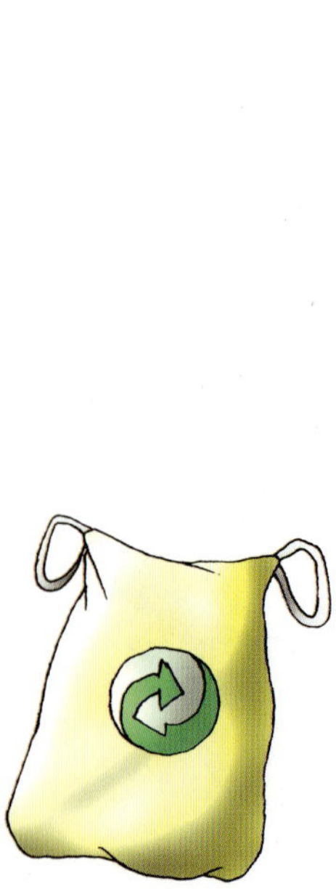

4 Die Freundinnen wollen mit einem Rollenspiel für die AG werben. Notiert in Partnerarbeit sinnvolle Fragen und ergänzt die fehlenden Buchstaben in den Antworten.

a) Wir treffen uns jeden …reitag im …orraum des Lehrerzimmers.
b) Du entscheidest selbst, wie …iel Zeit du …ür die Arbeitsgemeinschaft hast.
c) Unsere Umwelt ist …oll …erdreckt. Wir …ermissen die …ernunft der Menschen!
d) Wir sind jetzt …ünfzehn Jugendliche, …ielleicht werden es heute mehr.

→ AH S. 76 f.

„Schreibt man **Lehre** oder **Leere**?“

„Heißt es jetzt **bis** oder **Biss**?“

„Hä!? Muss ich **malen** oder **mahlen** schreiben?“

„**Saite** oder **Seite**?“

5 Herr Mahler, der betreuende Lehrer der Umweltschutz-AG, muss Rechtschreibhilfe leisten. Formuliere seine Antwort auf die Fragen der AG-Schüler.

Schreibschwierigkeiten bei Homophonen

Das musst du wissen

Wörter, die gleich klingen, aber unterschiedlich geschrieben werden und unterschiedliche Bedeutungen haben, bezeichnet mal als Homophone (*Lehre* (Ausbildung) – *Leere* (wenn etwas leer ist)).

Auch die Buchstabenkombinationen *ei* und *ai* werden im Deutschen gleich ausgesprochen. In der Regel wird im Deutschen *ei* geschrieben. Die Kombination *ai* wird fast nur in homophonen Wörtern verwendet, um sie zu unterscheiden *(Seite – Saite)*. Merkwörter sind darüber hinaus nur: *Hai, Kaiser, Mai, Mais.*

6 Paula und Enya sammeln weitere Beispiele für Homophone. Notiere die Wörter aus dem Wortspeicher mit der passenden Erklärung in dein Heft.

Kante eines Bergrückens	Ort	eine größere Menge	Gang in einem Bergwerk	Ozean	Räume für das Vieh	Maß-einheit	Gesichts-ausdruck
...	...	...	...	...	...	...	...

Wortspeicher

Grad – Grat – mehr – Meer – Mine – Miene – Ställe – Stelle

7 Sortiere die folgenden Zusammensetzungen in deinem Heft nach Schreibweise *(ei/ai)*.

Arbeitsw__se, Brotl__b, L__entheater, L__hfrist, lupenr__n, Unterl__b, Vollw__se

8 Manche Homophone entstehen erst, wenn eins der beiden Wörter im Speicher gebeugt wird.

- Bilde durch Beugung der Wörter in Klammern Homophone zu *Bote, Held* und *Pakt*.
- Notiere die Homophone zu allen Begriffen des Wortspeichers.
- Bilde Homophone zu allen Begriffen des Wortspeichers und notiere Sätze, in denen jeweils beide Wörter vorkommen.

Wortspeicher

Bote/(Boot) – Held/(halten) – Pakt/(packen) – sagen – Häute – Wirt

13

Charmante Ideen

Probleme bei der Fremdwortschreibung reduzieren

jakob12: Mein Hobby ist der neueste Trend: Ein Tubekite und das Directional Board gehören dazu.

liam_klein: In der Antike gab es auf der Bühne sogar einen Chor. Heute werden Theatralik und Atmosphäre durch Worte, Gestik und Mimik erzeugt.

paula: Ein Passé en tournant ist echt schon für Experten. Üblicherweise fängt man mit Pliés an, dann Grand-pliés, Battements tendues und so weiter.

1 In diesem Internetforum werden außergewöhnliche Hobbys vorgestellt. Sprecht in der Klasse darüber, welche Hobbys genannt werden und was jeweils ausgesagt wird.

2 Notiere die Fremdwörter in den Chat-Notizen und sortiere sie nach den Herkunftssprachen Latein, Griechisch, Englisch und Französisch. Notiere zu jeder Gruppe typische Schreibschwierigkeiten, die auftreten können. Der Kasten hilft dir dabei.

Das musst du wissen

Richtige Schreibung und Aussprache von Fremdwörtern

Das Deutsche enthält zahlreiche Fremdwörter aus unterschiedlichen Sprachen und Themenbereichen (→ S. 178 ff.). Bei der Schreibung können die folgenden Hinweise hilfreich sein. Schaue bei Unsicherheiten aber am besten im Wörterbuch nach.

- Manche Fremdwörter, die aus dem Griechischen stammen, enthalten ein *h* nach *p*, *t* oder *r* *(Phänomen, Theologie, Athlet, Rheuma)*. Sie sind Merkwörter.
  - Da *ph* wie *f* gesprochen wird, wird es auch oft so geschrieben *(Telefon, Biografie)*. Das gilt für alle Wörter mit *phon* oder *graph*.
  - Aber: In *phil* bleibt *ph* immer erhalten *(Philosophie, Philharmonie)*.
- Je nach der Herkunftssprache wird das *ch* in Fremdwörtern unterschiedlich ausgesprochen. Im Französischen wird es wie *sch (Champignon)*, im Englischen wie *tsch (Touch)*, bei Wörtern, die aus dem Griechischen stammen, wie *k (Chrom)* oder wie *ch (Archäologie)* ausgesprochen.

3 Notiert in Partnerarbeit zwei weitere Hobbys und die dazu passenden Fremdwörter.

4 Finde und notiere die Merkwörter aus der Buchstabenschlange. Wähle vier der Wörter und bilde sinnvolle Sätze, die sich auf ein Hobby beziehen.

STRIUMPHHIOTHERMIKJSHUTHEORIEDOACTHEMAADCSYMPATHIE
STROPHEADCJORHYTHMUSNZRTHEATERWRHETORIKWPHÄNOMENTVEMETHODEV
VMETAPHERHJKKATASTROPHEEVCHARAKTERPLP

→ AH S. 78

5 Übertrage das Kreuzworträtsel auf ein kariertes Blatt und fülle es mit den Fremdwörtern, nach denen gefragt wird.

a) Im T... spielen Schauspieler Stücke auf einer Bühne.
b) Beim C... kommunizierst du in Echtzeit im Internet.
c) In tiefen Tälern und im Gebirge werden Schallwellen zurückgespiegelt. Das E... wiederholt deinen Ausruf immer wieder.
d) Dein Lauftraining heißt auch J... .
e) Der J... macht Kunststücke mit Tellern, Bällen und andere Gegenständen, die er wirft und balanciert.
f) Mit einem T... kann man Temperaturen messen.

Die **Initiative** für Zukunftsfragen untersucht das Freizeitverhalten in Deutschland. Eine Studie belegt, dass die Bundesbürger im Durchschnitt werktags **exakt** drei Stunden und vierzig Minuten freie Zeit haben. Eine **präzise Definition** von Freizeit **existiert** dabei kaum. Fernsehen und **Telefonieren rangieren** dabei an der Spitze der **Top Ten** der beliebtesten Tätigkeiten.

Professor Reinhard, der **akademische** Leiter der Studie, vertritt die **These**, dass Kinder in Zukunft immer weniger Freizeit haben werden. Die **Reduktion** der Schulzeit, ehrenamtliches **Engagement** und der Wunsch der Eltern nach Betätigungen mit hohem **Prestige** sind **typische Phänomene**, die der **Experte** als Ursachen dafür **entlarvt**. Auch bei Erwachsenen wird sich der Umfang der Freizeit**phasen** in Zukunft **reduzieren**.

6 Übt die Fremdwortschreibung in Partnerarbeit. Diktiert euch je einen Abschnitt, korrigiert eure Diktattexte gemeinsam und ...

- ... notiert falsch geschriebene Wörter in richtiger Schreibung als Merkwörter.
- ... notiert anschließend die markierten Fremdwörter. Sortiert sie – soweit möglich – nach ihren Herkunftssprachen.
- ... überprüft durch das Umschreiben von drei Sätzen eurer Wahl, ob auch auf Fremdwörter verzichtet werden könnte. Begründet euer Ergebnis.

13

Punkt, Komma, Fragezeichen

Die Zeichensetzung üben und vertiefen

PAULA DIE FERIEN SIND SO LANGWEILIG ENYA IHR BRUDER LIAM UND TAREK SIND IM URLAUB MAMA PHIL HAT EINE GROSSARTIGE IDEE

1 Diskutiert in der Klasse, warum der Text oben missverständlich sein kann. Geht dabei auf die Bedeutung der Zeichensetzung ein.

ACHTUNG FEHLER!

Dann erzähle mir doch einmal welche Idee du hast ruft Paula begeistert
Also beginnt Phil ich habe gestern einen Flyer für ein Kletter-Camp entdeckt
Daraufhin fragt Paula Kannst du mir Genaueres dazu sagen

2 Wiederhole die Zeichensetzung bei wörtlicher Rede: Schreibe die Sätze in dein Heft und ergänze die Satzzeichen. Überprüft eure Lösungen in Partnerarbeit mit Hilfe des Kastens.

Das musst du wissen

Zeichensetzung in wörtlicher Rede

Die wörtliche Rede wird von Anführungszeichen umschlossen. Der Redebegleitsatz gibt an, wer etwas in welcher Weise sagt. Hierbei kann das Verb, mit dem die wörtliche Rede eingeleitet wird, vor, nach oder innerhalb der wörtlichen Rede stehen.

1.) Redebegleitsatz – Doppelpunkt – wörtliche Rede
2.) wörtliche Rede – Komma – Redebegleitsatz
3.) wörtl. Rede (Teil 1) – Komma – Redebegleitsatz – Komma – wörtl. Rede (Teil 2)

Langeweile in den Ferien? Wir haben die Lösung:
Kletter-Camp für Jugendliche

Gemeinsam mit 17 anderen Teilnehmern im Alter von 10 bis 18 Jahren und sechs Kletterlehrern reist du zu einem zweiwöchigen Trainingslager in den Frankenjura. Ein Bus bringt dich bis zum Campingplatz. Sobald du dein Zelt eingerichtet hast, startet die erste Tour zum Fels. Professionell ausgerüstet unternimmst du deine erste Kletterpassage. Neben Kletteraktivitäten wirst du auch die nähere Umgebung erkunden ...

3 Verfasse mithilfe des Flyers ein Gespräch zwischen Paula und ihrem Bruder Phil über das Kletter-Camp. Verwende passende Redebegleitsätze, unterschiedliche Satzarten und beachte die Regeln zur Zeichensetzung bei der wörtlichen Rede.

 → AH S. 79 f.

Klettern ist heutzutage eine beliebte Sportart und Freizeitbeschäftigung es kann am Fels oder in der Kletterhalle betrieben werden. Dabei muss man jedoch verschiedene Möglichkeiten voneinander unterscheiden: Alpinklettern Freiklettern Hallenklettern Bouldern oder Speedklettern. Zur Grundausrüstung gehören unter anderem bequeme Kletterschuhe ein passender Kletterhelm individuell eingestellte Klettergurte Karabiner zur Befestigung des Sicherungsgeräts sowie ein Seil in ausreichender Länge.

ACHTUNG FEHLER!

4 Arbeite mit einer Textkopie und ergänze fehlende Kommas im Text. Markiere Stellen, bei denen du dir unsicher bist, und bespreche deine Ergebnisse mit einem Partner.

5 Überprüft und korrigiert eure Ergebnisse nun zu zweit mit Hilfe des Kastens.

Das musst du wissen

Zeichensetzung bei Aufzählungen

Bei Aufzählungen grenzt man gleichrangige Sätze (Satzreihen → S. 220), Wortgruppen oder Wörter mit einem Komma voneinander ab. Sind diese durch *und, oder, beziehungsweise, sowie* verbunden, setzt man kein Komma:

Paula meldet sich für das Kletter-Camp an, Phil will auch teilnehmen.
In ihren Koffer packen sie Sportbekleidung, feste Turnschuhe sowie Kletterausrüstung.

6 Kommas bei Aufzählungen machen das Lesen eines Textes leichter, da sie ... – Setze diese Aussage als Ergänzung des Informationskastens fort.

7 Übertrage den folgenden Text in dein Heft und setze alle fehlenden Kommas. Begründe deine Entscheidung jeweils stichpunktartig.

Paula und Phil berichten ihren Eltern aufgeregt von ihren Erlebnissen im Kletter-Camp: „Wir haben so viele tolle interessante beziehungsweise einzigartige Erfahrungen gemacht! Neben dem Klettern waren wir wandern wir haben eine Tropfsteinhöhle besucht wir können jetzt sogar ein Zelt aufbauen. Mit Susanne Timo und Johannes haben wir neue Freunde gefunden wir wollen sie unbedingt ganz bald besuchen. Wir wünschen uns auch im nächsten Jahr so aufregende Tage spannende Stunden tolle Ferienerlebnisse!"

ACHTUNG FEHLER!

8 Suche dir eine weitere Sportart/ein Hobby aus und wähle eine der folgenden Aufgaben.

- Beschreibe die Sportart/das Hobby mithilfe von Aufzählungen.
- Formuliere einen Dialog mit einem Freund/einer Freundin, in dem du ihm/ihr die Sportart/das Hobby näher erklärst. Verwende passende Redebegleitsätze.
- Verfasse eine kurze Erzählung zum Thema „Ein aufregendes Erlebnis mit meiner Sportart/meinem Hobby". Verwende Aufzählungen sowie wörtliche Rede.

13

Was DU schon kannst!

Kompetenztest

Rechtschreibstrategien anwenden

1 Die markierten Wörter in den folgenden Sätzen sind falsch geschrieben. Schreibe die korrekte Form auf und begründe deine Entscheidung schriftlich.

> Langlauf und Skating boomen wie nie zuvor und sind lengst zum favorisierten Wintersport geworden. Wunderschöne Lantschaften und gut gespuhrte Loipen laden zu einem gans besonderen wintervergnügen ein.

Silben dehnen und schärfen

2 Ergänze die Lücken und schreibe den Text richtig in dein Heft.

Himbe…r-Sa…ne-Torte

Für den Biskuitboden zuerst die sechs Eier mit dem Rü…rgerät schaumig schlagen, dann 300 g Zucker und ein Päckchen Vanillezucker zugeben. Eine Me…erspitze Backpulver mit 300 g Me…l mischen und dann nach und nach zu der Ei-Zu…er-Masse geben. Alles gut verrühren, sodass keine Klümpchen me…r zu sehen sind.
Den Teig nun in die gefe…ete Springform geben und ca. 40 min. bei 200 °C goldbraun backen. Den abgekü…lten Boden mithilfe eines Fadens einmal wa…gerecht teilen.
Für di… Himbe…rcreme zwei Becher Sa…ne steif schlagen. Danach 150 g Zucker unterrü…ren. Fa…s zur späteren Verzi…rung weiße Sa…ne benötigt wird, bitte jetzt ein paar Löffel wegne…men. Das Gleiche gilt für die Himbe…ren. Nun einfach 500 g Mascarpone und dann 500 g Himbeeren unter die Sahne rühren.
Die Hälfte der Creme zwischen die Böden streichen, den Rest außen herum. Da… die Torte wie gewünscht verzi…ren und servi…ren. Geni…ße di…se kalorienreiche Torte nur an besonderen Festtagen!

Regeln der Groß-/Kleinschreibung anwenden

3 Schreibe den folgenden Text mit korrekter Groß- oder Kleinschreibung ab.

> IMMER DONNERSTAGS WIRD IN PAULAS STADTTEIL EIN KURS ZUM KLETTERNLERNEN ANGEBOTEN. DIESEN DONNERSTAGNACHMITTAG NUTZT SIE ZUM VORBEISCHAUEN. BEIM ZUSEHEN FINDET SIE, ES SEI DAS EINFACHSTE, WAS SIE JE GESEHEN HAT. ABER DA IST SIE DIE EINZIGE. IHRE FREUNDINNEN, DIE ALS BEGLEITUNG MITGEKOMMEN SIND, FINDEN VOR ALLEM DAS ABSEILEN ANGSTEINFLÖSSEND. DER TRAINER SPRICHT SIE AN: „NA, AM BESTEN PROBIERT IHR ES AUCH GLEICH AUS!“ DA ANTWORTEN SIE: „DANKE FÜR IHR ANGEBOT. DAS IST SEHR NETT, ABER WIR BLEIBEN AM LIEBSTEN AUF DEM BODEN.“

Rechtschreib-strategien und -regeln anwenden

4 Übertrage die folgenden Sätze in dein Heft und setze alle fehlenden Satzzeichen.

Satzzeichen in wörtlicher Rede setzen

a) Kannst du mir erklären, was die Bottle-flip-challenge ist fragt Paula
b) Klar antwortet Tarek das Ziel ist, eine halbvolle Wasserflasche so zu werfen, dass sie nach einer Drehung senkrecht auf dem Tisch landet
c) Begeistert entgegnet Paula Das muss ich gleich ausprobieren

5 Suche aus dem Text die Wörter heraus, zwischen denen ein Komma gesetzt werden muss, und notiere sie in dein Heft.

Kommas bei Aufzählungen richtig setzen

Man braucht zwei Mannschaften jeweils fünf Feldspieler zwei 3,05 Meter hoch angebrachte Körbe und ein Spielfeld und schon kann man Basketball spielen. Natürlich fehlt noch ein entsprechender Ball auch zwei Schiedsrichter sind nötig. Das Ziel des Spiels besteht darin, den Ball erfolgreich treffsicher sowie von oben in den gegnerischen Korb zu werfen. Jeder Treffer zählt je nach Entfernung zum Korb drei zwei oder einen Punkt(e). Neben den Brose Baskets Bamberg gibt es in Deutschland beispielsweise noch eine Mannschaft des FC Bayern München Alba Berlin oder die Damenmannschaft des TSV 1880 Wasserburg.

6 Entscheide bei den folgenden Wörtern, welche Schreibung die richtige ist, und schreibe sie auf.

Gleich- und Ähnlichklinger richtig schreiben

befor – bevor

Bail – Beil

dafon – davon

boxen – bocksen – bochsen – boksen

ferfielfältigen – ferfielvältigen – fervielfältigen – fervielvältigen – verfielfältigen – vervielfältigen – vervielvältigen

laise – leise

fern – vern

fernehmen – vernehmen

Laie – Leie

muxmäuschenstill – mucksmäuschenstill – muchsmäuschenstill – muksmäuschenstill

Extase – Eckstase – Echstase – Ekstase

Hai – Hei

7 Schreibe die folgenden Sätze ab und ergänze dabei die Homophone sinnvoll.

Homophone richtig schreiben

a) Mein ___etter wird leider immer ___etter.
b) Dieses Ban___ um meine Hand ban___ angeblich den bösen Blick.
c) Dieser Bun___ Blumen ist wunderbar bun___.
d) Was dieses Gerät mis___, ist schlicht Mis___.

8 Füge in die folgenden Fremdwörter *f/ph, r/rh* bzw. *t/th* ein.

Typische Fremdwortschreibungen kennen

___empo, ___etorisch, ___adar, ___ysik, Me___ode, ___iloso___ie, ___abatt

Sprechen und anderen zuhören

Ein einfaches Kommunikationsmodell kennen → S. 14

Die Sprache gibt uns Menschen die Möglichkeit, unsere Gedanken, Gefühle und Meinungen mit anderen auszutauschen. Der Fachbegriff „Kommunikation" stammt aus der lateinischen Sprache und bedeutet „Mitteilung". Eine einfache Darstellung dieser Art der menschlichen Kommunikation findest du in dem folgenden Modell.

So beschreibst du eine Kommunikationssituation in einem einfachen Modell:

Mit den Fachbegriffen aus der Funk- und Radiotechnik wird Kommunikation so beschrieben, dass ein Sender – also der Sprecher – eine Mitteilung oder eine Nachricht äußert, die von einem Empfänger – dem Hörer – aufgenommen wird. Grundsätzlich ist das Prinzip eines Gesprächs, dass sich Sender und Empfänger immer abwechseln.

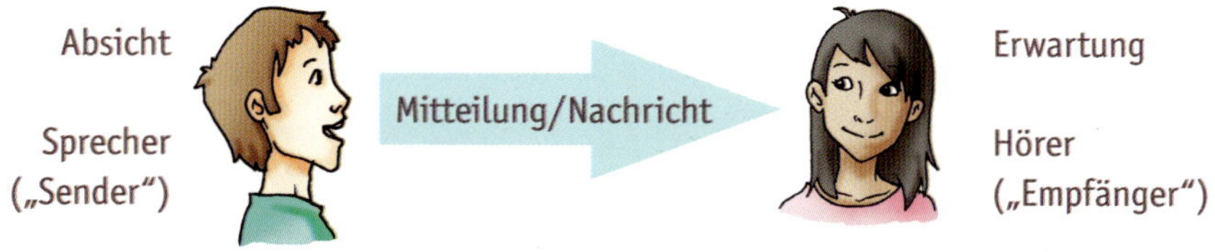

Gesprächssituationen unterscheiden → S. 23

Je nachdem, in welcher Situation du dich gerade befindest und in welchem Verhältnis du zu deinem Zuhörer stehst, wirst du deine Kommunikation unterschiedlich gestalten. Dies ist wichtig, damit der Empfänger deine Nachricht richtig verstehen kann. Außerdem sollten immer, auch in einem privaten Gespräch, die Anforderungen der Höflichkeit erfüllt werden.

Unterscheide zwischen öffentlicher und privater Kommunikation:

In einem Privatgespräch …
- … bleibst du zwar höflich und sachlich, musst aber keine vorgegebenen Höflichkeitsaussagen verwenden.
- … kannst du dich umgangssprachlich ausdrücken.
- … kannst du persönlichere Themen ansprechen und Fragen dazu stellen.
- … kannst du auf gemeinsame Erlebnisse und Erfahrungen zurückgreifen.

In einem öffentlichen Gespräch …
- … verwendest du oft Höflichkeitsaussagen.
- … nutzt du eine gehobenere Sprache.
- … stellst du in der Regel keine allzu persönlichen Fragen.
- … musst du darauf gefasst sein, dass dein Zuhörer ganz andere Erfahrungen zu einem Thema gemacht hat als du selbst.

Immer wichtig ist es, dass du …
- … dem anderen aufmerksam zuhörst.
- … den anderen ausreden lässt und nicht ins Wort fällst.
- … du auch, wenn du anderer Meinung bist, immer höflich bleibst.

Wenn ein Gespräch funktionieren soll, ist es wichtig, dass der Empfänger die Aussageabsicht des Sprechers richtig verstehen und einschätzen kann, denn das hat große Auswirkungen auf die Reaktion des Zuhörers.

Verschiedene Sprechabsichten kennen und anwenden
→ Kapitel 1 und 4

So unterscheidest du verschiedene Sprechabsichten:

- Beim Berichten und Beschreiben soll der Zuhörer informiert werden. Die Informationen werden sachlich formuliert und folgen einem logischen Aufbau. Verben, die zu dieser Absicht passen, sind zum Beispiel *informieren, mitteilen, berichten, beschreiben* oder *darstellen.*
- Äußerungen mit einer meinungsbetonenden Absicht drücken die persönliche Meinung des Sprechers aus. Meist wollen sie den Zuhörer von einer bestimmten Position überzeugen. Meinungen werden formuliert, begründet und durch Beispiele veranschaulicht. Verben, die eine derartige Kommunikation beschreiben, sind etwa *argumentieren, kritisieren* und *überzeugen.*
- In vielen Gesprächssituationen haben Sprecher auch die Absicht, ihre Zuhörer zu unterhalten. Sie bemühen sich dabei um eine spannende und anschauliche, vielleicht auch gefühlsorientierte Darstellung von wirklichen oder ausgedachten Ereignissen. Diese Sprechabsicht kann durch Verben wie *erzählen, veranschaulichen* oder *ausführen* ausgedrückt werden.

Beachte, dass es auch Sprechsituationen gibt, in denen verschiedene Sprechabsichten miteinander verbunden werden.

Die Unterscheidung zwischen einer öffentlichen und einer privaten Kommunikation und das Kennen und Erkennen der verschiedenen Sprechabsichten tragen dazu bei, dass ein Gespräch gelingt. Daher ist es hilfreich, dich vor und während des Gesprächs in deinen Zuhörer hineinzuversetzen. Wenn du seine Situation richtig einschätzt, kannst du dich in den Inhalten, im Aufbau und in der Form deiner Aussagen gut auf ihn einstellen. So treten weniger Missverständnisse auf.

Adressatenorientiert Redebeiträge formulieren und gestalten

Folgende Fragen helfen dir bei der Einfühlung in deinen Zuhörer:

- Welche Erwartungen hat der Zuhörer an das Gespräch?
- In welchem Verhältnis stehe ich zum Zuhörer? Wie gut kennen wir uns?
- Welche persönliche Nähe oder welchen persönlichen Abstand hat der Zuhörer zum Thema? Betrifft es ihn persönlich? Wird er sich sachlich oder mit Gefühlen mit dem Thema beschäftigen?
- Welche Vorinformationen zu unserem Gespräch hat der Zuhörer schon, welche muss ich ihm erst noch geben?
- Wie wird der Zuhörer auf meine Äußerung reagieren?

Informationen beschaffen und Gesprächsbeiträge verfolgen → S. 17

Es kommt auch vor, dass du selbst der Zuhörer eines Gesprächsbeitrags bist. Manchmal wirst du in der Schule eine besondere Kommunikationssituation erleben, zum Beispiel bei Referaten und Vorträgen. Anders als in einem Alltagsgespräch, bei dem du immer wieder sofort nachfragen oder etwas erwidern kannst, wirst du für eine lange Zeit auf die Rolle des Empfängers festgelegt sein. Um solche langen Zuhör-Situation sinnvoll zu gestalten, kannst du dich an den folgenden Hinweisen orientieren.

So entnimmst und sicherst du die Informationen eines Referats oder Vortrags:

- Mache dir vor dem Vortrag klar, welche Erwartungen du hast: Mit welchen Informationen und Meinungen rechnest du?
- Achte auf die Gliederung des Vortrags: Welche Hauptthemen werden angesprochen?
- Höre genau zu, suche immer wieder den Blickkontakt zu den Vortragenden.
- Unterscheide Wichtiges von Unwichtigem.
- Schreibe wichtige Informationen in Schlagworten und gut strukturiert mit.
- Notiere dir während des Vortrags auch mögliche Fragen.
- Frage am Ende nach, wenn du etwas nicht verstanden hast.
- Benutze für Nachfragen vor allem die W-Fragen *(Wer war beteiligt?, Was ist geschehen?, Wo fand etwas statt?, Wie kam es dazu?).*

Sich konstruktiv an einer Diskussion beteiligen → S. 18

Weitere Gesprächssituationen, die in deinem privaten und schulischen Alltag häufig vorkommen, sind der Meinungsaustausch und die Diskussion. Gerade in Diskussionen ist es wichtig, die Gesprächssituation, die Erwartungen des Zuhörers und das Ziel des Gesprächs richtig einzuschätzen. Falsche Einschätzungen führen oft zu einem ziellosen und ergebnislosen Austausch oder schlimmstenfalls auch zu einem Streit. Damit eine „konstruktive Diskussion“ gelingt, bei der möglichst viele Meinungen geäußert und zu einem gemeinsamen Ergebnis zusammengefasst werden, braucht es einige Regeln.

So beteiligst du dich konstruktiv an einer Diskussion:

- Mache dir deine Position klar und akzeptiere, dass es auch andere Meinungen geben kann.
- Formuliere deine Position in klarem Aufbau: Äußere die Position, begründe sie und formuliere – wenn möglich – Beispiele, die deine Position veranschaulichen.
- Lass andere ausreden und höre aufmerksam zu.
- Sprich so, dass dich die anderen gut verstehen können.
- Bleibe beim Thema und schweife nicht ab.
- Diskutiere sachlich und beleidige niemanden.
- Nutze Ich-Botschaften, wenn du anderer Meinung bist (*Ich finde nicht, dass du recht hast, weil .../Ich bin anderer Meinung, da ...*).
- Gehe auf deine Vorredner ein (*Du hast eben gesagt, dass .../Habe ich dich richtig verstanden? Du meinst also, dass ...*).

Das Moderieren einer Diskussion sollte man immer wieder üben. Schließlich werden an den Moderator sehr unterschiedliche, anspruchsvolle Anforderungen gestellt, wie z. B. die Diskussion zu steuern und angemessen auf Störungen zu reagieren.

Eine Diskussion moderieren → S. 20 f.

So kannst du als Moderator zum Gelingen einer guten Diskussion beitragen:

Das sind deine Aufgaben
- Ermögliche allen Teilnehmern die Beteiligung am Gespräch/der Diskussion.
- Sprich Abschweifungen vom Thema an.
- Unterbinde Beleidigungen und Anfeindungen sofort.

So reagierst du auf Störungen
- Unterbrich die Diskussion, wenn jemand dazwischen redet oder andere nicht zu Wort kommen lässt.
- Lege eine Reihenfolge der Sprecher fest und weise die Sprecher bei Bedarf darauf hin.
- Fordere von Sprechern, die andere beleidigen oder beschimpfen, eine Entschuldigung ein.

Ein guter Moderator sollte zudem in der Lage sein, die Diskussion am Laufen zu halten und für einen reibungslosen Ablauf zu sorgen.

So gestaltest du als Moderator den Ablauf einer Diskussion:

- Eröffne die Diskussion, nenne das Thema und stelle die Sprecher der Gruppen vor.
- Bleibe bei deinen Aussagen neutral und nimm keine Position ein.
- Erteile das Wort und achte darauf, dass jeder seine Meinung äußern kann.
- Fasse immer wieder Zwischenergebnisse zusammen und weise auf Fragen hin, die noch nicht beantwortet wurden.
- Beende die Diskussion, wenn es keine Wortmeldungen mehr gibt, und fasse die Ergebnisse zusammen.

Beim Vorlesen kannst du durch sinnvolle Betonungen zum Verständnis des Textes beitragen.

So liest du Texte sinnbetont vor:

- Kläre den Inhalt des Textes und die Aussprache und Bedeutung dir unbekannter Wörter.
- Füge in den Text, den du vorlesen willst, Markierungen ein, die dir anzeigen, wie du den Text an dieser Stelle lesen willst.
  Du kannst wichtige Wörter oder Stellen besonders betonen, eine Pause | machen oder mit deiner Stimme lauter (↑)/leiser (↓) sowie langsamer/schneller werden, um verschiedene Effekte zu erzielen.

Kompetenz-
bereich

Texte planen, formulieren, überarbeiten

Textfunktionen und Sprechabsichten unterscheiden
→ S. 50

Der Aufbau und die Gestaltung eines Textes hängen sehr davon ab, welche Absicht du verfolgst. Wie bei der mündlichen Kommunikation kannst du auch beim Schreiben verschiedene Sprechabsichten – besser: Schreibabsichten – unterscheiden.

So unterscheidest du informierende und erzählende Texte:

- Texte, mit denen Leser über bestimmte Sachverhalte informiert werden sollen, sind meist Berichte oder Beschreibungen. Sie enthalten alle wichtigen Informationen und verzichten auf Ausschmückungen und persönliche Bewertungen.
- Auch erzählende Texte können Informationen enthalten. Oft werden diese aber anschaulich und spannend ausgeschmückt und aus der Perspektive einer der handelnden Figuren bewertet.

Texte adressaten- und situationsbezogen konzipieren
→ S. 51

Für die Gestaltung deines Textes ist auch wichtig, die Schreibsituation und den Adressaten zu beachten. Das ist besonders wichtig, wenn es darum geht, den Leser umfassend über einen Sachverhalt oder ein Ereignis zu informieren.

So wirst du in informierenden Texten der Situation und dem Adressaten gerecht:

- Informierst du über einen offiziellen Anlass, musst du eine sachlichere Sprache benutzen als beim Schreiben über private Veranstaltungen.
- Personen, die du nicht persönlich kennst, informierst du in einem sachlichen Stil.
- Schreibst du an Freunde, kannst du eine vertrautere Sprache verwenden. Dennoch solltest du auch hier korrekt und höflich formulieren.

Schreibpläne und Konzepte entwerfen
→ S. 30 ff.

In den seltensten Fällen setzt du dich an den Schreibtisch oder den Computer und schreibst in einem Zug einen perfekten Text. Häufiger wird es vorkommen, dass das Schreiben in verschiedenen Schritten erfolgt. Das Erstellen eines Schreibplans kann dir helfen.

So orientierst du dich an den Prozessschritten und nutzt einen Schreibplan:

- Bevor du „drauflos" schreibst, solltest du die Schreibsituation und den Schreibanlass genau erfassen. Im nächsten Schritt solltest du das Schreiben planen. Dabei überlegst du, welche Inhalte in welcher Reihenfolge notiert werden sollen. Erst nach der genauen Gliederung solltest du deinen Text schreiben. Fertig ist das Geschriebene erst, nachdem du es noch einmal kritisch überprüft und – wenn das nötig ist – verbessert hast.
- In vielen Schreibsituationen ist es ratsam, die Ideensammlung und die Gliederung in Stichworten schriftlich auszuarbeiten. Diese Notizen können dann als Schreibplan genutzt werden.

Um Ideen zu einem Thema zu sammeln, diese weiterzuentwickeln und zu nutzen, kannst du auf verschiedene Vorgehensweisen zurückgreifen.

Ideen sammeln
→ S. 68

So sammelst und sortierst du deine Ideen:

- Beim Brainstorming notierst du in der Mitte eines Blattes das Thema oder ein zentrales Schlagwort. Um dieses schreibst du dann alle Begriffe und Gedanken, die dir dazu einfallen. Hierbei musst du auf keine bestimmte Form achten.
- Auch bei einem Cluster notierst du das Thema oder ein Schlagwort als Kern in die Mitte des Blattes. Dann schreibst du wiederum alle Ideen, die dir dazu einfallen auf und verbindest alle zusammengehörenden Aussagen durch Linien.
- Die am meisten strukturierte Form der Ideensammlung ist die Mind-Map. Um das Thema/Schlagwort in der Mitte ordnest du deine Ideen an verschiedenen Ästen an. Jedem Ast ordnest du einen Oberbegriff und dazu passende Unterbegriffe zu.

Neben dem Planen, solltest du auch dem Überarbeiten deines Textes genügend Aufmerksamkeit schenken. Der Austausch mit anderen ermöglicht dir zudem einen ganz neuen Blick auf deinen Text und dessen Wirkung.

Fremde und eigene Texte überarbeiten

So überarbeitest du Texte:

Textlupe: In einer Tabelle können auf einem Feedbackzettel Lob und konkrete Verbesserungsvorschläge notiert werden.
- Lege eine Tabelle mit den Spalten „Das gefällt mir gut“, „Hier fällt mir etwas auf“ und „Konkreter Verbesserungsvorschlag“ an.
- Bilde mit zwei oder drei Mitschülern zur Korrektur eurer Texte Kleingruppen.
- Gib dann wie die anderen in der Gruppe deinen Text reihum solange weiter, bis jeder Text mit der ausgefüllten Textlupe wieder vor dem Verfasser des Textes liegt. Nutze die Textlupen zu Überarbeitung deines Textes.

Schreibkonferenz: Hier sprecht ihr in einer Lerngruppe über eure Texte.
- Einer in der Gruppe liest seinen Text vor.
- Die anderen äußern sich spontan und stellen Fragen zum Text bzw. machen konkrete Verbesserungsvorschläge.
- Mach dir Notizen zu den Rückmeldungen deiner Mitschüler zu deinem Text und überarbeite diesen dann.

Fragelawine/Kommentarlawine: Hier kommentiert ihr die Texte.
- Bilde eine Kleingruppe und gib dann deinen Text reihum weiter.
- Jeder notiert unter/neben die Texte der anderen Fragen/Kommentare. Du kannst auch eine Frage/einen Kommentar eines anderen beantworten oder selbst kommentieren.
- Die Lawine ist beendet, wenn dein Text wieder vor dir liegt.
- Überarbeite diesen aufgrund der Kommentare.

Erzählende Texte verfassen und verändern

Die Erzählperspektive wechseln
→ S. 34

Beim Verfassen von Texten kannst du auch bereits bestehende Texte kreativ und produktiv verändern.

So erzählst du aus einer anderen Perspektive:

Beachte beim Erzählen aus einer anderen Perspektive, dass du
- dich an den Erzählschritten des Originaltextes orientierst,
- Gedanken, Gefühle, Kommentare und Bewertungen einzelner Ereignisse aus der Sicht der gewählten Perspektive formulierst,
- nur die Erzählschritte ausarbeitest, die aus der gewählten Perspektive wahrgenommen werden können.

Erzählabschnitte umschreiben
→ S. 35

Neben der Perspektive, kannst du auch die Abfolge oder die Ausgestaltung einzelner Erzählschritte ändern und so die Geschichte anschaulicher und spannender erzählen.

So veränderst du einzelne Abschnitte einer Erzählung:

Um mehr Spannung oder eine größere Anschaulichkeit zu erzeugen, kannst du einzelne Geschehnisse genauer schildern, Meinungen und Gefühle einzelner Figuren verdeutlichen, weitere Geschehnisse ergänzen oder bestehende umschreiben.

Zeitverhältnisse erfassen und berücksichtigen
→ S. 36

Die Zeit, die das Erzählen oder Vorlesen des Ereignisses dauert („Erzählzeit“), stimmt meist nicht mit der Zeitspanne überein, von der erzählt wird („erzählte Zeit“).

So gestaltest du verschiedene Verhältnisse von Erzählzeit und erzählter Zeit:

- **Zeitdehnung:** Du erzählst in Zeitlupe, indem du ausführlich Gedanken, innere Konflikte, Gefühle und die Umgebung beschreibst. So kann sich der Leser besser in deine Geschichte hineinversetzen (Höhepunkt).
- **Zeitraffung:** Du erzählst im Schnellvorlauf, indem du nur das Wichtigste beschreibst (Erzählsituation, Ausgang).

Das szenische Präsens nutzen
→ S. 38

Auch der Wechsel der Tempusform kann die Spannung steigern.

So verwendest du das szenische Präsens:

Damit es sich für den Leser so anfühlt, als wäre er bei einer spannenden Stelle mitten im Geschehen, kannst du vom Präteritum zum Präsens wechseln.

Dialogische und lyrische Texte verfassen und verändern

Du kannst auch zu lyrischen und dialogischen Texten schreiben.

So kannst du dialogische und szenische Texte bearbeiten und weiterentwickeln:

Sieh dir die Textvorlage genau an und stelle dir folgende Fragen: Welche Figuren treten auf? (Geschlecht, Alter, Herkunft …) In welcher Situation befinden sie sich? Wie denken/fühlen/verhalten sich die Figuren?

Du kannst nun Regieanweisungen einfügen oder verändern, Sätze von einer anderen Figur sprechen lassen oder Sätze ergänzen. Achte dabei aber auf die sich ändernde Wirkung der Monologe/Dialoge.

Die Gestaltungsweise dialogischer und szenischer Texte kennen und anwenden → S. 166

Erzählende Texte kannst du in Dialogtexte umschreiben und zu einer Spielvorlage für die Bühne ausgestalten. Beachte dabei, dass der gesamte Handlungsablauf, auch die innere Handlung der Figuren, in Dialoge und Monologe umgeschrieben werden muss.

Erzählende Texte in dialogische Texte umschreiben → S. 165

So schreibst du erzählende Texte in Dialogtexte um:

Verdeutliche dir zunächst die Handlung: Welche Personen kommen vor? Welche Charakterzüge werden deutlich? In welchen Beziehungen stehen die Personen, welche Konflikte entstehen? Welche Handlungen führen die Personen aus? Was sagen sie in der Situation?

Gestalte auf dieser Grundlage die Spielvorlage: Teile die Geschichte in Abschnitte (Szenen) auf. Verfasse anschließend passende Dialoge oder Monologe. Ergänze Regieanweisungen zu Gestik, Mimik und den Handlungen der Figuren.

Eine besondere Herausforderung bei Gedichten besteht dabei darin, auch die Form der Vorlage, also das Reimschema und das Metrum, richtig umzusetzen.

Gedichte weiterschreiben → S. 157

So schreibst du ein Gedicht weiter:

- Kläre, welche Situation und welche Gefühle in der Vorlage deutlich werden und aus wessen Sicht die Situation und Gefühle dargestellt sind.
- Sammle dann Ideen zur Fortsetzung der Vorlage.
- Achte beim Weiterschreiben darauf, dass der Inhalt sinnvoll zur Vorlage passt, du den richtigen Sprecher wählst, die Form der neuen Verse (Metrum, Silbenzahl und Reim) zur Vorlage passt und dein Gedicht auch sprachliche Bilder und Vergleiche enthält.

Kompetenz-
bereich

Informieren, berichten, beschreiben

Materialgestützt einen Text verfassen → S. 127

Du kannst fremde Texte für das Verfassen eigener Texte nutzen. Wichtig ist, dass du dir überlegst, für wen dein Text sein soll und welche Wirkung du beim Leser erzielen willst.

So verfasst du materialgestützt einen Text:

Werte deine recherchierten Materialien aus und entscheide, welche Informationen du für deinen Text benötigst und wie du diese sinnvoll anordnen willst.
Versetze dich beim Planen und Verfassen deines Textes in deinen Leser und überlege, welche Informationen für diesen wichtig sind.

Über Ereignisse informieren

Bei informierenden Texten ist es wichtig, dass der Leser eine möglichst genaue Vorstellung von einem Sachverhalt oder einem Vorgang bekommt. Es sollte deutlich werden, welche Absicht du mit deinem Text verfolgst.

So verfasst du informierende Texte:

- Orientiere dich insgesamt und in den einzelnen Abschnitten des Informationstextes an den W-Fragen: Was geschah wem, wann, warum und mit welchem Ergebnis?
- Gliedere deinen Text in eine Einleitung, die einen Überblick über die gesamte Information gibt, einen Hauptteil mit Informationen zu Einzelheiten und einen zusammenfassenden Schluss.
- Nutze eine sachliche und genaue Sprache. Verwende Fachbegriffe, passende Adjektive und unterschiedliche Verben.

Über Ereignisse berichten → S. 61

Wenn du über Ereignisse berichtest, solltest du dir klar machen, dass deinem Leser Informationen fehlen, die du in deinen Text einbauen musst. Beim Berichten solltest du daher auf eine möglichst genaue und logisch nachvollziehbare Darstellung achten.

So verfasst du einen Bericht:

In einem Bericht kannst Ereignisse für den Leser klar, sachlich und knapp zusammenfassen. Schreibe im Präteritum.
Das Ereignis wird für den Leser vor allem dann nachvollziehbar, wenn
- du zwischen wichtigen und unwichtigen Informationen unterscheidest und nur zentrale Punkte wiedergibst.
- du deinen Text mit einem Einleitungssatz beginnst, der Antworten auf die W-Fragen *wer? wann? wo? was?* liefert.
- du deinen Text logisch aufbaust, indem du die Abfolge von Einzelschritten der Reihe nach erzählst und Zusammenhänge herstellst.

Auch Gebrauchsanweisungen, Wegbeschreibungen und Anleitungstexte sind informierende Texte. In ihnen werden Vorgänge und Abläufe wiedergegeben.

Vorgänge beschreiben → S. 53

So beschreibst du Vorgänge:

- Mache dich zunächst gründlich mit dem Vorgang und den einzelnen Schritten vertraut: Gehe alle Schritte im Kopf durch und überprüfe, ob du sie nachvollziehen kannst.
- Achte auf Zusammenhänge: Welche Ursachen könnten zu welchem Ergebnis geführt haben?
- Finde mögliche Fehlerquellen heraus: An welchen Stellen könnte der Zuhörer oder Leser einen Hinweis eventuell falsch verstehen?
- Schildere dann die einzelnen Schritte in einer nachvollziehbaren Reihenfolge. Meist ist es am einfachsten, sich an der zeitlichen (chronologischen) Abfolge zu orientieren.
- Nutze Satzeinleitungen und -überleitungen, die das zeitliche Verhältnis einzelner Schritte anzeigen.
- Nutze eine sachliche Sprache: Adjektive, Fachbegriffe und treffende Verben sorgen für Genauigkeit.
- Gib Ergebnisse und Zwischenergebnisse an, damit der Zuhörer den Schritten besser folgen kann.

Das Beschreiben von Vorgängen braucht einige Übung und einen guten Überblick über die einzelnen Abläufe und Zusammenhänge. Die Arbeit mit einem Schreibplan ist bei dieser Schreibform sinnvoll.

Eine schriftliche Vorgangsbeschreibung planen und verfassen → S. 55

So verfasst du eine schriftliche Vorgangsbeschreibung oder Anleitung:

Notiere die einzelnen Schritte in einer logischen Reihenfolge. Nutze verschiedene, möglichst präzise Verben. Ergänze an einigen Stellen der Liste stichwortartig, welche Zwischenergebnisse entstehen.
Gliedere die schriftliche Beschreibung folgendermaßen:

- Benenne in der Einleitung, welches Ziel die Anleitung hat und welche Materialien und Hilfsmittel eventuell benötigt werden.
- Beschreibe im Hauptteil die einzelnen Schritte des Vorgangs. Erkläre die Schritte genauer, die für den Leser vielleicht schwer nachzuvollziehen sind. Achte auf eine sachliche Sprache, treffende Verben und passende Satzeinleitungen und -überleitungen.
- Beschreibe am Schluss den Ausgang und das Ergebnis des Vorgangs.
- Entscheide dich für die Man- oder die Du-Anrede oder formuliere im Imperativ (*Man nehme .../ Du nimmst .../ Nimm ...*).
- Formuliere die Beschreibung im Präsens.

Kompetenzbereich

Briefe und E-Mails verfassen

Briefe und E-Mails sach- und adressatengerecht gestalten

Das Schreiben von Briefen und vor allem von E-Mails ist eine der häufigsten Schreibsituationen in unserem Alltag. Auch hier musst du auf den Adressaten und die Situation achten. Je nachdem, ob du dich an eine vertraute oder eine fremde Person wendest, unterscheiden sich der Aufbau und der Stil des Geschriebenen.

So formulierst und gestaltest du private Briefe und E-Mails:

In den meisten Fällen ist es wichtig und sinnvoll, den Leser in das Geschriebene einzubeziehen.

- Du kannst dazu auf Ereignisse und Themen anspielen, die der Leser kennt (*Du erinnerst dich ja sicher daran, dass…, Weißt du noch, als wir…?*).
- Außerdem kannst du dem Leser ein paar Fragen stellen (*Wie hast du das damals eigentlich gemacht?, Was würdest du in meiner Situation tun?*).
- Natürlich kannst du auch Fragen nach dem Befinden und den Erlebnissen des Lesers stellen (*Wie war denn euer Urlaub?, Hast du immer noch Ärger mit Tim?*).

Offizielle Briefe/E-Mails sach- und adressatengerecht gestalten → S. 24, S. 57

Anders als in einem privaten Brief oder einer privaten E-Mail musst du offiziellen Briefen und E-Mails bestimmte formale Anforderungen berücksichtigen.

So formulierst und gestaltest du offizielle Briefe und E-Mails:

Formuliere dein Anliegen sachlich und achte darauf, dass deine Darstellung zur Situation und zum Adressaten passt.

- Nutze geeignete Begrüßungs- und Abschiedsformeln (*Sehr geehrte Damen und Herren/Sehr geehrte/r Frau/Herr, Mit freundlichen Grüßen*).
- Vermeide umgangssprachliche Wendungen (z. B. *voll cool*) und achte auf sprachliche Korrektheit (z. B. richtige Groß- und Kleinschreibung).
- Ersetze Wörter nicht durch unbekannte Abkürzungen, Emoticons oder fremdsprachliche Umschreibungen.

Formale Vorgaben bei der Gestaltung offizieller Briefe beachten → S. 57

Orientiere dich bei offiziellen Briefen an diesen Vorgaben.

Argumentieren

Um jemanden von deiner Meinung zu überzeugen, solltest du zunächst Ideen sammeln und diese strukturieren.

Ideen und Begründungen sammeln und ordnen → S. 68 f.

So sammelst und ordnest du deine Ideen für eine persönliche Meinungsäußerung:

Um einen ersten Eindruck über verschiedene Sichtweisen auf ein Thema zu erhalten, kannst du mit deinen Mitschülern Ideen in einem Brainstorming oder Cluster zusammentragen.
Die so gesammelten Ideen kannst du dann für deine Zwecke zusammenfassen und ordnen. Überprüfe dazu, ob deine Ideen/Begründungen

- auch wirklich zum Thema bzw. zur Fragestellung passen.
- bestimmten Oberbegriffen zu- bzw. untergeordnet werden können.
- durch Beispiele noch anschaulicher formuliert werden können.

Überlege auch, welche deiner Ideen/Begründungen besonders wichtig sind. Hierzu kannst du die einzelnen Punkte durchnummerieren.

Um anderen deinen Standpunkt in Texten zu verdeutlichen, ist es wichtig, dass du deine Meinung überzeugend und abwechslungsreich formulierst.

Gründe überzeugend und abwechslungsreich formulieren → S. 70 f.

So formulierst du Gründe überzeugend und abwechslungsreich:

Wenn du z. B. deinem Schulleiter deine Meinung schriftlich mitteilen möchtest, solltest du dich an die allgemein geltenden Anforderungen für offizielle Briefe/E-Mails halten.

Zudem gilt es folgende Punkte zu beachten:

- Bringe in einem Einleitungssatz zum Ausdruck, auf welches Thema sich deine Meinung und die damit verbundene Ideen/Vorschläge beziehen.
- Nutze Wendungen wie *meiner Meinung nach* oder *ich bin der Überzeugung/Ansicht, dass,* um deinen Standpunkt zu verdeutlichen.
- Formuliere für deinen Standpunkt sinnvolle und überzeugende Begründungen. Nutze dafür Adverbialsätze, die du mit Wörtern wie *weil, sodass, indem* oder *damit* einleitest.
  (Ein Gesprächstraining bereitet Schüler auf das spätere Berufsleben vor, weil sie lernen, sich in Gesprächen zu behaupten und ihre eigene Meinung überzeugend zu vertreten.)
- Verbinde mehrere Gründe mittels Überleitungen wie *außerdem, darüber hinaus* oder *zudem.*
  (Ein jeder Schüler hat das Recht auf freie Meinungsäußerung und sollte zudem von allen ernst genommen werden.)

Kompetenz-
bereich

Erzählende Texte untersuchen

Die Gestaltungweise erzählender Texte beschreiben
→ S. 84

Auch wenn Jugendbücher, Kurzgeschichten, Sagen und Märchen sich in ihren Umfängen sehr unterscheiden, haben sie eine wichtige Gemeinsamkeit: Es sind Texte, in denen eine Handlung aus einer bestimmten Perspektive erzählt wird.

So kannst du die Gestaltung erzählender Texte beschreiben:

Formuliere Aussagen über
- den Handlungsort und die Zeit der Handlung,
- die Hauptfiguren,
- den Aufbau des Textes,
- den Handlungsgang mit der Spannungskurve,
- die Erzählform und die Erzählperspektive sowie
- Aspekte innerer und äußerer Handlung.

Erzählformen und -perspektiven unterscheiden
→ S. 82

Vor allem die Wahl der Erzählform und der Erzählperspektive hat große Auswirkungen auf die Wirkung einer Erzählung.

So bestimmst du Erzählform und -perspektive eines Textes:

- Bei der Erzählform wird zwischen einem Ich-Erzähler und einem Er-Erzähler unterschieden. Der Ich-Erzähler erzählt das Geschehen aus seiner Sicht. Der Er-Erzähler erzählt entweder aus der Sicht einer einzigen Figur oder er verbindet diese Sichtweise mit der Sicht anderer Figuren.
- Je nachdem, ob nur die äußere oder auch die innere Handlung erzählt wird, unterscheidet sich die Erzählperspektive.

Das Handeln und Verhalten literarischer Figuren bewerten
→ S. 93

Auch das Handeln und Verhalten literarischer Figuren kannst du beschreiben, begründen und bewerten.

So untersuchst du das Handeln und Verhalten literarischer Figuren:

- Mache dir zunächst bewusst, dass die Figur sowie ihre Gedanken, Gefühle und Handlungen bewusst vom Verfasser des Textes gestaltet wurden.
- Finde Belege für die Eigenschaften der Figuren im Text.
- Untersuche, warum die Figur sich in bestimmten Situationen auf die ein oder andere Art und Weise verhält und wie sie zu anderen Figuren im Text steht.
- Arbeite heraus, wie sich die Figur im Laufe der Handlung (weiter-)entwickelt.

Sich mit dramatischen Texten und Filmen auseinandersetzen

Um ein Gespür für dramatische Texte zu bekommen, kannst du dich diesen auf kreative Art nähern.

Sich kreativ mit dramatischen Texten auseinandersetzen → S. 169

So findest du kreativ einen Zugang zu dramatischen Texten:

Um sich mit einer Person in einem dramatischen Text intensiv auseinanderzusetzen, legen Schauspieler Rollenkarten zu dieser an.
Notiere auf der Rollenkarte alle Informationen, die du über eine bestimmte Person hast (z. B. Alter, Geschlecht, Charaktereigenschaften, Beziehung zu anderen Personen).

Bei einem Rollenmonolog versetzt du dich in eine Person hinein und erzählt in der Ich-Form und im Präsens ein Erlebnis aus deren Leben. Gehe dabei auch auf die Gedanken und Gefühle der Person ein.

Filme schaust du dir in der Regel an, ohne ständig zu untersuchen, wie die einzelnen Szenen gedreht wurden und welche technischen Merkmale sie erfüllen. Dennoch kann es sehr interessant sein, sich mit diesen technischen Einzelheiten zu beschäftigen.

Kameraeinstellungen, -perspektiven und -bewegungen unterscheiden → S. 172 ff.

So unterscheidest du Kameraeinstellungen, -perspektiven und -bewegungen:

Beim Filmen und Fotografieren sind die Einstellung, Perspektive und Bewegung der Kamera entscheidend für die Wirkung auf den Betrachter.

Man unterscheidet:
- Kameraperspektive: Normalsicht, Frosch- und Vogelperspektive
- Kameraeinstellung: Detail, nah, halbnah, Totale, weit
- Kamerabewegung: Schwenk und Kamerafahrt

Auch die Kombination von Bildern und Tönen kann im Film verschiedene Wirkungen und Stimmungen erzeugen.

Bild-Ton-Verhältnisse in Filmen beschreiben → S. 175

So unterscheidest du Ton-Bild-Kombinationen:

Zum Filmton kannst du (Hintergrund-)Musik, Geräusche und gesprochene Sprache zählen. Man unterscheidet:
- On-Ton: Die Quelle des Tons ist sichtbar.
- Off-Ton: Die Quelle des Tons ist nicht im Bild zu sehen. Hierzu zählt auch die so genannte „Voice Over“, eine Stimme aus dem Off, die die Geschichte erzählt oder kommentiert.

Kompetenz-
bereich

Sachtexte untersuchen

Sachtexte erschließen und beschreiben → S. 111

Um den Blick für einen Sachtext, seine Inhalte und seine Wirkung zu schärfen, kann es hilfreich sein, den Text gründlich zu betrachten und zu beschreiben.

So beschreibst du die äußere Form eines Textes:

Achte bei der Beschreibung auf die folgenden Einzelheiten:
- Textdarstellung: einheitliche Schrift / verschiedene Schriften, nur Text/Text-Bild-Grafik-Kombination, ein Textblock / mehrere Abschnitte
- Ausdrucksweise: lange Sätze/kurze Sätze, Alltagssprache / Fachbegriffe
- Textabsicht: Information/Unterhaltung/Überzeugung

Häufig werden Sachtexten Fotos, Tabellen, Karten, Schaubilder oder Zeichnungen hinzugefügt. Dabei können ...
- ... die Informationen von Text und Abbildung übereinstimmen, d. h. ein Textabschnitt sagt das Gleiche, was das Bild zu diesem Textabschnitt zeigt.
- ... sich Text und Abbildung ergänzen, indem sie jeweils noch zusätzliche Informationen enthalten.
- ... Text und Abbildung in ihrem Informationsgehalt deutlich über das jeweils andere hinausgehen oder völlig neue Aussagen enthalten.

Informationen aus Texten zusammenfassen und verkürzt und strukturiert darstellen → S. 116

Anspruchsvolle Sachtexte folgen bestimmten Strukturen, die sich durch verschiedene Darstellungsformen veranschaulichen lassen. Das kann dir beim Verstehen eines Textes helfen oder die Weitergabe der Informationen an andere unterstützen.

So stellst du Informationen aus einem Text anschaulich dar:

- Du kannst die einzelnen Aussagen des Textes in einer Mind-Map darstellen.
- Bei einer Filmleiste stellst du die Aussagen eines Textes als aufeinanderfolgende Szenen in Form von Skizzen, kurzen Texten oder Text-Bild-Verbindungen dar.
- In einem Flussdiagramm werden aufeinander folgende Sinnabschnitte, Argumente o. Ä. eines Textes in einer einfachen waagerechten oder senkrechten Abfolge mit Pfeilen dargestellt.
- In einem Schaubild werden die Informationen und inhaltlichen Zusammenhänge eines Textes durch passende Symbole (z. B. Pfeile), Zeichnungen oder Wörter dargestellt.

Damit auch die schriftliche Darstellung der Gliederung für den Leser gut nachvollziehbar ist, kannst du sie folgendermaßen aufbauen:
- Notiere zunächst die Gesamtaussage und das grundsätzliche Anliegen des Textes (*er beschreibt, er gibt an ...*).
- Fasse die einzelnen Abschnitte schrittweise zusammen. Nutze auch hier die passenden Verben zur Bezeichnung der Absicht.

Fachtexte sind eine besondere Form von Sachtexten. Sie enthalten Wissen und Informationen aus bestimmten Fachgebieten. Oft benötigt der Leser eine gewisse Grundkenntnis des Fachgebiets, um den Text richtig verstehen zu können.

Einem Text sach- und fachspezifische Informationen entnehmen
→ S. 119

So erschließt du dir das Fachwissen in Texten:

- Versuche zunächst, das Thema und die Absicht des Textes zu erfassen. Achte auf die Überschrift, Hervorhebungen und Bilder.
- Mache dir dein Vorwissen zum Thema bewusst: Was weißt du schon darüber?
- Lies den Text nun gründlich. Kläre unbekannte Begriffe aus dem Textzusammenhang oder mithilfe eines Lexikons oder des Internets.
- Überprüfe, ob dein Vorwissen zum Thema richtig war.

Viele Texte haben die Absicht, ihre Leser von etwas zu überzeugen. Vor allem werbende Texte arbeiten dafür sehr intensiv mit unterschiedlichen „Tricks" und Strategien.

Wirkungsabsichten von Texten beschreiben
→ S. 123

So untersuchst du die Wirkung von Texten:

- Berücksichtige, von wem oder in wessen Auftrag ein Text verfasst wurde.
- Versuche, dir bewusst zu machen, welche Absicht ein Text verfolgt.
- Achte auf die Wortwahl des Textes.
- Überprüfe die Glaubwürdigkeit einzelner Aussagen. Überlege zum Beispiel, wie andere Personen und Experten die Aussagen des Textes bewerten würden.
- Mache dir bewusst, welche Wirkung die Bilder und Illustrationen haben.

Manche Texte erscheinen zwar zuerst als sachliche Texte, erweisen sich aber bei genauerem Hinsehen als werbende, beeinflussende oder gar manipulierende Texte.

Darstellungsformen und Wirkungsweisen von Texten bewerten
→ S. 125

So überprüfst du die Sachlichkeit von Texten:

vertrauenswürdiger Sachtext
- neutrale Darstellung von Sachverhalten
- nachprüfbare Belege
- Fachbegriffe werden in Argumentation eingebunden
- längere Sätze, Satzgefüge
- gleichmäßiges Schriftbild
- Ergänzung um Schaubilder, Statistiken etc.

fragwürdiger Sachtext
- beeinflussende, gefühlsbetonte Darstellung
- unbelegte Behauptungen
- Umgangssprache, in der Fachbegriffe Sachkenntnis vortäuschen
- überwiegend kurze Hauptsätze, unvollständige Sätze, Ausrufe
- Auffälligkeiten im Druck
- Beigabe von Fotos ohne zusätzlichen Informationswert

Kompetenzbereich

Das Internet nutzen

Verschiedene Medienangebote und deren Funktionen kennen
→ S. 135

Verschiedene Medien, etwa das Fernsehen und der Computer, spielen in unserem Alltag eine große Rolle. Dies liegt v. a. auch daran, dass sie sich für unterschiedliche Zwecke nutzen lassen.

So unterscheidest du Medien aufgrund ihrer Nutzung:

- Informationsmedien: Mithilfe einer Zeitung oder einer Internetsuchmaschine wird man über ein Thema informiert.
- Unterhaltungsmedien: In der Freizeit wird man z. B. durch Fernsehsendungen unterhalten.
- Kommunikationsmedien: Um miteinander in Kontakt zu treten und zu kommunizieren, dienen z. B. Internet (E-Mail, Chat, Foren) und Handy/Smartphone (SMS, Internetzugang).

So recherchierst du in Bibliotheken und im Internet
→ S. 137

Bibliotheken und das Internet bieten dir eine Vielzahl von Möglichkeiten, dich über bestimmte Themen zu informieren. Doch für eine zielführende Recherche musst du ein paar Punkte beachten.

So recherchierst du im Internet:

- Viele Bibliotheken bieten Online-Kataloge an, mit denen du gezielt nach Büchern und anderen Medien suchen kannst.
- Durch die Eingabe von Autorennamen, genauen Buchtiteln oder Schlagworten bzw. zentralen Begriffen, die im Buchtitel vorkommen, kannst du deine Suche einschränken.
- Eine Signatur zeigt dir an, in welcher Bibliothek und an welchem Ort sich ein Buch befindet.
- Wenn du im Internet über eine Suchmaschine nach Informationen suchst, solltest du möglichst genaue und mehrere Suchbegriffe eingeben.
- Informationen auf Seiten von bekannten Institutionen, wie z. B. der „Stiftung Lesen“, sind prinzipiell vertrauenswürdiger als Informationen auf einem privaten Blog/einer privaten Website.

Das Internet bietet eine Fülle an Möglichkeiten, sich zu informieren, sich unterhalten zu lassen oder mit anderen Nutzern zu kommunizieren. Die Gefahr, dass Daten gestohlen oder missbraucht werden, ist allerdings sehr groß. Schütze deine Daten daher gut.

Grenzen und Gefahren der Internet-kommunikation kennen → S. 139

So schützt du deine Daten im Internet:

- Sei grundsätzlich vorsichtig, bevor du Persönliches von dir preisgibst, z. B. in Form von Namen, Fotos, Adresse oder Telefonnummer.
- Achte immer darauf, deine Privatsphäre zu schützen.
- Lass dich, wenn du unsicher bist, von Erwachsenen oder Fachleuten beraten.

Die Möglichkeiten, im Internet an einer Kommunikation teilzunehmen und deine Meinung zu äußern, sind vielfältig.

Mediale Kommunikations-situationen kennen → S. 143

So kannst du im Internet kommunizieren:

- An vielen Stellen im Internet kannst du die Äußerungen anderer direkt kommentieren. In sogenannten Internet-Foren können sogar ganze Diskussionen über einen längeren Zeitraum geführt werden, da Foren-Einträge in der Regel sehr lang erhalten bleiben.
- Ein Gespräch in einem Chat-Raum findet demgegenüber in Echtzeit statt. Die Teilnehmer befinden sich während ihrer Kommunikation gleichzeitig am Computer und können in ihren Beiträgen sofort auf die Äußerungen der anderen reagieren.
- Einzelne oder mehrere dieser Kommunikationsmöglichkeiten finden sich auf Homepages oder in Blogs. Ein Blog (zusammengesetzt aus „World Wide Web“ und „Log“ für Logbuch) ist eine Art Online-Tagebuch, in dem regelmäßig Informationen und Materialien ergänzt und zur Diskussion angeboten werden können.

Im Internet weißt du nie, ob es sich bei deinen Kommunikationspartnern wirklich um diejenigen Personen handelt, für die sie sich ausgeben. Mache dir diese und andere Gefahren der Internetkommunikation bewusst und beachte einige Regeln.

Mediale Kommunikations-möglichkeiten angemessen nutzen → S. 142

So verhältst du dich in einem Internetchat, -forum oder -blog:

- Beachte, dass deine Einträge von anderen gelesen werden und nur schwer wieder gelöscht werden können.
- Formuliere immer in einem angemessenen Stil.
- Stütze deine Stellungnahmen durch Argumente und Beispiele.
- Überlege, ob du deinen richtigen Namen oder einen Spitznamen angibst.
- Achte die Persönlichkeitsrechte deiner Mitmenschen: Veröffentliche keine Informationen oder Fotos, die jemandem schaden oder ihn beleidigen könnten.

KOMPETENZ-BEREICH

Gedichte untersuchen

Gedichte lesen und verstehen

Die Sprache in einem Gedicht ist oft durch die Verwendung verschiedener Sprachbilder gekennzeichnet. So haben Gedichte eine besondere Wirkung und du kannst die Gefühle und Stimmungen eines Gedichts gut nachvollziehen. An manchen Stellen führt die besondere Sprachverwendung aber auch zu Verständnisschwierigkeiten und Unsicherheiten.

In diesen Schritten kannst du dich einem Gedicht nähern:

- Lass das Gedicht auf dich wirken: Lies es laut oder lass es dir vorlesen.
- Kläre, welche Situation oder Erfahrung dem Gedicht zugrunde liegt.
- Setze dich mit dem Sprecher des Gedichts auseinander. Wie wird die Situation/ Erfahrung von diesem wahrgenommen?
- Achte auf Stellen, an denen die Sprache auffallend anders verwendet wird als im Alltag: Welche besonderen Verkürzungen und Sprachbilder fallen dir auf?

Sprachliche Bilder erkennen, beschreiben und deuten
→ S. 151

Die Sprache in Gedichten wird oft bildhaft, also nicht im wörtlichen Sinn, verwendet. Dabei kannst du verschiedene Gestaltungsmöglichkeiten unterscheiden.

So unterscheidest du Personifikationen, Metaphern und Vergleiche:

- Eine Personifikation stellt Tiere oder Gegenstände wie Menschen dar. (*Die Sonne lacht./Die Vögel singen.*)
- Werden die Besonderheiten von Gegenständen oder Ereignissen durch Worte beschrieben, die eigentlich zu einem anderen Gegenstand oder Ereignis gehören, spricht man von einer Metapher. (*Der Goldstaub der Sonne lag über den Gräsern.*)
- Auch durch Vergleiche kann ein Gedicht anschaulicher und wirkungsvoller gestaltet werden. (*Wie Goldstaub glänzte der Tau in der Morgensonne.*)
  Metapher und Vergleich sind einander ähnlich, der Vergleich enthält aber Vergleichsworte (*als*, *wie*).

Reime und Reimschemata erkennen
→ S. 156

Neben der bildhaften Sprachverwendung gibt es typische Formmerkmale, anhand derer du ein Gedicht genauer beschreiben kannst. In vielen Gedichten reimen sich die Verse in bestimmten Mustern.

Unterscheide folgende Reimschemata:

Paarreim: Zwei aufeinanderfolgende Verse reimen sich (a a b b).
Kreuzreim: Verse reimen sich abwechselnd, d. h. erster und dritter Vers sowie zweiter und vierter Vers reimen sich (a b a b).
Umarmender Reim: Ein gereimtes Verspaar wird von zwei sich reimenden Versen umschlossen (a b b a).

Gedichte sind oft aus der Sicht eines oder mehrerer Sprecher verfasst. Der Gedichttext vermittelt die Wahrnehmungen und Gefühle dieser Sprecher.

Den Sprecher eines Gedichts erfassen → S. 153

So beschreibst du den/die Sprecher in einem Gedicht:

- Gedichte können, genau wie Erzähltexte, in der Ich- oder der Er/Sie-Form formuliert sein.
- Sind Gedichte in der Ich-Form geschrieben, nennt man den Sprecher lyrisches Ich. Es kann sich um einen Menschen, ein Tier und sogar um einen Gegenstand handeln.

Viele Gedichte folgen einem regelmäßigen Rhythmus von betonten und unbetonten Silben. Durch übertrieben betontes Lesen kannst du das Metrum (griechisches Wort für *Maß*) eines Gedichtverses herausfinden.

Versmaße erkennen → S. 155

Unterscheide folgende Metren:

- Jambus: unbetonte Silbe – betonte Silbe (X X́) (*In méinem Réich ein Tümpel*)
- Trochäus: betonte Silbe – unbetonte Silbe (X́ X) (Álle Vögel sínd schon dá)
- Freie Rhythmen: betonte und unbetonte Silben wechseln unregelmäßig

Um das Metrum eines Gedichts schriftlich zu markieren, verwendest du Akzentstriche und Silbenkreuze: Betonte Silben können mit einem Akzentstrich markiert werden, die Sprechsilben eines Verses werden als Silbenkreuze dargestellt:

Álle Vógel sínd schon dá, álle Vógel, álle
X́ X X́ X X́ X X́ X́ X X́ X X́ X

Den Wortschatz erweitern

Einen situations- und adressatengerechten Wortschatz entwickeln → S. 181

Die Wörter, die ein Sprecher oder Schreiber zur Verfügung hat, um seine Anliegen auszudrücken, bilden seinen Wortschatz. Über einen großen Wortschatz zu verfügen ist wichtig, um sich präzise und abwechslungsreich auszudrücken.

So erweiterst du deinen Wortschatz:

- Bilde Wortfelder zu den Begriffen, die du ersetzen und abwechseln möchtest.
- Finde Umschreibungen für das, was du sagen möchtest.
- Nutze verneinte Gegenbegriffe, um ein häufig verwendetes Wort zu ersetzen.

Redewendungen und Sprichwörter als Formen bildlicher Ausdrucksweise nutzen → S. 182 ff.

In allen Sprachen gibt es bestimmte Redewendungen und Sprichwörter, die sich im Laufe der Sprachgeschichte entwickelt und verbreitet haben. Sie bereichern die Anschaulichkeit eines Textes und unterstützen seine Wirkung ebenfalls. Denke bei der Verwendung von Redewendungen und Sprichwörtern daran, dass eventuell nicht alle deine Leser oder Zuhörer die Formulierung und ihre Bedeutung kennen.

So unterscheidest du zwischen Redewendungen und Sprichwörtern:

- Redewendungen sind Wortkombinationen mit einer besonderen, bildhaft-übertragenen Bedeutung (*Schmetterlinge im Bauch haben*).
- Sprichwörter sind Sätze, die bestimmte Erfahrungen im Sinne eines Merksatzes oder einer Lebensweisheit überliefern (*Morgenstund' hat Gold im Mund.*).

Verschieden Varianten der eigenen Sprache kennen → S. 187

Das Besondere an unserer Sprache ist, dass sie sich aus vielen Varianten zusammensetzt. So gibt es neben der Standardsprache auch die Jugendsprache oder eine Vielzahl von Dialekten.

So unterscheidest du zwischen Standardsprache und Dialekt:

Dialekte unterscheiden sich im Wortschatz, der Aussprache, aber auch in der Grammatik und im Satzbau untereinander und von der Standardsprache.

Die deutsche Sprache beinhaltet zahlreiche Dialekte, deren Sprachformen auf bestimmte geografische Gebiete beschränkt sind und die in der Regel auch nur dort verstanden werden. So spricht man in Bayern zwar Bairisch, aber dieses lässt sich wiederum u. a. in Nordbairisch und Südbairisch aufteilen.

Für viele Menschen stellt ihr Dialekt ein Kulturgut dar, mit dem sie sich identifizieren. Es ist daher auch wichtig, seinen Dialekt zu pflegen. Auf der anderen Seite muss man sich aber auch bewusst sein, dass seine Verwendung in manchen Situationen unangemessen ist.

Die Wortarten und ihre Verwendung kennen

Verben bilden Handlungen ab. Sie können unter anderem hinsichtlich der Zeit (Tempus) und der Handlungsrichtung (Modus) konjugiert, also gebeugt, werden.

Die Tempusformen des Verbs kennen und richtig verwenden → S. 194

So unterscheidest du die verschiedenen Tempusformen des Verbs:

- Das Präsens wird für allgemeingültige Aussagen sowie Handlungen, die in der Gegenwart geschehen, verwendet (*Ich lese die Erklärung.*). In der gesprochenen Sprache drückt es manchmal auch zukünftige oder geplante Geschehen aus (*Morgen lese ich die Erklärung)*, in erzählenden Texten die eigentlich im Präteritum verfasst sind, kann es zur Spannungssteigerung eingesetzt werden (Ich las die Erklärung. *Da fällt mir plötzlich eine Markierung auf der Buchseite auf.*).
- Das Präteritum drückt bei schriftlichen Erzählungen und Berichten vergangene Ereignisse aus (*Ich schlug das Buch auf und las den Erklärungstext)*.
- Das Perfekt drückt Vergangenes aus und wird häufig in mündlichen Erzählungen verwendet (*Ich habe gestern einen Erklärungstext gelesen*).
- Das Plusquamperfekt verwendet man für den Ausdruck der Vorzeitigkeit: Eine Handlung in der Vergangenheit ist schon abgeschlossen, als eine andere, ebenfalls in der Vergangenheit liegende Handlung stattfindet (*Ich notierte die Lösung, nachdem ich den Erklärungstext gelesen hatte.*).
- Das Futur I gibt ein zukünftiges Geschehen wieder (*Morgen werde ich ihn lesen.*).
- Das Futur II drückt aus, dass etwas in der Zukunft abgeschlossen sein wird, wenn eine andere, ebenfalls in der Zukunft liegende Handlung stattfindet (*Wenn ich den Erklärungstext gelesen haben werde, wird es zu spät sein.*). Das Futur II verwendet man im Deutschen selten.

Je nachdem, ob die Handlung durch einen Handelnden selbst ausgeführt wird oder ob sie an ihm vollzogen wird, unterscheidet man verschiedene Handlungsrichtungen.

Aktiv und Passiv erkennen, bilden und verwenden → S. 198, S. 201

So unterscheidest du die Handlungsrichtungen des Verbs:

- In der aktiven Form gibt das Verb die Tätigkeit eines Handelnden an. Der Handlungsträger eines Aktivsatzes ist das Subjekt (*Der Autor schreibt den Text.*).
- Einen Passivsatz wählst du, wenn die Handlung im Vordergrund steht und der Handelnde unbekannt bzw. unwichtig ist (*Der Text wurde im 16. Jahrhundert geschrieben.*). Dennoch kann der Handlungsträger auch eingebaut werden (*Der Text wurde im 16. Jahrhundert von einem Autor geschrieben.*).
- Beim Passiv unterscheidet man verschiedene Formen:
  - Das Vorgangspassiv bezieht sich auf eine Handlung, die gerade oder noch ausgeführt wird (*Das Museum wird geschlossen.)*.
  - Das Zustandspassiv hingegen bezieht sich auf das Ergebnis einer Handlung (*Zahlreiche Museen sind schon geschlossen.*).

Die Tempusformen im Passiv bilden und verwenden
→ S. 199

Auch wenn ein Verb im Passiv steht, kannst du alle Tempora bilden.

So bildest du die Tempusformen im Passiv:

Die Passivformen werden mit der jeweiligen Zeitstufe von *werden* und mit dem Partizip II des Verbs gebildet.

- Zeitform der Gegenwart
  Präsens — *es wird bemerkt*/*es wird gekauft*
- Zeitformen der Vergangenheit
  Perfekt — *es ist bemerkt worden*/*es ist gekauft worden*
  Präteritum — *es wurde bemerkt*/*es wurde gekauft*
  Plusquamperfekt — *es war bemerkt worden*/*es war gekauft worden*
- Zeitformen der Zukunft
  Futur I — *es wird bemerkt werden*/*es wird gekauft werden*
  Futur II — *es wird bemerkt worden sein*/*es wird gekauft worden sein*

Funktionen von Adjektiven unterscheiden
→ S. 202

Adjektive bilden Eigenschaften ab. Dabei bestimmen sie zum Beispiel ein Nomen oder eine Handlung näher.

Unterscheide die Verwendung eines Adjektivs:

- Attributiv verwendetes Adjektiv: Das Adjektiv bestimmt ein Nomen näher, mit dem es verbunden ist (*ein interessanter Hinweis*).
- Adverbial verwendetes Adjektiv: Das Adjektiv beschreibt die Art und Weise, auf die das Geschehen eines Satzes abläuft näher (*Er lieferte uns den interessanten Hinweis schnell.*).
- Prädikativ verwendetes Adjektiv: Das Adjektiv kann auch in Verbindung mit bestimmten Verben (*sein, werden, bleiben* …) das Prädikat des Satzes ergänzen (*Der Text ist interessant.*).

Adjektive und Adverbien unterscheiden
→ S. 203

Adverbien machen in der Regel nähere Angaben zu einem Ereignis oder einer Eigenschaft. Bei der Wortartenbestimmung werden sie manchmal mit Adjektiven verwechselt.

So unterscheidest du Adjektive von Adverbien:

- Adverbien können in der Regel nicht gesteigert werden (*Ich werde dort sein.* Aber nicht: *Du wirst ~~dorter~~ sein.*).
- Adverbien können nicht sinnvoll vor ein Nomen gestellt werden (*Jakob stört immer.* Aber nicht: *Durch Jakobs ~~immeres~~ Stören.*)

Pronomen machen Texte abwechslungsreich und stellen Verbindungen her.

Pronomen erkennen und verwenden → S. 204

So unterscheidest du die verschiedenen Pronomen:

- Personalpronomen (persönliche Fürwörter) stehen stellvertretend für Nomen (*Jakob macht sich einen Kakao. Er trinkt ihn sofort.*).
- Possessivpronomen (besitzanzeigende Fürwörter) zeigen an, zu wem etwas gehört (*Jakob sucht seine Lieblingstasse.*).
- Demonstrativpronomen (hinweisende Fürwörter) sind Pronomen, mit denen man auf etwas zeigen bzw. hinweisen kann (*Diese Tasse ist meine Lieblingstasse.*).
- Indefinitpronomen (unbestimmte Fürwörter) drücken ungefähre Mengenangaben aus (*Einige Tassen fielen herunter, manche blieben ganz, andere zerbrachen.*)
- Interrogativpronomen (Fragefürwörter) leiten Frage- und Ausrufesätze ein (*Wer hat die Tassen so blöd eingeräumt? Was soll das?*).
- Relativpronomen leiten Nebensätze (Relativsätze) ein und beziehen sich auf ein Nomen oder Pronomen (*Der Junge, der die Tassen eingeräumt hat, ärgert sich.*).

Konjunktionen und Subjunktionen verbinden Wörter, Wortgruppen, Satzglieder oder Sätze.

Konjunktionen und Subjunktionen unterscheiden und verwenden → S. 206

So unterscheidest du Konjunktionen und Subjunktionen:

- Konjunktionen verbinden zwei oder mehrere Hauptsätze, Nebensätze oder Satzglieder nebenordnend.
- Subjunktionen verbinden einen Hauptsatz mit einem Nebensatz.

Konnektoren lassen sich auch aufgrund ihrer inhaltlichen Bedeutung unterscheiden.

Die inhaltliche Bedeutung von Konjunktionen und Subjunktionen kennen → S. 207

So sortierst du Konjunktionen und Subjunktionen nach ihrer Bedeutung:

Konjunktionen können
- aneinanderreihen (*und, sowie ...*),
- entgegensetzen (*aber, sondern ...*),
- eine Alternative aufzeigen (*entweder ... oder*) ,
- einen Grund angeben (*denn ...*).

Subjunktionen können
- einen Ort angeben (*wohin, wo, woher ...*),
- eine Zeit angeben (*während, nachdem, bis, solange ...*),
- einen Grund angeben (*weil, da ...*),
- einen Zweck angeben (*damit, um ... zu*),
- eine Art angeben (*ohne dass, indem ...*),
- einräumen (*obwohl, obgleich ...*) und entgegensetzen (*während, wohingehen ...*).

Kompetenz-
bereich

Satzarten und Satzglieder kennen und unterscheiden

Satzarten unterscheiden und situationsgerecht anwenden

Um einen Text anschaulich und abwechslungsreich zu gestalten, verwendest du nicht immer dieselbe Satzart. Je nach Zusammenhang und Situation nutzt du verschiedene Satzarten.

Diese Satzarten kannst du unterscheiden:

- In einem Aussagesatz teilst du etwas mit (*Wir fahren mit dem Auto zum Familientreffen.*).
- In einem Fragesatz formulierst du eine Ergänzungs- oder eine Entscheidungsfrage (*Wann werden wir ungefähr da sein? Wird Moritz auch kommen?*).
- Aufforderungen, Empörungen und Verwunderungen drückst du in Ausrufe- und Aufforderungssätzen aus (*Nun gedulde dich einfach!*).

Satzglieder bestimmen und ihre Funktion erklären
→ S. 214

Grammatisch korrekte und verständliche Sätze enthalten unterschiedliche Satzglieder.

So erkennst du verschiedene Satzglieder:

- Ein grammatisch vollständiger Satz besteht mindestens aus dem Satzkern – dem Subjekt und dem Prädikat. Dabei gibt das Subjekt an, wer oder was handelt. Das Prädikat gibt die Tätigkeit an, die das Subjekt ausführt.
- Objekte sind die Satzglieder, auf welche sich die Handlungen innerhalb eines Satzes beziehen. Unterscheide vor allem zwischen Dativ- (Hilfsfrage: wem?), Akkusativ- (Hilfsfrage: wen?) und Genitivobjekten (Hilfsfrage: wessen?).
- Adverbiale Bestimmungen geben an, wann, wo, wie oder warum etwas geschieht. Anders als die Objekte sind sie für den Satzbau nicht unbedingt notwendig.

Präpositionalobjekte von adverbialen Bestimmungen unterscheiden
→ S. 215

Weil in beiden Formen eine Präposition vorkommt, sind Präpositionalobjekte und adverbiale Bestimmungen auf den ersten Blick nur schwer voneinander zu unterscheiden. Die folgende Vorgehensweise kann dir bei der Unterscheidung helfen.

So unterscheidest du Präpositionalobjekte von adverbialen Bestimmungen:

Es handelt sich um Präpositionalobjekte, wenn die Präposition fest mit dem Verb verbunden ist (*warten auf, sich freuen über, nachdenken über, denken an ...*).
Anders als bei adverbialen Bestimmungen findet sich die Präposition beim Präpositionalobjekt auch in der Frage danach:

Die Reisegruppe wartet vor der Vorhalle. → *Wo wartet die Gruppe?*
keine Präposition in der Frage → adverbiale Bestimmung
Die Reisegruppe wartet auf ihre Führung. → *Worauf wartet die Gruppe?*
Präposition in der Frage → Präpositionalobjekt

Um herauszufinden, welche Wörter und Wortgruppen die Satzglieder bilden, kannst du verschiedene Proben anwenden.

Proben zur Satzgliedbestimmung nutzen

So kannst du Satzglieder durch verschiedene Proben ermitteln:

- Umstellprobe: Wörter, die zusammen ein Satzglied bilden, bleiben auch bei der Umstellung des Satzes immer als Wortgruppe zusammen stehen.
  - *Jakob und Paula treffen sich mit ihren Freunden.*
  - *Mit ihren Freunden treffen sich Jakob und Paula.*
  - *Treffen sich Jakob und Paula mit ihren Freunden?*
- Weglassprobe: Subjekte, Prädikate und Objekte sind notwendige Ergänzungen des Satzes. Wenn du sie weglässt, wird kein sinnvoller Satz mehr gebildet.
  - *Treffen sich mit ihren Freunden.* (→ unvollständiger Satz)
- Ersatzprobe: Die Satzglieder sind jeweils als ganze Wortgruppen ersetzbar. Sie können zum Beispiel durch Pronomen oder Adverbien ersetzt werden.
  - *Jakob und Paula treffen sich mit ihren Freunden.* → *Sie treffen sich mit ihnen.*

Die verschiedenen Nebensätze übernehmen auch die Funktion von Satzgliedern und werden daher als *Gliedsätze* bezeichnet. Attributsätze, die keine eigenen Satzglieder darstellen, heißen dabei *Gliedteilsätze*.

Glied- und Gliedteilsätze unterscheiden → S. 218 ff.

So unterscheidest du Gliedsätze und Gliedteilsätze voneinander:

Gliedsätze			Gliedteilsätze
Subjektsätze	**Objektsätze**	**Adverbialsätze**	**Attributsätze**
geben an, wer in dem Satz handelt.	bilden ab, worauf sich die Handlung bezieht.	geben an, wann, wie oder warum etwas geschieht.	bestimmen Nomen genauer.

Das Wissen über die verschiedenen Satzformen hilft dir bei der Gestaltung deiner Texte.

Haupt- und Nebensätze zur Textgestaltung nutzen → S. 224

So gestaltest du mit Satzreihen und Satzgefügen abwechslungsreiche Texte:

Zentrale Aussagen werden im Wesentlichen in Hauptsätzen formuliert. Willst du Einzelheiten ergänzen und veranschaulichen, greife auf die verschiedenen Nebensätze zurück.
In erzählenden Texten kannst du mit Haupt- und Nebensätzen unterschiedliche Wirkungen erzielen. Eine Aneinanderreihung von kurzen Hauptsätzen wirkt oft wie ein Zeitraffer, Nebensätze verlangsamen die Erzählung.

KOMPETENZ-BEREICH

Subjekt- und Objektsätze erkennen und nutzen
→ S. 218

Auch Subjekte und Objekte können in Form eines Gliedsatzes vorkommen. Sie beantworten dieselben Hilfsfragen wie die entsprechenden Satzglieder.

So fragst du nach Subjekt- und Objektsätzen:

- Ein Subjektsatz beantwortet die Frage: Wer/was handelt?
  – *Wer gern liest, sollte die Bibliothek am Sonntag besuchen.*
  – Wer sollte die Bibliothek besuchen? → Subjektsatz
- Ein Objektsatz beantwortet die Frage: Auf wen/was bezieht sich die Handlung?
  – *Man denkt dort manchmal, dass man sich in einer anderen Zeit befindet.*
  – Wen oder was denkt man dort? → Objektsatz

Adverbialsätze unterscheiden und nutzen
→ S. 219

Adverbialsätze werden in der gesprochenen und geschriebenen Sprache häufig verwendet, durch Kommas vom Hauptsatz abgetrennt und durch Subjunktionen eingeleitet.

So nutzt und unterscheidest du Adverbialsätze:

Temporalsatz	Angabe der Zeit (*als, nachdem ...*)	*Seitdem Jakob Trompete spielt, übt er täglich eine halbe Stunde.*
Kausalsatz	Angabe des Grunds (*weil, da*)	*Paula kann kaum mit dem Schlagzeug üben, weil dies ihre Eltern stört.*
Finalsatz	Angabe des Zwecks (*damit ...*)	*Damit sie trotzdem üben kann, kauft ihr Vater ein elektrisches Schlagzeug.*
Modalsatz	Angabe der Art und Weise (*wie, indem ...*)	*Indem man an einem Schalter dreht, stellt man den Ton lauter oder leiser.*
Lokalsatz	Angabe des Ortes (*wo*)	*Paula trommelt immer dort, wo es gerade möglich ist.*

Attribute erkennen und verwenden
→ S. 212

Attribute sind eng mit ihren Bezugswörtern verbunden und bleiben auch bei der Umstellprobe bei ihnen stehen. Die Verwendung von Attributen macht eine Aussage präzise.

So erkennst du Attribute als Satzgliedteile:

Ein Attribut ist ein Wort oder eine Wortgruppe, durch welche ein Bezugswort näher bestimmt wird. Häufig handelt es sich bei diesem Bezugswort um ein Nomen.

Beachte, dass das Attribut kein eigenes Satzglied darstellt. Bei der Umstellprobe kann ein Attribut nur gemeinsam mit seinem Bezugswort umgestellt werden.

Ein langweiliges Buch legt man schnell beiseite.
Man legt ein langweiliges Buch schnell beiseite.
Schnell legt man ein langweiliges Buch beiseite.

Attribute begegnen dir in verschiedenen Formen. Alle Formen haben dabei die Gemeinsamkeit, ein Bezugswort, meist ein Nomen, näher zu bestimmen.

Formen von Attributen unterscheiden → S. 213

So unterscheidest du verschiedene Formen von Attributen:

Attribute können in verschiedenen Formen auftreten:
- Adjektiv: *eine tolle Geschichte*
- Partizip: *bezaubernde Erlebnisse*
- Nomen im Genitiv: *die Lebenswelt der Kinder*
- Nomen mit Präposition: *die Höhle in der Felswand*
- Zahlwort: *fünf Jahrhunderte zuvor*
- Apposition: *Paula, eine verlässliche Spurenleserin*

Auch Attribute können als ganze Sätze auftreten. Da es sich bei einem Attribut nicht um ein eigenes Satzglied handelt, werden Attributsätze nicht als Gliedsätze bezeichnet. Attributsätze werden verwendet, um Aussagen zu präzisieren oder zu veranschaulichen.

Attributsätze erkennen und nutzen → S. 220

So erkennst und nutzt du Attributsätze:

Attributsätze liefern ergänzende Informationen zu Satzgliedern. Als Teile von Satzgliedern bezeichnet man sie daher auch als Gliedteilsätze. Sie stehen häufig in Form von Relativsätzen.
In Wahrheit müssen Zeitmaschinen, die wirklich funktionieren, erst erfunden werden.

Das Prädikativ kann ein Prädikat ergänzen und sich auf das Subjekt oder auf das Objekt eines Satzes beziehen. Durch seine Verwendung lässt sich eine Gleichsetzung zwischen einer Person und einer bestimmten Eigenschaft zum Ausdruck bringen.

Prädikative erkennen und nutzen → S. 216

So erkennst und verwendest du ein Prädikativ:

Das Prädikativ steht nur nach bestimmten Verben:
- im Nominativ etwa nach den Verben *sein, werden, scheinen, bleiben, heißen*
  Albrecht scheint ein talentierter Junge gewesen zu sein.
- im Akkusativ etwa nach den Verben *nennen* oder *taufen*
  Man nannte ihn einen großen Künstler.

Das Prädikativ kann auch in verschiedenen Formen auftreten:
- Nomen: *Albrecht war der Meister der Bleistiftzeichnung.*
- Adjektiv: *Albrecht war begabt.*
- Konjunktion + Nomen: *Albrecht wurde als Wunderkind bezeichnet.*

KOMPETENZ-BEREICH

Rechtschreibstrategien anwenden, Fehler reduzieren

Fehlersensibilität entwickeln und Rechtschreibstrategien anwenden
→ S. 231

Es wird immer wieder einmal vorkommen, dass du bei der Schreibung eines Worts unsicher bist. Sicherlich hast du selbst schon einige hilfreiche Strategien entwickelt.

So reduzierst du Rechtschreibfehler:

- Unterscheide zwischen Mitsprechwörtern, Nachdenkwörtern und Merkwörtern.
- Schreibe regelmäßig eigene Texte. Auch Lesen verbessert die Rechtschreibung.
- In einzelnen Fällen können die folgenden Strategien und Hinweise helfen:
  – Zerlege Wörter in Sprechsilben.
  – Verlängere die Wörter: Setze Nomen in den Plural (Mehrzahlprobe), steigere Adjektive, übertrage Verben in den Infinitiv.
  – Orientiere dich am Stammprinzip: Leite die Schreibung von verwandten Wörtern ab.

Nachschlagewerke nutzen
→ S. 231

Wenn keine der Strategien hilft, schlage das Wort im Rechtschreibwörterbuch nach.

So arbeitest du mit einem Rechtschreibwörterbuch:

- Die einzelnen Wortartikel findest du in alphabetischer Reihenfolge. Diese enthalten z. B. Hinweise zur Schreibung, zur Pluralbildung oder zur Silbentrennung. Abkürzungen sind im Abkürzungsverzeichnis erklärt.
- Nicht immer sind alle Wortzusammensetzungen aufgenommen. In diesem Fall musst du nach den einzelnen Bestandteilen suchen.
- Achte auf die Wortart des gesuchten Wortes. Nominalisierte Begriffe findest du im Wörterbuch zunächst in ihrer ursprünglichen Wortart.
- In manchem Wörterbuch sind innerhalb der Wortartikel Hinweiskästen zu besonderen Fällen oder typischen Fehlerquellen abgedruckt.

Die Rechtschreibhilfe am Computer nutzen
→ S. 231

Wenn du einen Text mit dem Computer verfasst, kannst du die Rechtschreibhilfe deines Textverarbeitungsprogramms nutzen.

So überprüfst du die richtige Schreibung am Computer:

Die Funktion „Überprüfen → Rechtschreibung und Grammatik“ hilft dir beim Finden von Rechtschreibfehlern.

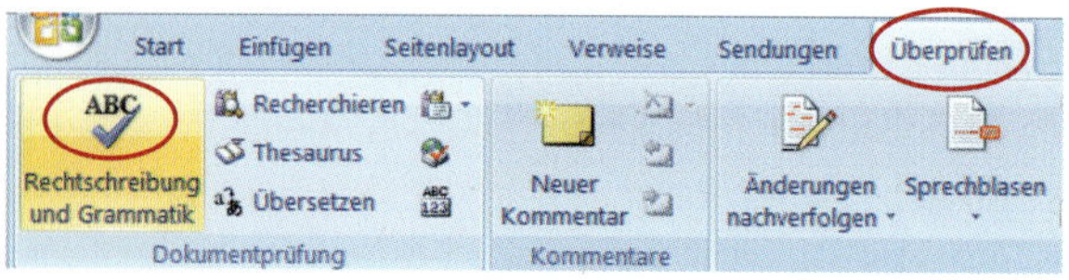

Viele Programme sind auch so eingestellt, dass Rechtschreibfehler direkt im Text durch Unterringelung des falsch geschriebenen Wortes angezeigt werden.

Sprachgebrauch und Sprache untersuchen und reflektieren

Einzelne Rechtschreibregeln kennen und nutzen

Neben den Strategien, die dir bei der richtigen Schreibung helfen können, gibt es auch einige Rechtschreibregeln, die zu beachten sind.

So verwendest du die korrekte Großschreibung:

In einigen Fällen werden die Wörter immer großgeschrieben. Dabei handelt es sich um
- Eigennamen (*Friedrich Schiller*) und Nomen (*das Buch, das Haustier*),
- das erste Wort in Überschriften und Sätzen (*Ich habe gerade „Das Dschungelbuch" in der Schule gelesen.*),
- die höfliche Anrede (*Ich grüße Sie herzlich*).
- Die vertraute Anrede in Briefen oder E-Mails (*Ich grüße Dich/dich herzlich*) kannst du groß- oder kleinschreiben.

Die korrekte Großschreibung anwenden

So achtest du auf Besonderheiten bei der Schreibung von Adjektiven:

Adjektive, die zu einem Nomen gehören, werden auch dann kleingeschrieben, wenn sie nicht direkt vor dem Nomen stehen (*ihr Fahrrad war ein blaues; er war der treueste von all meinen Hunden*). Das Nomen lässt sich in diesen Fällen gedanklich ergänzen (*ein blaues → Fahrrad, der treueste → Hund*).
Adjektive, die sich auf ein Nomen eines vorausgehenden Satzes beziehen, werden ebenfalls kleingeschrieben. (*Mit Instrumenten kennt sie sich aus, und die Geige hält sie für ein gutes.*)
In der Verbindung mit einem Nomen wird der Superlativ von Adjektiven kleingeschrieben (*der geschickteste Kletterer*). Auch in der adverbialen Verwendung mit *am* schreibst du die höchste Steigerungsform in der Regel klein (*Er klettert am geschicktesten.*).
Bezieht sich der Superlativ aber nicht auf ein Nomen, wird er selbst wie ein Nomen verwendet und entsprechend großgeschrieben (*Sie ist die Geschickteste beim Klettern.*).

Besonderheiten bei der Schreibung von Adjektiven kennen und anwenden → S. 235

So schreibst du Nominalisierungen richtig:

Wörter aus Wortarten, die eigentlich kleingeschrieben werden, können manchmal zu Nomen und somit großgeschrieben werden. Diese Nominalisierungen werden dadurch gekennzeichnet, dass bestimmte Wörter vorangestellt werden, und zwar
- Artikel (*nach dem Essen, ein Geben und Nehmen*),
- die unbestimmten Mengenangaben *allerlei, alles, etwas, genug, nichts, viel* oder *wenig* (*manch Gutes, allerlei Lustiges*),
- Adjektive (*richtiges Schreiben, ein starkes Ich*).

Nominalisierungen erkennen → S. 236

Zeitangaben richtig schreiben
→ S. 237

So schreibst du Zeitangaben richtig:

- Die Adverbien *morgens, abends, montags* etc. werden stets kleingeschrieben. Sie beziehen sich auf wiederkehrende Ereignisse (*Wir haben montags Sport).*
- Die Nomen *Morgen, Abend, Montag* etc. werden stets großgeschrieben. Sie bezeichnen jeweils einen bestimmten Morgen, Abend etc. (*An diesem Nachmittag war sie schlecht gelaunt.*).
- In Verbindung mit *gestern*, *heute* und *morgen* werden die Tageszeiten ebenfalls großgeschrieben (*Gestern Abend rief mich Tim an.*).

Lange und kurze Vokale richtig schreiben
→ S. 233

So schreibst du lange und kurze Vokale richtig:

- Lange Vokale werden in der Schreibung häufig nicht gekennzeichnet (*ich knete*). Bei lang gesprochenen Vokalen vor *l*, *m*, *n* und *r*, steht in der Regel ein Dehnungs-*h* (*ich rühre*) oder die Länge wird durch die Verdopplung des Vokals (*der Ei-Schnee*) angezeigt. Ausnahmen sind Merkwörter (*Tor, Rom* ...). Ein langes *i* kann auch als *ie* geschrieben werden (*ich siebe*).
- Die lang gesprochenen Vokale in den Endsilben (Suffixen) -sam, -sal, -bar und -tum schreibt man ohne Dehnungs-h (*folgsam, Schicksal, essbar, Brauchtum*).
- Nach kurzen Vokalen steht oft ein doppelter Konsonant (*ich wette*). Statt *kk* schreibt man *ck* (*ich backe*), statt *zz* schreibt man *tz* (*ich erhitze*).

Homophone unterscheiden
→ S. 239

So reduzierst du Schreibschwierigkeiten bei homophonen Lauten:

- Wörter, die gleich klingen, aber unterschiedlich geschrieben werden und unterschiedliche Bedeutungen haben, bezeichnet mal als Homophone (*Lehre* (Ausbildung) – *Leere* (wenn etwas leer ist)).
  Die Schreibung der Wörter ergibt sich aus dem inhaltlichen Zusammenhang.
- Auch die Buchstabenkombinationen *ei* und *au* werden im Deutschen gleich ausgesprochen. In der Regel wird im Deutschen *ei* geschrieben. Die Kombination *ai* wird fast nur in homophonen Wörtern verwendet, um sie zu unterscheiden (*Seite* - *Saite*). Merkwörter sind darüber hinaus nur *Hai, Kaiser, Mai.*

Das und *dass* unterscheiden

Die Schreibung von *das* und *dass* unterscheiden:

- Das kann bei der Ersatzprobe durch *dieses*, *jenes* oder *welches* ersetzt werden. Es
  – steht als bestimmter Artikel vor einem sächlichen Nomen (*das Land, das Kind*),
  – weist als Demonstrativpronomen auf etwas hin (*das ist Jan*),
  – leitet einen Relativsatz ein (*Ein Land, das am Meer liegt, hat Vorteile.*).
- Dass lässt sich nicht ersetzen. Es leitet als Subjunktion einen Nebensatz ein (*Ich weiß, dass du Paula heißt.*).

So schreibst du die Laute *ks* und *f* richtig:

Dass die Schreibung der Wörter im Deutschen keine lautgetreue Abbildung ihrer Aussprache ist, weißt du schon. Beachte die folgenden Fehlerquellen:

- Der Laut *ks* kann geschrieben werden als *x* (*Hexe*), *chs* (*wachsen*), *cks* (*knacksen*), *gs* (*mittags*) oder *ks* (*Keks*).
- Die Wörter mit *x, chs* und *ks* musst du als Merkwörter lernen.
- Bei Wörtern mit *cks* und *gs* kannst du die richtige Schreibung oft über verwandte Wörter herleiten, es sind also Nachdenkwörter.

Auch die Schreibung von *f* und *v* kann Schwierigkeiten bereiten. Merke dir besonders die Vorsilben *ver-* und *vor-* sowie die Wörter *Vater, Vogel, voll* und *viel*.

Die Laute *ks* und *f* richtig schreiben → S. 238

So schreibst du Fremdwörter richtig und sprichst sie korrekt aus:

Das Deutsche enthält zahlreiche Fremdwörter aus unterschiedlichen Sprachen und Themenbereichen.

- Manche Fremdwörter, die aus dem Griechischen stammen, enthalten ein *h* nach *p, t* oder *r* (*Phänomen, Theologie, Athlet, Rheuma*). Sie sind Merkwörter.
- Da *ph* wie *f* gesprochen wird, wird es auch oft so geschrieben (*Telefon, Biografie*). Das gilt für alle Wörter mit *-phon-* oder *-graph-*.
- Aber: In *-phil-* bleibt *ph* immer erhalten (*Philosophie, Philharmonie*).
- Je nach der Herkunftssprache wird das *ch* in Fremdwörtern unterschiedlich ausgesprochen. Im Französischen ähnelt es dem *sch* (*Champignon*), im Englischen dem *tsch* (*Touch*), im Griechischen dem *k* (*Chrom*) oder *ch* (*Archäologie*).

Fremdwörter richtig schreiben → S. 240

In Texten werden wörtliche Rede und Aufzählungen durch Satzzeichen markiert.

Zeichensetzung bei wörtlicher Rede und bei Aufzählungen beachten → S. 240, S. 242

So verwendest du Satzzeichen richtig:

Je nach Position des Redebegleitsatzes, müssen verschiedene Satzzeichen bei der wörtlichen Rede gesetzt werden.

- Redebegleitsatz – Doppelpunkt – wörtliche Rede
- wörtliche Rede – Komma – Redebegleitsatz
- wörtliche Rede (Teil 1) – Komma – Redebegleitsatz – Komma – wörtliche Rede (Teil 2)

In Satzreihen grenzt du gleichrangige Sätze, Wortgruppen oder Wörter mit einem Komma voneinander ab.
Werden diese jedoch mit den Wörtern wie *und*/*oder*/*sowie*/*beziehungsweise* verbunden, musst du kein Komma setzen.

Lesetechniken kennen und anwenden

Mit dem Lesen von Texten übst du im Deutschunterricht eine Fähigkeit, die du auch in deinem Alltag immer wieder benötigst, da dir informierende, auffordernde oder unterhaltende Texte in den verschiedensten Situationen begegnen.

Folgende Techniken erleichtern dir das Lesen von Texten:

- Überfliegendes Lesen: Verschaffe dir eine erste Vorstellung vom Thema, von den Aussagen und von der Absicht des Textes. Nutze dazu Überschriften, Hervorhebungen und wiederkehrende Begriffe, die dir beim ersten Blick in den Text auffallen.
- Navigierendes (gesteuertes, orientierendes) Lesen: Verschaffe dir einen genaueren Überblick über den Text. Versuche zum Beispiel zu klären, wie der Text aufgebaut ist, ob er durch Abbildungen ergänzt ist, ob er aus verschiedenen Teilen besteht, welche zentralen Inhalte er behandelt oder wo Wichtiges und weniger Wichtiges steht.
- Selektives (auswählendes) Lesen: Um konkrete Informationen zu finden oder eine spezielle Aufgabe beantworten zu können, liest du nur die Teile des Textes, in denen du Hinweise für deine Fragestellung findest bzw. zu finden glaubst.

Texte erschließen und verstehen

Lange und schwierige Texte musst du oft mehrfach lesen, bis du alle Inhalte verstanden hast. Zur Unterstützung der Texterschließung gibt es verschiedene Methoden, die du anwenden kannst.

Diese Methoden erleichtern dir das Erschließen von Texten:

Durch (mehrfaches) sinnerfassendes Lesen erschließt du dir den Inhalt eines Textes umfassend und genau. Gehe dabei schrittweise und gründlich vor:

- Markiere unbekannte Wörter, die du noch klären musst, um den jeweiligen Abschnitt zu verstehen, oder schreibe sie heraus (mit Zeilenangabe).
- Schlage diese Wörter in einem Lexikon nach oder kläre sie mithilfe einer Suchmaschine im Internet.
- Markiere wenige wichtige Schlüsselbegriffe oder zentrale Aussagen oder schreibe diese (mit Zeilenangabe) heraus.
- Gliedere den Text in Sinnabschnitte und formuliere zu jedem inhaltlichen Abschnitt eine treffende Überschrift.
- Erstelle eine Mind-Map oder ein Cluster mit allen zentralen Informationen des Textes oder bereite diese auf andere Weise (z. B. durch Aufzählung) knapp und übersichtlich auf.
- Darüber hinaus kannst du auch Fragen an den Text stellen. Formuliere Inhaltsfragen (*Worum geht es? Von welchen Ereignissen wird berichtet/erzählt?*) und Nachdenkfragen (*Auf welches allgemeine Problem soll hingewiesen werden? Welches typische Verhalten wird kritisiert?*). Du kannst die Fragen selbst beantworten oder von deinen Mitschülern beantworten lassen.

Die Stamm-Experten-Gruppe/das Gruppenpuzzle nutzen

Um möglichst viele Informationen zu einem Thema zu gewinnen bzw. verschieden Sichtweisen auf ein Thema zu erhalten, kannst du mit der Stamm-Experten-Methode/dem Gruppenpuzzle arbeiten.

So erarbeitest du Material mit der Stamm-Experten-Methode/dem Grupppenpuzzle:

- Bilde mit deinen Mitschülern eine Stammgruppe – am Ende sollte es in der Klasse – je nach Thema – ca. fünf Gruppen geben.
- In der Stammgruppe spezialisiert sich dann jedes Mitglied auf einen besonderen Schwerpunkt eines Themas, d. h. es gibt Experte A/Experte B …
- Alle Spezialisten treffen sich nun in Expertengruppen, um sich dort intensiv mit ihrem Schwerpunkt zu beschäftigen, d. h. alle Experten A in einer Gruppe/alle Experten B in einer Gruppe …
- Am Ende der Expertenrunde kehren alle Spezialisten wieder in ihre Stammgruppe zurück und berichten dort über ihren Schwerpunkt, d. h. Experte A über die Ergebnisse aus Expertengruppe A, Experte B über Ergebnisse aus Expertengruppe B …

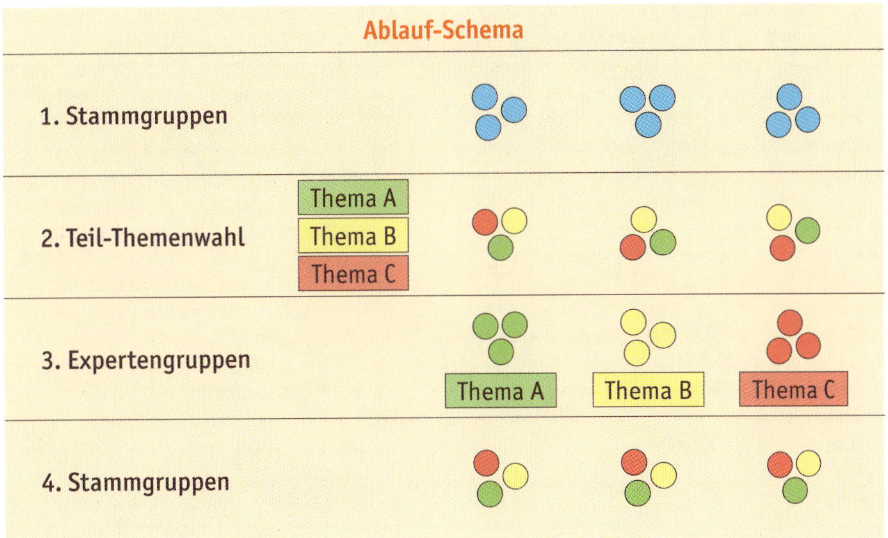

Eine Fishbowl-Diskussion durchführen

Eine Möglichkeit, sich in einer großen Gruppe mit einem Thema zu beschäftigen, bietet die sogenannte Fishbowl-Diskussion.

So führst du eine Fishbowl-Diskussion:

Bei der Fishbowl-Methode diskutiert nur ein Teil der Klasse in der Mitte des Raums. Die restlichen Schülerinnen und Schüler hören zu und beobachten die Diskussion, die ein Moderator leitet. Es ist möglich, in der Diskussionsrunde einen freien Stuhl zu lassen. Diesen dürfen die Beobachter außen nutzen, um in die Diskussion einzugreifen, wenn diese stockt, oder um Fragen an die Diskutierenden zu stellen.

Lösungen

Kompetenztest 1

1 informieren: → Z. 2–3, 15–19, Z. 25–26, Z. 31–32; kritisieren: → Z. 7–11, Z. 33–35
2 Z. B.: Haben dich auch gesundheitliche Aspekte in deiner Entscheidung beeinflusst?/Lehnst du ein Handy komplett ab oder gibt es auch Situationen, in denen du es nutzen würdest?/Hast du negative Erfahrungen mit der Handynutzung anderer gemacht?/Gab es eine Situation, in der du ein Handy gebraucht hättest?
3 a) Ein „normales" Telefon steht dem Anrufer nicht jeder Zeit zur Verfügung, z. B. bei einem Unfall auf der Landstraße, und auch der Angerufene ist nicht immer über den Festnetzanschluss zu erreichen.
b) Ein Blick auf das Handy kann notwendig sein, damit man wichtige Informationen, z. B. kurzfristige Störungen bei der Bahn, schnell mitbekommt und reagieren kann.
4 Passende Begrüßungs- und Abschiedsformeln/keine umgangssprachlichen Wendungen/keine Smileys o. Ä./sprachliche Korrektheit, z. B. vollständige Sätze
5 Begrüßungs- und Abschiedsformel: Sehr geehrte Damen und Herren/Mit freundlichen Grüßen; Einfügen relevanter Informationen im ersten Satz: genaues Datum, Nennung von Vor- und Nachname, genaue Ortsangabe; Streichungen: Häufung von Satzzeichen sowie Smileys ; Umwandlung von umgangssprachlichen/fremdsprachlichen Formulierung in Standardsprache: That's not fair! → Wir finden, dass das diesen Personen gegenüber ungerecht ist./Smarti → Smartphone/Bitte, bitte → Dafür wären wir Ihnen sehr dankbar.; höfliche Anrede: Können Sie diesen Umstand ändern?

Kompetenztest 2

1 a, f
2 Einleitung: g ; Hauptteil: a – h – c; Höhepunkt: f; Schluss: d – b – e
3 b
4 Jakobs Perspektive: Obwohl die anderen schon sehr müde waren, konnte ich sie noch zu einem Abendspaziergang an den See überreden. Paula war anzusehen, dass sie eigentlich genug hatte und am liebsten zu Hause in ihrem Bett gewesen wäre. Perspektive eines außenstehenden Erzählers: Obwohl sie sehr müde waren, überredete Jakob seine Freunde zu einem Abendspaziergang an den See. Paula war jedoch wenig begeistert. Sie fand, dass sie an diesem Tag schon genug erlebt hatte und wollte eigentlich nur noch in ihr Bett. Perspektive von Jakobs Klassenlehrer: Obwohl meine Schüler schon sehr müde waren, konnte Jakob sie zu einem Abendspaziergang an den See überreden. Paula erzählte mir, dass sie eigentlich hundemüde war und viel lieber in ihrem Bett gewesen wäre.
5 Die Männer sehen sich verschiedene Boote aufmerksam an./Jakob und seine Freunde besprechen in ihrem Versteck, wie sie gegen die „Diebe" vorgehen wollen.
6 Z. B.: a) Vorsichtig lugten wir aus unserem Versteck. Schemenhaft konnten wir erkennen, wie einer der Männer langsam auf ein Boot zuging. Er sah sich noch einmal prüfend um. Dann rollte er den Anhänger näher ans Wasser und nahm ein Seil von der Ladefläche. Dieses band er um einen Haken an der Vorderseite des Bootes. Er ergriff das Ende des Seils und zog mit aller Kraft daran, bis das Boot langsam vom Wasser auf den Anhänger glitt. b) Wir traten von unserem Versteck hinter den Fässern auf die schwach beleuchtete Straße. Jakob nahm Paula an der Hand und diese gab mir ihre, sodass wir am Ende eine Kette bildeten. In dieser Formation liefen wir los. Wir stellten uns wie eine Mauer quer über die Straße. Dann sahen wir die Scheinwerfer des Lieferwagens aufleuchten. Keiner rührte sich, doch man konnte unseren Herzschlag hören. Der Lieferwagen näherte sich rasant – jetzt waren es nur noch ein paar Meter. Paula schloss die Augen. Die Bremsen des Lieferwagens quietschten laut auf. Der Wagen kam nur wenige Zentimeter vor unseren Füßen zum Stehen.
7 Z. B.: Von der Jugendherberge gelangten wir über den Sportplatz und den Parkplatz schnell zum Anlegesteg.
8 Zeitdehnung: Der Leser kann sich durch die genaue Schilderung besser in die Gefühls- und Gedankenwelt der handelnden Figuren hineinversetzen. Das „Miterleben" steigert auch die Spannung. Zeitraffung: Hier werden unwichtige Aspekte knapp zusammengefasst und der Leser so schneller zum eigentlichen Höhepunkt der Geschichte geführt.
9 a) Unsere Gruppe nahm eine Abkürzung über den Fußballplatz./Wir entschieden uns für den schnellsten Weg über den Sportplatz. b) Die Abkürzung über den Sportplatz nahmen wir./Über den Sportplatz nahmen wir die Abkürzung.
c) Wir nahmen die bewährte Abkürzung über den Sportplatz./Wir nahmen die Abkürzung über den im Dunkeln liegenden Sportplatz.

Kompetenztest 3

1 informierender Text: b, c; erzählender Text: a, d
2 ö: b, c; p: a, d
3 a) Verwendung von Umgangssprache; b) unpersönlicher Stil; c) höfliche Anrede und inhaltliche Aspekte (hier: Reservierung von Sitzplätzen); d) persönliche Anrede und inhaltliche Aspekte (hier: private Verabredung)

4 Z. B.: Auffälligkeiten der Person, Gesicht, Haare
5 Kleidung: leger, Jeans, Turnschuhe, Hemd; Körperbau: schlank, durchtrainiert; Haare: lang, glatt, am Kopf dunkelblond, Spitzen eher hellblond; Auffälligkeiten: sehr blasse Haut; Gesicht: eher schmal, kleine Nase, schmale Augenbrauen
6 b, c, f
7 a) Hallo Liam/Lieber Liam; b) Sehr geehrte Frau Müller; c) Sehr geehrte Damen und Herren,
8 Vorlage in der Mitte falten (E) – entstehenden Viertelkreis nochmals in der Mitte falten (C) – Halbkreis aufzeichnen (D) – Form entlang der gezeichneten Linie zuschneiden (A) – Form auffalten (B)
9 Drehe den gefalteten Kegel mit der Spitze nach unten und zeichne dann im Abstand von etwa zwei Fingern zum oberen Rand einen Halbkreis so ein, dass du eine Schablone für ein Blütenblatt erhältst. Schneide nun oberhalb entlang des eingezeichneten Bogens das Blütenblatt zu.

Kompetenztest 4

1 Z. B.: Kinobesuch/Theaterbesuch, Bowling, Minigolf, Besuch eines Fernsehstudios …
2 Z. B.: (1) …, wir eine Poolparty im Hallenbad feiern. (2) Tiere im Tierheim. (3) für eine Tierpatenschaft im Tierheim zu verwenden. (4) „Schüler sicher im Internet". (5) …, um einen Referenten für eine Informationsveranstaltung zur Internetsicherheit einzuladen.
3 Z. B.: Vorschlag der Klassenlehrerin über „Patenschaft im SOS-Kinderdorf"; Vorschlag der Schulleiterin an freier Stelle unterhalb der Wolke (neue Gruppe eröffnen)
4 Verschönerung des Klassenraums
5 Freizeitaktivitäten/Geschichtliches/Sozialprojekte
6 2) Stellt eher ein Gegenargument dar. Zudem gibt es fleischfreie Alternativen, die sich zum Grillen eignen.; 6) Stellt eine Frage dar, die ein Gegenargument beinhaltet. Die Wettervorhersage kann bei der Planung berücksichtigt werden.
7 Liebe Frau Kaiser, wir haben heute noch einmal darüber gesprochen, wie wir das Geld aus der Klassenkasse verwenden möchten. Sie hatte ja gebeten, dass ich Ihnen das Ergebnis per Mail mitteile. Zu folgendem Ergebnis sind wir gekommen: …
8 (1) Zunächst; (2) Außerdem; (3) Darüber hinaus; (4) Weiterhin
9 Z. B.: 1) Eriks Vater, der mit dem Bürgermeister befreundet ist, könnte die Grillhütte mieten. 2) Weil Paulas Vater der Klassenelternsprecher ist, organisiert er die Getränke. 3) Bei Schulveranstaltungen muss für die Grillhütte keine Miete gezahlt werden, sodass unser Geld reichen würde.
10 Z. B.: Wir hoffen, Sie sind mit unserer Entscheidung und den Begründungen einverstanden. Vielleicht können wir morgen noch einmal genauer darüber sprechen. Viele Grüße Paula

11 Achte darauf: 1) Formulieren einer passenden, informierenden und hinführenden Einleitung; 2) verständliches und präzises Formulieren der Argumente; 3) Nutzen abwechslungsreicher Überleitungen

Kompetenztest 5

1 Nennung eines konkreten Ortes → Z. 2 f.; Darstellung des Protagonisten als Held → Z. 27 ff.; Darstellung des Verhaltens von Menschen bei besonderen Herausforderungen → Z. 11 ff.
2 Z. B.: „Die List des Odysseus".
3 Er-Erzähler, überwiegend Außenperspektive, teilweise Innenperspektive
4 Ich halte **Odysseus** für die Hauptfigur, denn **er trifft in einer schwierigen Situation eine kluge Entscheidung und rettet so allen Beteiligten das Leben.**
5 Als der Held diese Stimme vernahm, klopfte sein Herz vor Sehnsucht und Bangen, … (→ Z. 27 ff.)/ Doch die Gefährten gedachten der Warnung der göttlichen Kirke, … (→ Z. 30 ff.)
6 (1) schön/süß; (2) sanft/leise
7 (3) schneller/rascher/kräftiger; (4) reißenden/rauen/unbarmherzigen
8 Z. B.: klug → Odysseus schützt seine Gefährten durch die Wachsscheiben. Für sich wählt er jedoch einen anderen Schutz, der es ihm ermöglicht, den anderen zu zeigen, wann die Gefahr vorüber ist.
9 Z. B.: Jan ist **klug/gerissen.** Man sieht es an der Stelle, als er **seinen Vater an das Versprechen erinnert.**/Der Vater ist **konsequent.** Man sieht es an der Stelle, als er **Jan an die angedrohte Strafe erinnert.**
10 Z. B.: Jan schleicht sich in die Wohnung, → doch sein Vater wartet schon auf dem Flur./ „Jan", sagt der Vater zornig, „du hast mir versprochen, pünktlich um sieben vom Angeln zu Hause zu sein."

Kompetenztest 6

1 richtig: b, d; falsch: a, c, e, f
2 Der Betrachter soll durch das Angebot angesprochen und zur Bestellung der individuell gestaltbaren Schokoladentäfelchen aufgefordert werden.
3 c
4 a) Ja, Herr Obermeier hat Freude an der Gestaltung von Szenen aus Schokolade (vgl. → Z. 30 f.); b) Die Geschenke werden kunstvoll in Folie eingepackt und diese anschließend mit Schleifen und Bändern zugebunden. (vgl. → Z. 24 ff.); c) Es werden verschiedene Alltagsszenen von Menschen aus Schokolade und Marzipan nachgebaut. (vgl. → Z. 5 ff. u. → Z. 28 f.); d) „Herzlichen Dank!" und die Namen aller Schülerinnen und Schüler wurden mit weißer Schokolade geschrieben. (vgl. → Z. 16 f. u. → Z. 19 f.)

5 Entstehen eines Pralinengeschenks: Vorgespräch mit Kunden → Modellieren einer passenden Szene (Menschen und Gegenstände) aus Schokolade und Marzipan → Anbringen von Schriftzügen → Fixieren der Skulptur → Verpacken des Pralinengeschenks
6 Punkte aus Aufgabe 6, Beispiele aus dem Text, z. B. Oberbegriff: Kundengespräch → Informationen über Mensch, für den das Geschenk bestimmt ist/Anlass für das Geschenk/Details der nachgebauten Szene
7 Mithilfe des Flussdiagramms lässt sich der konkrete Herstellungsprozess mit den einzelnen Phasen übersichtlicher, strukturierter und logischer darstellen.
8 sachliche Aussagen: b, c
9 Die unsachlichen Aussagen a, d, e beinhalten alle nur Behauptungen, die nicht einfach überprüft werden können.
10 Die sachlichen Aussagen enthalten überprüf- und belegbare Tatsachen.

Kompetenztest 7

1 Medien sind eine Art Vermittlungsinstanz, über die Informationen, Bilder und Nachrichten verbreitet werden können. Beispiele: Zeitung/Zeitschrift, Computer, Handy.
2 (I) Telefon, Tablet, Suchmaschine im Internet, Tageszeitung, Internet, E-Mail, Nachrichtensendung, DVD, Radio, Dokumentarfilm, Soziales Netzwerk, SMS; (U) Tablet, Tageszeitung, Internet, Spielfilm, DVD, Musik-CD, Radio, Handy, Soziales Netzwerk; (K) Telefon, Tablet, Internet, E-Mail, Handy, Soziales Netzwerk, SMS
3 Preisgeben von privater Adresse und Telefonnummer/Preisgeben von Privatem/Hochladen oder Versenden von privaten Fotos
4 JulieMeiers8a: unsachlicher Kommentar, Verletzung von Persönlichkeitsrechten des Lehrers durch dessen namentliche Nennung; (zudem problematisch: Angabe des eigenen Namens als „Nickname"); Benni05: unsachlicher Kommentar, Verallgemeinerung einer Ansicht ohne weitere Begründung; Draculaura: persönliche Beleidigung eines Users
5 Mögliche Reihenfolge: b – c – a – f – g
6 A – 1 – 2; 3 – B – 4
7 Enya: Eingabe von Autor und der beiden Jahreszahlen; Liam: Eingabe des Schlagwortes „Umweltschutz" und Jahreszahlen der letzten 3–5 Jahre; Tarek: Eingabe von Autoren und Titel
8 Ich stimme dieser Aussage nicht zu, da ein einzelner Begriff zu einer unüberschaubaren Anzahl von Einträgen führen kann.

Kompetenztest 8

1 Passend ist Bild A, da auf diesem „tanzende Schmetterlinge", „reizende Farben" und „Blüten" abgebildet sind.
2 P: Ich nasche die Blüten; Wie soll ich nicht tanzen; M: Seht ihr Wolken glühen
3 Der Schmetterling trinkt etwas von dem Nektar der Blüten.
4 Wie soll ich nicht tanzen wie eine Schneeflocke/Ich nasche die Blüten wie süßen Honig/Seht ihr die Wolken glühen wie Feuer
5 Das Gedicht „Der Schmetterling" ist in der **Ich-Form** geschrieben./Im Gedicht „Der Schmetterling" spricht ein **lyrisches Ich**.
6 ausgelassen/übermütig/fröhlich
7 Busch: xẋ xẋ xẋ xẋ / xẋ xẋ xẋ xẋ → Jambus
von Platen: ẋx ẋx ẋx ẋx / ẋx ẋx ẋx ẋx → Trochäus
8 aa → Paarreim
9 1a) und 2a)
10 Nur die Verspaare 1a) und 2a) sind wie die Verse des Busch-Gedichts in Jamben abgefasst. Dem einleitenden „Sie" im Gedicht steht das einleitende „Er" von 1a) gegenüber.

Kompetenztest 9

1 1) → c); 2) → b); 3) → e; 4) → a); 5) → d)
2/3 Steffi (empört): Das kannst du nicht wissen. Es wäre ihm gegenüber einfach nicht fair. Paul (trotzig): Ach was, Leon ist ein Chaot. Er muss einfach besser auf seine Sachen aufpassen. Steffi (enttäuscht; zeigt auf den Füller): Du denkst nur an dich. Der Füller war ein teures Geschenk seiner Eltern. Versetze dich doch mal in Leons Lage, wenn er seinen Eltern von dem verlorenen Füller erzählen muss. Paul (schneidet eine Grimasse, dreht sich von Steffi weg): Und wer versetzt sich in meine Lage?
4 Z. B.: A: „Steffi, lauf nicht weg!" → Steffi scheint sich von Paul wegzubewegen; B: „Danke, dass du so eine gute Freundin bist." → Mimik und Gestik Pauls und das Lächeln beider sprechen für eine gute Verbindung zwischen Paul und Steffi; C: „Das geht dich überhaupt nichts an."/„Lass mich doch in Ruhe!" → Pauls vor dem Körper verschränkte Arme stehen für eine Abwehrhaltung und damit auch für eine zurückweisende Äußerung
5 Richtig sind: überzeugend; alle; Ich-Form; Präsens; zu deiner gewählten Person
6 Improvisationstheater; Kostüme; Text; Requisiten; Szenen; Vorlagen

Kompetenztest 10

1 a, c, e, f
2 b) nicht niedrig; c) nicht wenig; d) nicht billig; e) nicht langweilig
3 Warteschlange → Bedeutung: Reihe wartender Menschen; Herleitung: Länge/Aussehen der Schlange + Aktion (hier: Warten); Tischbein → Bedeutung: tragende Konstruktion für Tischplatte; Herleitung: Bein als „Stütze" des Menschen + Gegenstand (hier: Tisch)
4 2) → c); 3) → c); 4) → a); 5) → a); 6) → a)

5 a) Jemand der besonders **angriffslustig** erscheint, ist im Grunde nicht **gefährlich.** b) Mit **Gelassenheit** erreicht man oft mehr als mit **Hektik.** c) **Unterschiede** sind oftmals **interessant.**
6 1) → a); 2) → b); 3) → c
7 Richtig ist Variante b).
8 Standardsprache: Kleidung, überregional verständlich, Referat in der Schule, Dialekt: Alltagsgespräch, Glääder, Gwand, Häß, geografisch begrenzt, War, Kulturgut

Kompetenztest 11

1 *auf*, Präposition, weist auf den genauen Ort hin; *sehen*, Verb, gibt eine konkrete Handlung an; *weil*, Subjunktion, verbindet Aussage und Begründung; *Mondoberfläche*, Nomen, benennt einen konkreten Ort; *und*, Konjunktion, schließt einen weiteren Aspekt direkt an; *diese*, Demonstrativpronomen, stellt Bezug zum ersten Satz her; *menschliches*, Adjektiv, liefert eine genaue Beschreibung; *uns*, Personalpronomen, steht stellvertretend für das Nomen *Menschen*
2 *rufen:* sie riefen, du wirst rufen, wir hatten gerufen, er ruft, ihr habt gerufen; *kommen:* sie kamen, du wirst kommen, wir waren gekommen, ihr kommt, ihr seid gekommen
3 beobachtete – hatten – trafen – wollte – hatte … – hatte … – brachten – betrachtete
4 Perfekt: Der Mond ist beobachtet worden. Präteritum: Der Mond wurde beobachtet. Plusquamperfekt: Der Mond war beobachtet worden. Futur I: Der Mond wird beobachtet werden.
5 a) Der Mond wird von den Menschen beobachtet. b) Die Schatten auf dem Mond werden von den Chinesen als Hasen gedeutet. c) Vielleicht kann von dir auch ein Krokodil erkannt werden.
6 Adjektive: grün, hell, blitzschnell → Begründung: steigerbar; Adverbien: nun, dort, innen → Begründung: können nicht sinnvoll vor Nomen platziert werden
7 attributiv: blitzschneller; adverbial: helle; langsam; prädikativ: schneebedeckt
8 seine: Possessivpronomen → Jakobs; Jeder: Indefinitpronomen → Planet; der: Relativpronomen → Saturn; diese: Demonstrativpronomen → silberne Decke
9 Z. B.: a) als/nachdem → Angabe eines Zeitverhältnisses; b) weil → Angabe eines Grundes; c) damit → Angabe eines Zwecks; d) wohin → Angabe eines Ortes

Kompetenztest 12

1 1) Nomen im Genitiv; 2) Adjektiv; 3) Nomen mit Präposition; 4) Partizip; 5) Zahlwort; 6) Apposition
2 Präpositionalobjekt; Akkusativobjekt; Dativobjekt; Genitivobjekt
3 adverbiale Bestimmung: b), e); Präpositionalobjekt: a), d); Prädikativ: c)
4 (1) Objektsatz; (2) Konditionalsatz; (3) Objektsatz; (4) Kausalsatz; (5)Temporalsatz
5 du hättest eine Rakete, **die doppelt so schnell wie dein Lichtsignal fliegt./Wenn du um fünf nach elf auf der Erde startest**, wirst du/Rakete, **die schneller als das Lichtsignal ist**, konstruieren./ist die Lichtgeschwindigkeit aber die höchste, **die wir im Universum kennen, …**
6 **Meine Freundin** (Subjekt) hatte neulich eine interessante Idee: „**Die Zeit** (Akkustativobjekt) möchte bestimmt jeder einmal zurückdrehen! **Seit langem** (Temporaladverbiale) wünsche ich mir das schon. **Uns** (Akkusativobjekt) würde ich einen bestimmten Zeitpunkt aussuchen, an dem wir etwas Tolles erlebt haben. **Ans Meer** (Lokaladverbiale) möchte ich so gerne wieder in den Urlaub!"

Kompetenztest 13

1 längst → Herleitung über **l**ange; Lan**d**schaften → stimmhafte Aussprache bei Län**d**er; gespurte → wie *Spur* ein Merkwort; ganz → bei genauem Hinhören nimmt man den Laut **ts** wahr; **W**intervergnügen → Signalwörter: Artikel und Adjektiv
2 Himb**ee**r-Sa**h**ne-Torte; Rü**h**rgerät, Me**ss**erspitze, Me**h**l, Ei-Zu**ck**er-Masse, me**h**r, gefe**tt**ete, abgekü**h**lten, w**aa**gerecht, d**ie**, Himb**ee**rcreme, Sa**h**ne, unterrü**h**ren, Fa**ll**s, Verz**ie**rung, Sa**h**ne, wegne**h**men, Himb**ee**ren, Da**nn**, verz**ie**ren, serv**ie**ren, Genie**ß**e, d**ie**se
3 Immer donnerstags wird in Paulas Stadtteil ein Kurs zum Kletternlernen angeboten. Diesen Donnerstagnachmittag nutzt sie zum Vorbeischauen. Beim Zusehen findet sie, es sei das Einfachste, was sie je gesehen hat. Aber da ist sie die Einzige. Ihre Freundinnen, die als Begleitung mitgekommen sind, finden vor allem das Abseilen angsteinflößend. Der Trainer spricht sie an: „Na, am besten probiert ihr es auch gleich aus!" Da antworten sie: „Danke für Ihr Angebot. Das ist sehr nett, aber wir bleiben am liebsten auf dem Boden."
4 a) **„**Kannst du mir erläutern, was die Bottle-flip-challenge ist**?"**, fragt Paula. b) **„**Klar**,"**, antwortet Tarek, **„**das Ziel ist, eine halbvolle Wasserflasche so zu werfen, dass sie nach einer Drehung senkrecht auf dem Tisch landet**."** c) Begeistert entgegnet Paula: „Das muss ich gleich ausprobieren**!"**
5 Mannschaften, jeweils; Feldspieler, zwei; Ball, auch; erfolgreich, treffsicher; drei, zwei; München, Alba
6 be**v**or, **B**eil, da**v**on, bo**x**en, **v**er**v**ielfältigen, **l**eise, **f**ern, **v**ernehmen, **L**aie, mu**cks**-mäuschenstill, E**ks**tase, **H**ai
7 Vetter, fetter/Band, bannt/Bund, bunt/misst, Mist
8 **T**empo, **rh**etorisch, **R**adar, **Ph**ysik, Me**th**ode, **Ph**ilosophie, **R**abatt

Sachregister

Autoren- und Quellenverzeichnis

101 **Äsop:** Der Hirsch, aus: http://www.labbe.de/lesekorb/index.asp?themaid=82&titelid=251, zuletzt besucht am 22.08.2017

102 **Brüder Grimm:** Der süße Brei, aus: http://www.grimmstories.com/de/grimm_maerchen/der_susse_brei, zuletzt besucht am 22.08.2017

159 **Busch, Wilhelm:** Der Schmetterling, aus: Busch, Wilhelm: Werke. Historisch-kritische Gesamtausgabe, Standard-Verlag, Hamburg, 1959

114 **Dahl, Roald:** Charlie und die Schokoladenfabrik, rororo, Reinbek, 2003 (Rotfuchs 21211) [übersetzt von Inge M. Artl und Hans Georg Lenzen]

153 **Dieffenbach, Georg-Christian:** Der Frosch, aus: Zakis, Ursula (Hrsg.) et al.: Wenn die weißen Riesenhasen abends übern Rasen rasen. Kindergedichte aus vier Jahrhunderten, Marixverlag, Wiesbaden, 2009, S. 11

154 **Ehrhardt, Heinz:** Der Schmetterling, aus: Ehrhardt, Heinz: Noch'n Gedicht, Lappan, Oldenburg, 2009

16 f. **Finkbeiner, Felix:** Baum für Baum. Jetzt retten wir Kinder die Welt, Oekom Verlag, München, 2015

124 **Fischer, Michael:** Warum Schokolade glücklich macht, aus: http://www.wissen.de/warum-schokolade-gluecklich-macht-und-gesund-ist, zuletzt besucht am 23.08.2017

120 **Goldscheider, Stefanie:** Fair geht vor!, aus: http://www.schoko-seite.de/Schokolade/fair.html, zuletzt besucht am 22.08.2017

118 **Goldscheider, Stefanie:** Wie entsteht Schokolade?, aus: http://www.schoko-seite.de/Schokolade/fair.html, zuletzt besucht am 22.08.2017

152 **Guggenmos, Josef:** Der Frosch lädt zu Besuch, aus: Guggenmos, Josef: Was denkt die Maus am Donnerstag?, dtv, München, 2001

100 **Hacks, Peter:** Die Geschichte von der Nixe aus dem Bade, aus: Hacks, Peter: Hacks Werke in fünfzehn Bänden, Band 11 – Die Kindermärchen, Eulenspiegel Verlag, Berlin, 2003

79 ff. **Hagemann, Bernd:** Leon spricht Dünisch, aus: Geckos große Geschichtenwelt, mixtvision, München, 2013

150 **Hey, Wilhelm:** Rabe, aus: Zakis, Ursula (Hrsg.) et al.: Wenn die weißen Riesenhasen abends übern Rasen rasen. Kindergedichte aus vier Jahrhunderten, Marixverlag, Wiesbaden, 2004, S. 7

102 **Hildenbrand, Kathleen:** Halb Mensch, halb Fisch, aus: H20 – Formel des Lebens. Ein Heft über Wasser, Süddeutsche Zeitung für Kinder, Ausgabe Nr. 21/März 2015, S. 23

148 **Jandl, Ernst:** Auf dem Land, aus: Jandl, Ernst und Maslowska, Monika: Auf dem Land, mixtvision, München, 2012

140 **Jeska, Andrea:** Lernen im Dunkeln, aus: http://shop.zeit.de/media/pdf/31028_Leseprobe-Lesebuch2.pdf, zuletzt besucht am 22.08.2017

154 **Kreisl, Elisabeth:** Kleiner Schmetterling, aus: http://www.gedichte.xbib.de/Kreisl_gedicht_Kleiner+Schmetterling.htm, zuletzt besucht am 22.08.2017

138 **König, Frauke:** Medienscouts in der Schule, aus: Die ZEIT für die Schule, „Facebook, WhatsApp und Computerspiele – was Kinder darüber wissen sollten", März 2014

187 **Kusz, Fitzgerald:** Nürnberg-Haiku, aus: http://www.her-mit-den-geschenken.de/clf/fgkusz.htm, zuletzt besucht am 23.08.2017

83 ff. **Leypold, Kilian:** Der Atlantiktrinker, aus: Krüger, Michael (Hrsg.): Folge deinem Traum. Geschichten, Bilder, Gedichte für wache Kinder jeden Alters, Hanser, München, 2013

185 **Luther, Martin:** Vom Kranich und Wolfe (nacherzählt), http://www.hekaya.de/fabeln/autoren--luther.html, zuletzt besucht am 22.08.2017

214 **Menten, Tosca:** Dummie, die Mumie, außer Rand und Band, Thienemann, Stuttgart, 2011 [übersetzt von Anne Kluitmann]

156 **Morgenstern, Christian:** Die Vogelscheuche, aus: Morgenstern, Christian: Hundert Gedichte, Verlag Neues Leben, Berlin, 1985

152 **Moser, Erwin:** Gespräch, aus: https://www.myheimat.de/ellgau/natur/frosch-mit-gedicht-d2696199.html, zuletzt besucht am 22.08.2017

162 ff. **Paterson, Katherine:** Die Brücke nach Terabithia, Ravensburger Buchverlag, Ravensburg, 1977 [übersetzt von Vanessa Walder]

159 **Platen, August von:** Farbenstäubchen auf der Schwinge, aus: Platen, August von: Gedichte, Reclam, Stuttgart, 1968

88 f. **Pludra, Benno:** Die Schwäne auf dem Wasser, aus: Raecke, Renate (Hrsg.): Von Meerjungfrauen, Kapitänen und fliegenden Fischen. Geschichten und Gedichte rund ums Wasser. Mit Bildern von Stefanie Harjes, Bastei Lübbe, Köln, 2012

78 **Ringelnatz, Joachim:** Kindersand, aus: ders.: Schöne Nixen knicksen. Die Meeresgedichte. Hrsg. von Gerd Haffmanns, mareverlag, Hamburg, 2012

158 **Schlegel, Friedrich von:** Der Schmetterling, aus: Schlegel, Friedrich von: Dichtungen, Schöningh, München, 1962

86 f. **Schulz, Hermann:** Sein erster Fisch, aus: Raecke, Renate (Hrsg.): Von Meerjungfrauen, Kapitänen und fliegenden Fischen. Geschichten und Gedichte rund ums Wasser. Mit Illustrationen von Wiebke Oeser, Peter Hammer Verlag, Wuppertal, 3. Auflage 2001

32 f. **Tolstoi, Lew:** Der Sprung, Gesammelte Werke in zwanzig Bänden, Band 8: Das neue Alphabet. Herausgegeben von Eberhard Dieckmann und Gerhard Dudek, Rütten & Loening, Berlin, 1968 [übersetzt von Hermann Asemissen]

104 **Tucholsky, Kurt:** Der Floh, aus: http://www.textlog.de/tucholsky-der-floh.html, zuletzt besucht am 23.08.2017

Ohne Autor/Autorin

95 **Aiolos, der König der Winde,** aus: Ilias und Odyssee. Nacherzählt von Walter Jens, Otto Maier Verlag, Ravensburg, 1958

94 **Das Paradies der Lotosesser,** aus: Ilias und Odyssee. Nacherzählt von Walter Jens, Otto Maier Verlag, Ravensburg, 1958

106 **Der Gesang der Sirenen,** aus: Ilias und Odyssee. Nacherzählt von Walter Jens, Otto Maier Verlag, Ravensburg, 1958

103 **Die Argonauten,** aus: Griechische Sagen. Nacherzählt von Walter Jens, Otto Maier Verlag, Ravensburg, 1958

95 ff. **Die Rinder des Sonnengotts,** aus: Ilias und Odyssee. Nacherzählt von Walter Jens, Otto Maier Verlag, Ravensburg, 1958

101 **Die Rungholter auf Nordstrand,** aus: Raecke, Renate (Hrsg.): Von Meerjungfrauen, Kapitänen und fliegenden Fischen. Geschichten und Gedichte rund ums Wasser. Mit Bildern von Stefanie Harjes, Bastei Lübbe, Köln, 2012

99 **Die Strafe,** aus: http://www.iwss.org/fileadmin/user_upload/pdfs/legendenkartei.pdf, zuletzt besucht am 23.08.2017

98 **Die treue Ose,** aus: Deppe, Frank: Sylter Sagenwelt, Die Kleine Insel-Edition, 2012

124 **Macht Schokolade glücklich?,** aus: http://eatsmarter.de/ernaehrung/ernaehrungsmythen/schokolade-macht-gluecklich, zuletzt besucht am 23.08.2017

Bildquellen

akg-images, Berlin – S. 149; – / Warner Brothers / BAILEY, Alex – S. 92 // Jörg Bothling Fotografie, Hamburg – S. 141 // dpa Picture-Alliance / akg-images, Frankfurt – S. 106; – / Angelika Warmuth – S. 14; – / Daniel Karmann – S. 187; – / kpa – S. 161 (2); – / Roland Grant Archives / Mary Evan – S. 165, 192; – / Wilhelm-Busch-Museum – S. 161 // Felix & Freunde, Baum für Baum, Jetz retten wir Kinder die Welt, oeko Verlag, München 2010 – S. 16 // Foer, Jonathan Sarfan, Tiere essen, Verlag Kiepenheuer & Witsch, Köln 2010 – S. 18 // fotolia / © contrastwerkstatt – Cover // Claudia Frieser, Oskar und das Geheimnis der verschwundenen Kinder, dtv Verlagsgesellschaft mbH & Co. KG, München – S. 222 // Getty Images / Clemens Bilan, München – S. 192; – / © Iconica – S. 67 // i.motion GmbH, Bamberg – S. 21, 164 (3), 177 (3) // iStockphoto / © ZU 09 – S. 93 // © Jacket design by Mario J. Pulice and Ploy Siripant; Jacket photographs by Antonio Olmos // Malala Yousafzai mit Christina Lamb, Ich bin Malala, erschienen in der Verlagsgruppe Droemer Knaur GmbH & Co. KG, München – S. 72 // Kleiner Bayerischer Sprachatlas von Manfred Renn und Werner König, bei dtv, 3. Auflage, München 2005 – S. 187 // LIFE / Deutsche Telekom AG, Bonn – S. 22 // Toska Menten, Elly Hees, Dummie, die Mumie / © 2014 by Thienemann Verlag (Thienemann Verlag GmbH), Stuttgart, Wien – S. 214 // Mit freundlicher Genehmigung des Kosmos Verlags, entnommen aus: Thilo, Vier durch die Zeit – Geheimnis im All, © 2012 Franckh-Kosmos-Verlags-GmbH & Co. KG, Stuttgart, Illustration: Jan Saße – S. 218 // mpfs, c/o Landesanstalt für Kommunikation Baden-Württemberg (LFK), Stuttgart – S. 134 // pixabay / © Abdecora – S. 153; – / © Betty Bu – S. 147; – / © Manuel Abdo / Arabic – S. 78; – / © Sabine Bends – S. 98; – / © valuz – S. 238 // Plant-for-the-Planet – S. 13 // Benjamin Pütter, Freiburg – S. 141 // Udo Schlottmann, Bochum – S. 147 // Schokoladenmanufaktur Obermeier, Gars am Inn – S. 116, 117, 124 (2), 125, 131 // thinkstock / © AbleStock.com – S. 240; – / © Design Pics – S. 231, 239; – / © Purestock – S. 171; – / © WavebreakmediaLtd – S. 170; – / Digital Vision / © Michael Blann – S. 29; – / Hemera / © Anton Mcaulay – S. 102; -- / © David Davis – S. 140; -- / © Georgy Markov – S. 236; -- / © Ramon Grosso – S. 111; – / iStock photo / © 1001Love – S. 43; -- / © 3000RSIK – S. 126; -- / © 3DSculptor – S. 196, 197, 199, 206; -- / © akinshin – S. 150, 151; -- / © AlexanderZam – S. 195; -- / © alle – S. 159; -- / © Altinlosmanja – S. 91; -- / © Ammentrop Photography – S. 133; -- / © Anatoliy Babiy – S. 6, 132; -- / © a-wrangler – S. 26; -- / © Bakaleev Aleksey – S. 24; -- / © Ben Schonewille – S. 191; -- / © bleex – S. 116; -- / © bogdandareva – S. 50, 125, 192; -- / © Bombaert – S. 22, 126; -- / © Carosch – S. 158; -- / © charnistr – S. 17, 224; -- / © ChrisEllis85 – S. 15; -- / © Christ Last – S. 79; -- / © cienpies – S. 135; -- / © daboost – S. 47, 180; -- / © DieAner – S. 47; -- / © eabff – S. 232; -- / © Easy-asa – S. 115; -- / © EEI Tony – S. 15; -- / © Esperanza33 – S. 69; -- / © esvetleishaya – S. 7, 146; -- / © eyegelb – S. 140; -- / © fotofermer – S. 14; -- / © frederic prochasson – S. 13; -- / © Fuse – S. 49; -- / © GHOSPHOTO-DESIGN – S. 130; -- / GlobalP – S. 30, 152; -- / © Halfpoint – S. 64; -- / © homydesign – S. 113; -- / © huanglin – S. 147; -- / © humonica – S. 166; -- / © imacgyverhh – S. 49; -- / © IPGGutenbergUKLtd. – S. 133; -- / © ipopba – S. 15; -- / © Jacek Chabraszewski – S. 5, 76; -- / © Jamalrani – S. 109; -- / © Jan Treger – S. 159; -- / © jirkaejc – S. 54; -- / © Joegend – S. 152; -- / © Jolanta Dabrowska – S. 153; -- / © Jurii Kovalenko – S. 191; -- / © koosen – S. 182; -- / © kostov – S. 22; -- / © Krisanovk – S. 155; -- / © KutakhAleksandr – S. 158; -- / © Lesyy – S. 232; -- / © Liang Zhang – S. 82; -- / © Lisa F. Young – S. 4, 48; -- / © liveslow – S. 18; -- / © Ljupco – S. 181; -- / © Lose Luis Pelaez Inc. – S. 143; -- / © Lourdes Peyres – S. 52 (2); -- / © lucielang – S. 112 (2); -- / © marcouliana – S. 154; -- / © mark wragg – S. 234; -- / © martiapunts – S. 133; -- / © Master24 – S. 121; -- / © Mathieu biovin – S. 110; -- / © maurusone – S. 144; -- / © MGJdeWit – S. 152; -- / © mitifo – S. 27; -- / © mojzagrebinfo – S. 133; -- / © mommayap – S. 59; -- / © monkeybusinessimages – S. 3, 12; -- / © Motionshooter – S. 9, 228; -- / © Mr. Khan – S. 141; -- / © Nastco – S. 99, 134; -- / © naumoid – S. 80; -- / © Nickolay Khoroshkov – S. 101; -- / © Nikolay Trubnikov – S. 109; -- / © oksix – S. 154, 158; -- / © olegganko – S. 20; -- / © PetrMalyshev – S. 130; -- / © ppart – S. 212; -- / © Rawpixel Ltd – S. 138; -- / © recep-bg – S. 67; -- / © renacal1 – S. 118, 120; -- / © RKaulitzki – S. 51; -- / © scanrail – S. 13, 25; -- / © Sebaldos – S. 123; -- / © Serg Veluscaec – S. 31, 34, 47; -- / © SLP_London – S. 6, 108; -- / © suriyasilaksom – S. 8, 190; -- / © swongpiriaporn – S. 30, 46; -- / © tang90246 – S. 164; -- / © thawats – S. 155; -- / © Tigateln – S. 149; -- / © tiller84 – S. 205; -- / © tr3gi – S. 154; -- / © Tsekhmister – S. 16; -- / © tuned In – S. 119; -- / © uatp2 – S. 234; -- / © unalozmen – S. 126; -- / © Valengiola – S. 20; -- / © ValentynVolkov – S. 118; -- / © Valua Vitaly – S. 122; -- / © VladimirFloyd – S. 126; -- / © Wojciech Gajola – S. 3, 28; -- / © xavigm – S. 241; -- / © Yanlev – S.49; -- / © zokru – S. 18; – / Photodisc / © Michael Blann – S. 242; – / PHOTOS.com / © Hemera Technologies – S. 235; -- / © Jupiterimages – S. 7, 160; – / Polka Dot / © Jupiterimages – S. 109; – / Stockbyte / © George Doyle – S. 138 // ullstein-bild / Röhnert, Berlin – S. 193; – / United Archives / KPA – S. 172 // Friese Vloot, NL-ZH Stavoren – S. 29 // www.alles-vegetarisch.de – S. 18 // www.wikimedia.org – S. 225; – / Cybershot800i – S. 223; – / NASA / David Scott – S. 191